A → B

생각하는 카드

정리에서 창조까지
내 머리를 깨우는 68가지
생각 도구

이명석 지음

쉽고, 재미있다. 생각을 정리하고 키워 주는 진짜 '도구'를
선물한다. 이명석 작가의 '생각놀이 워크숍'은 내 마음속
어린아이의 에너지가 어른으로서의 계획과 실행을 돕도록
연습하는 활동이었다. 이제 거기에 자세한 설명, 풍부한 예,
상냥함과 진솔함까지 더해져 이렇게 반짝이는 책이 되었다.

서은희, 한양대 창의융합교육원 교수

모든 뇌는 서로 다르다. 동물의 뇌와 인간의 뇌는 다르다. 인간의
뇌는 생각이란 것을 하기 때문이다. 인간의 뇌도 서로 다르다.
저마다 다양한 방식으로 생각할 수 있기 때문이다. 어떤 방식으로
생각을 하느냐에 따라 우리의 뇌는 서로 다르게 길들여지고 있다.
재미있는 것은 우리가 생각을 할 때 그 과정 대부분이 생각 밖에서
일어난다는 것이다. 당신은 자신이 어떤 방식으로 생각하고
있는지 아는가? 아마 모를 것이다. 하지만 여기에 대해 너무 깊이
생각하지 않아도 된다. 그냥 이 책을 읽으면 되니까.
저자 이명석은 생각에 대해 많은 생각을 한 사람이다. 그는
'명석'하고도 재미있게 생각의 다양한 방식을 정리해 놓았다. 왜?
생각의 방식을 관찰하면 새로운 생각을 할 수 있으니까. 우리 모두
새로운 생각의 도구들로 우리의 두뇌를 길들여 보자.

장동선 뇌과학자, 『뇌 속에 또 다른 뇌가 있다』 저자

생각의 길을 헤매다
생각하는 카드를 만난 이야기

여러분은 혹시 기억하시나요? 난생 처음 '생각'이란 녀석을 만난 때를? 나는 선명히 떠올립니다. 어릴 때 기억은 별로 없는데요. 그 순간만은 또렷이 머리에 남아 있어요.

겨우 유치원에 혼자 다니기 시작한 때였을 거예요. 그날은 비가 부슬부슬 내렸죠. 나는 커다란 우산을 들고 씩씩하게 집을 나섰어요. 빗물을 튀기는 차를 피해 골목길로 들어섰습니다. 좁은 흙길을 걷던 나는 갑자기 발을 멈추고 말았어요. 축축한 땅바닥엔 지렁이 한 마리가 기어 다니고 있었습니다. 그때 내 속에서 물음표 하나가 피어올랐습니다.

"왜 비 오는 날에는 지렁이가 땅 위로 나올까?"

내 인생 최초의 진지한 질문이었습니다. 답을 줄 사람이 가까이에 없었습니다. 나는 그대로 쪼그려 앉아 '생각'이라는 것에 빠져 버렸습니다. 답을 알기 전에는 절대 일어서고 싶지 않았어요. 그러다 떠올렸습니다. '지렁이는 축축한 데를 좋아해. 보통 진흙 같은 데 살고, 햇볕을 쬐면 말라 죽더라고. 그런데 오늘같이 비가 오면 세상이 축축해지잖아. 그래서 신이 나 바깥을 돌아다니는 거야.' 그제서야 나는 일어나 유치원으로 갈 수 있었습니다.

5

"틀렸는데요!" 누군가 외치시는군요. 그래요. 나도 커서 알게
되었습니다. 비가 오면 지렁이의 집이 물에 잠기죠. 지렁이는
피부로 호흡하니 물속에서는 살 수가 없죠. 그러니 죽지 않으려고
바깥으로 나와 있었던 겁니다.

내 인생 최초로 생각을 짜내 얻어낸 답은 틀렸습니다. 하지만
그 순간의 황홀함은 잊을 수 없어요. 그때 나는 결심했습니다.
이제부터 모르는 게 있으면 어떻게든 생각해서 알아내야지.

생각은 아주 쓸 만한 녀석이더군요.

나는 가게 간판을 따라 읽으며 글자를 배웠습니다. 그랬더니
책을 읽을 수 있게 되더군요. 동화책 안의 온갖 이야기들이
내 생각을 살찌웠습니다. 교과서는 그보다는 시시했지만 제법
호기심을 자극했습니다. 오목 같은 게임을 배우니 머리 쓰는 게
더 재미있어졌어요. 야구나 스포츠를 할 때도 생각을 쓸 일이
적지 않더군요. 규칙을 외우고, 상대 약점을 찾고, 작전을 짜야
했으니까요. 심심할 때면 눈을 감고 공상에 빠졌어요. 생각만큼
멋진 장난감은 없어요. 게다가 완전 공짜였고 너무 안전했어요.
생각이란 마음속의 물음표를 점점 키우는 일이더군요. 열다섯
살 즈음엔 물음표가 너무 커져 세상 모든 일을 의심하게 되었죠.
교과서, 선생님, TV 뉴스도 다 거짓말을 하고 있는지 몰라. 세상
사람들이 나를 세워 두고 연극을 하고 있는 건지도 몰라(영화
「트루먼쇼」처럼). 그래서 진짜 올바른 생각이 뭔지 찾기로
했습니다. 그걸 철학이라고 하더군요.

대학은 진리의 상아탑이라고 들었는데 예상과는 달랐어요.
교정은 화염병과 최루탄이 오가는 전장이었죠. 하지만 생각의
근육을 키우기엔 좋은 운동장이기도 했습니다. 강의실에서는
논리학이라는 멋진 도구를 얻었고, 학생회실에서는 아침저녁으로

격렬한 토론을 벌였죠. 교지와 갖가지 인쇄물을 만들며 생각의 중요한 동반자인 글쓰기를 갈고 닦았습니다.

인문학이 생업에 별 도움이 안 된다고요? 저에게는 예외였습니다. 저는 그때 배운 기술로 25년 이상 먹고 살고 놀아 왔습니다. 갖가지 주제의 글을 쓰면서 비평가, 칼럼니스트, 강연자, 사이트 기획자, 파티 플래너, 보드게임 해설가, 안무가, DJ, 공연단장, 동호회 운영자, 방송 패널, 일러스트레이터 등의 일을 해 왔습니다. 가장 즐겨 쓰는 기술은 글쓰기입니다만 핵심이 되는 연장은 생각하기였습니다.

물론 많은 곡절이 있었고, 소득 없는 짓도 많이 했고, 실수도 적지 않았죠. 남 보란 듯이 재산을 불리거나 유명 인사가 되지도 않았습니다. 내 생각이 항상 올바랐다고 할 수도 없습니다. 그러나 내게 주어진 것들을 잘 활용하고, 맞지 않는 걸 적당히 피하며, 나름 어울리는 삶을 만들어 왔다고 여겼습니다. 머릿속만은 남부럽지 않은 부자이고, 누구보다 째깍째깍 잘 작동하는 뇌를 가졌다고 자부했습니다. 얼마 전까지는 말이죠.

어느 날 바보가 되었습니다. 생각이 무서워졌습니다.

언젠가부터 까먹는 일이 부쩍 많아졌습니다. 사람 얼굴이나 이름을 기억하는 건 거의 포기한 지경입니다. 약속을 놓치지 않으려면 서너 군데는 기록을 해 두어야 합니다. 생각은 수시로 길을 잃어요. 신분증을 맡겨야 할 때 신용카드를 건네주기도 했고요. 음식물 쓰레기를 버리러 나갔다가 그대로 지하철을 탈 뻔도 했습니다.

어릴 때부터 보드게임을 좋아했는데요. 새 게임을 하면 가장 먼저 '필승법'을 찾아내는 스스로를 대견해하곤 했죠. 그런데 요즘은 전혀 아니에요. 특히 여러 수를 동시에 생각하며 답을 내는 게 너무 버거워졌습니다. 예전에는 여행 계획 짜는 걸 아주 좋아했어요. 제한된 정보 속에서 가장 효과적인 루트를 찾아내는 일에서 큰 쾌감을 느꼈죠. 하지만 이제는 계획이 조금만 어긋나면 급속히 피로가 몰려옵니다. 머리 아파, 골치 아파, 생각하기 싫어. 어쩔 수 없는 노화의 과정이라기엔 너무 엉망입니다. 이렇게나 판단의 예민함이 떨어지고 여러 일을 동시에 처리하는 데 애를 먹는 걸 보면, 어딘가 생각의 나사가 빠진 게 분명해 보입니다. 그런데 주변을 돌아보니 나만 그런 건 아니더군요. 집중 못하고 기억 못하고 결정 못하는 생각의 환자들이 득시글거리고 있었습니다. 거짓 뉴스에 휘둘리고, 남의 말을 해독하지 못하고, 엉뚱한 주장을 쏟아내는 사람들도 부지기수였습니다.
우리의 생각이 제대로 작동하지 못한다면 어떻게 해야 할까요? 자동차의 시동이 걸리지 않으면, 수돗물이 안 나오면, 노트북이 버벅거리면 전문가를 찾아 고쳐야 합니다. 그런데 생각은 어디에서 AS를 받나요? 아니 애초에 우리는 어디에서 어떻게 생각하는 법을 배웠을까요?
다행히 나는 호기심 하나만은 잃어버리지 않았습니다. 나는 '생각'이라는 지렁이를 골똘히 들여다보기로 했습니다.

생각도 AS가 되나요? 나만 괴로운 건가요?

나는 생각에 관한 책, 여러 석학들의 강의를 닥치는 대로 뒤져보았습니다. 논리학, 추론법, 과학적 방법론은 기초적인 교과가 되겠죠? 하지만 '어느 정도 말이 통하는' 영역에서만 쓸 수 있는 도구들이라는 한계가 있습니다. 기억력과 집중력도 많이 다루는데, 수험생을 암기 기계로 만들기 위해 애쓰고 있더군요. 판단력과 결정력을 가르치는 시도도 꽤 있었습니다. 자기 머리로 생각하는 데 어려움을 겪는 사람들이 많긴 한가 봅니다. 창의력과

관련된 책들도 아주 많더군요. 그 대부분이 별로 창의적이지
않은 구성이라는 게 의외였지만. 최근에는 정리의 기술을 생각에
적용하는 책들이 부쩍 눈에 뜨였습니다. 매우 시의적절한
내용들이었습니다.

자연스럽게 생각을 수행하는 신체 기관, 뇌에 대한 궁금증이
커졌습니다. 다행히도 뇌과학, 인지심리학 등에서 나의 궁금증에
답해 주는 따끈따끈한 연구들이 많았습니다. 최근 20년 사이에
인간의 사고 구조에 대해 많은 비밀들이 밝혀졌고, 이제는
그것들을 다양한 영역에 적용시킬 때가 되었더군요. 뇌가 만들어
내는 착각, 과도한 생각이 주는 폐해, 지적 오만이 저지르는
잘못도 돌아보게 되었습니다.

고대부터 현대까지 생각의 프로페셔널들이 어떤 도구를
사용했는지도 파헤쳐 보았습니다. 소크라테스의 대화,
피타고라스의 숫자, 다빈치의 스케치 노트, 에디슨의 투두리스트,
조앤 롤링의 집필 계획표 등 흥미로운 도구들이 많더군요. 여러
예술가, 과학자, 사업가, 정치인의 작업실, 책상, 수첩, 생활
습관에서 많은 힌트들을 얻을 수 있었습니다.

그렇게 생각의 열쇠들을 수집하다가 깨달았습니다. 자물쇠도
함께 찾아야 돼! 세상 사람들이 생각에서 겪는 빈번한 어려움은
무엇일까? 나는 주변인들을 만나 그들이 특별히 생각을 필요로
하는 때를 물어보았습니다. 이어서 워크숍과 강의를 통해 좀
더 집중적으로 파헤치기도 했죠. 서로 다른 듯하면서도 비슷한
고민거리들이 튀어나왔습니다.

그 와중에 뜻밖의 사실도 알아냈습니다. 이미 많은 사람들이
자신의 분야에서는 훌륭한 생각법의 체계를 갖추고 있더군요.
축구 선수의 생각법, 주식 투자자의 생각법, 귀농 농부의 생각법,
게스트하우스 운영자의 생각법, 수험생의 생각법, 아이돌

팬클럽의 생각법…… 이들로부터 모두가 공유하면 좋을 만한
생각의 도구들도 얻어냈습니다.

생각의 도구가 있는데 왜 써먹지 못할까요?

나는 어떤 작업실을 생각합니다. 목수의 공방, 요리사의 주방,
화가의 아틀리에일 수도 있어요. 작업대 한쪽엔 빈번히 쓰는
도구, 벽에는 큼지막한 공구 들이 가지런히 늘어서 있습니다. 작업
과정에 따라 재료를 담을 상자, 섬세한 작업에 쓰는 특수 도구가
담긴 서랍 들도 있습니다. 작업물을 다듬고 찌꺼기를 처리할
도구와 쓰레기통도 꼭 필요하죠. 그리고 이들 모두에는 깔끔한
라벨이 붙어 있습니다. 이 라벨이 바로 생각카드입니다.
생각카드는 생각의 핵심 도구들을 머릿속으로부터 소환해내는
카드입니다. 카드에 붙은 이름표와 아이콘은 그 도구를
직관적으로 떠올리게 합니다. 생각거리를 마음의 작업대 위에
올려놓은 우리는 생각카드를 훑어보죠. "비슷한 것들이 눈에
띄네. 서로 링크를 걸어볼까?" "후보가 너무 많잖아. 대결로
정리하자." "저 녀석의 허점을 찾아야 돼. 악마의 변호인을
소환하자." 그러면 손을 뻗을 필요도 없이 생각의 도구들이
날아와 문제를 처리할 수 있게 도와줄 겁니다. 물론 어떤
도구들은 아직 사용하는 데 익숙하지 않을 수 있어요. 즐겨 써 온
도구이지만 충분히 활용하지 못하는 순간도 있겠죠. 그래서
이 책은 생각카드를 한 장씩 꼼꼼히 해설하고 있습니다.
이 생각법들은 내가 발명한 게 아닙니다. 인간이라면 누구나 흔히
사용하는 것들이 대부분입니다. 심지어 아메바, 선인장, 고양이
같은 생물 일반이 쓰는 방법도 있죠. 사회적 제도나 관공서의
문서 양식처럼 은연 중에 구조화된 것들도 있고요. 어떤 선구자가
발명해 나눠 준 것들도 있습니다. 인류는 수많은 시행착오를

거치며 이런 생각의 도구들을 만들어 왔습니다.

또한 기쁜 소식을 전해 드립니다. 이들 도구는 가볍고 공짜이고 대부분 우리 머릿속에 장착되어 있습니다. 다만 우리가 그걸 쓰는 데 익숙하지 못하거나, 제때에 꺼내지 못하고 있을 뿐이죠. 그러니 생각이 막힐 때는 생각카드를 펼쳐보세요. 우리 뇌는 놀라운 연상 작용으로 생각 도구들을 불러낼 겁니다.

언제 어디서나 생각의 도구를 소환할 카드가 있다면?

도처에서 가짜 뉴스, 거짓 지식이 뻔뻔하게 진짜 행세를 하는 시대입니다. 상대방의 말에 귀를 닫고 조롱과 혐오의 말을 쏟아붓는 집단이 독버섯처럼 번식하고 있습니다. 특정 정치인에 대한 무조건적인 추종, 소수자에 대한 따돌림을 보면 과연 우리가 문명인으로서 사고할 능력을 갖추었는지 의심이 갈 때가 많습니다. 온갖 미디어를 통해 넘칠 듯한 정보를 접하지만, 짧은 문장조차 이해 못하는 '실질 문맹'에 대한 경고도 들려옵니다. 우리 생각은 여러모로 갈피를 잃고 있습니다. "바보야. 문제는 바로 이거야."라며 논리를 떠먹이는 것만으로는 이 어려움을 이겨낼 수 없습니다. 바보들을 설득하려면 바보들의 생각법을 이해해야 합니다. 그리고 어쩌면 내가 바보일 수 있다는 가능성을 인정해야 합니다. 가장 기초적인 곳에서부터 나사를 점검하고 균형을 잡고 차곡차곡 생각의 능력을 쌓아 가야 합니다.

생각카드가 그를 위한 안내서가 되면 좋겠습니다.

차례

1장 정리와 기초의 생각법

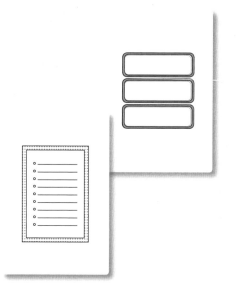

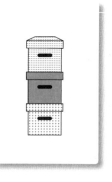

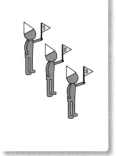

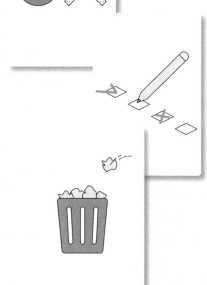

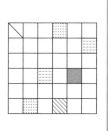

가장 게으른 뇌도
이렇게 시작하면 된다

두뇌가 한꺼번에 처리할 수 있는 생각거리는 몇 가지일까?
최근 연구는 그 숫자가 4~5개에 불과하다거나 뇌의 에너지 효율상
멀티태스킹은 무의미하다고까지 말한다. 오히려 생각의 과부하가
문제로 떠오른다. 생각카드는 이런 문제를 해결하는 데 먼저
초점을 맞추었다. '정리와 기초의 생각법'은 어지러운 머릿속을
정리하면서 당장 효과를 볼 수 있다.

분류 상자 Box

당신의 달걀들을 한 바구니에 담아도 좋다.
그 안에서 무엇이 일어나든 다룰 수만 있다면.

기업가 일론 머스크

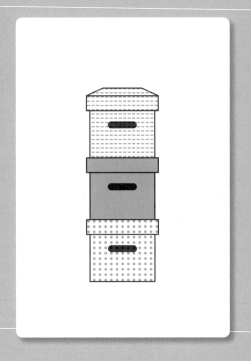

할 일이 태산 같을 때는 집안 정리부터 한다는 사람이 있다. 지금 내 집에 들어오면 그 소리가 쏙 들어갈 것이다. 일주일 째 세 건의 원고 마감과 이사 준비로 허덕였더니 거실과 주방과 쓰레기통이 구분되지 않는다. 그저께 먹다 남긴 샌드위치, 5년 전 자료를 찾으려고 꺼낸 외장하드, 반만 뜯은 택배 상자가 뒤섞여 있다. 그러고 보니 이 폭탄 맞은 집안 꼴이 꼭 내 머릿속 같다. 도대체 어디서부터 손을 대야 할지 모르겠다.

이런 난장판의 한가운데 세상에서 가장 게으른 뇌가 있다. 빈 택배 상자에 들어가 있는 열아홉 살짜리 고양이다. 녀석은 아무 걱정거리가 없다. 배는 적당히 부르고 화장실도 다녀왔다. 뇌의 대부분은 휴식을 취하는 디폴트 상태—멍 때리기에 들어가 있다. 나는 질투가 난다. 그래서 가방에서 뽀스락 소리를 내며 뭔가를 꺼내 바닥에 던진다. 녀석은 눈을 게슴츠레 뜨고 코를 벌름거리며 다가온다. 바짝 집중해 냄새를 맡고, 발로 건드리고, 혀로 맛을 본다. 그러곤 쳇 하는 표정으로 돌아선다. 내가 던진 건 고무 지우개였다.

그때 나는 깨닫는다. 지금 이 고양이는 미약하나마 '생각'이라는 걸 했다. 세계에서 가장 게으른 뇌의 생각법, 그것이 어지러운 내 방과 머릿속을 처리할 해결책이 될 것 같다.

고양이는 낯선 무엇을 만나면 그걸 입에 '넣을까/말까' 고민한다. 삼킬지 말지는 알 수 없지만, 녀석의 머릿속에는 분명히 집어넣는다. 다음 두 상자 중의 하나 속으로. '냠냠/우웩'. 다음에 고양이가 그 무언가를 다시 만나면 녀석의 관찰 시간은 줄어든다. 녀석은 재빨리 머릿속 상자를 뒤진다. '냠냠' 상자에 들어 있는 거라면 날름 먹는다. '우웩' 상자에 있다면 앞발로 파묻는 시늉을 한다. 이것이 세상에서 가장 게으른 뇌도 유용하게 활용하는 생각법인 분류 상자다.

인간 역시 이 상자를 본능적으로 잘 활용한다. 아기는 눈에 보이는 건 일단 입에 집어넣는다. 그다음에 머릿속 상자에 나눠 담는다. '맘마' 또는 '지지'다. 엄마가 아이에게 상자에 넣는 걸 도와주기도 한다. "맘마 먹어야지 맘마. 에이 지지야 지지." 그런가 하면 어떤 상자는 날 때부터 가지고 있는 것 같다. 인간은 본능적으로 '(땅에 붙은) 나무/(움직이는) 동물'을 잘 구별한다. 자라고 배우며 상자를 늘려 간다. '동물' 상자는 '(나는) 새/(헤엄치는) 물고기/(기는) 벌레'로 세분화한다. '냠냠' 상자 안에도 작은 상자들이 늘어난

19

세상에서 가장 게으른 뇌는 어떻게 생각하는가?

다. 과일은 '며칠 놔둬도 되는 것', 아이스크림은 '빨리 먹어야 하는 것' 상자에 넣어야 한다.

분류 상자는 본능적이고 단순하지만 아주 유용하다. 상자를 잘 만들어 두면, 이미 경험한 것을 매번 새롭게 관찰하고 평가할 필요가 없다. 새로운 걸 만나도 그와 유사한 것들이 들어 있는 상자에 넣어 쉽게 처리할 수 있다.

상자는 머릿속의 추상적인 공간만이 아니다. 우리는 실제의 상자들을 비슷한 방식으로 활용할 수 있다. 개미 군집은 땅 속에 굴을 파 여왕 개미, 수개미, 번데기의 방을 나누어 사용한다. 인간이 살아가는 집 역시 마찬가지다. 원시 인류의 집은 처음에는 커다란 방 하나만 있는 움막이었지만 점차 거실, 부엌, 창고 등으로 방을 나누게 되었다. 현대인의 집은 더욱 세분화되어 있다. 옷방에는 옷장/서랍장, 서재에는 책장/선반/문서함, 컴퓨터 안에는 다양한 폴더들이 분류 상자 역할을 한다.

이렇게 우리의 두뇌가 비슷한 성질의 것들을 모으는 행위를 범주화(categorize)라고 한다. 인간은 이 능력이 아주 탁월하다. 아주 복잡한 물건들이 뒤엉켜 있는 방의 그림을 보여 주고 사람들에게 물어 보자. "집에 불이 났을때 들고 나가야 할 것들을 고르세

냠냠 우엑

[분류 상자]는 본능적이고 단순하지만 아주 유용하다.

요." 대부분의 사람들이 번개같이 골라낸다. "아이, 애완동물, 노
트북, 핸드폰, 지갑……." 우리는 낯선 사람들을 만나면 자동적으
로 범주화한다. 청년, 할머니, 아저씨, 알바생…… 특히 미녀, 훈남
등 매력적 이성을 관리하는 상자는 신속 정확하게 활동한다.

모든 분류 시스템이 자연스럽게 작동하면 큰 문제가 없다. 하
지만 이 기능이 오작동하는 순간이 온다. 누군가 자정 넘어 회식을
마치고 집으로 돌아가려고 한다. 그때 도로를 달리는 모든 차량의
차종과 배기량을 구분할 필요는 없고 영업용 택시만을 분류해서
손을 든다. 이것도 범주화의 능력 덕분이다. 하지만 술이 취해 뇌
가 마비되면 이 기능에 혼란이 생긴다. 그래서 공중전화 박스에 들
어가 집으로 가라고 소리를 지르는 부끄러운 몰골을 볼 수도 있다.

더욱 곤란한 상황도 있다. 1995년 서울 서초동의 삼풍 백화점
건물이 무너졌다. 가까운 강남성모병원에는 30분 사이에 1천 명
정도의 환자가 밀려들어왔다. 피와 먼지를 뒤집어쓴 채 뛰어들어
온 환자, 119 구급대가 실어 온 중환자, 신원 확인도 안 된 시신들,
거기에 보호자와 기자들까지 모여들자 아수라장이었다. 당시를
회상하는 의사와 간호사들이 입을 모아 말한다. "긴급 재해가 발
생했을 때에는 트리아제(Triage)가 급선무입니다." 트리아제는 응

21

급환자의 분류 체계를 말하는데, 프랑스어로 '분류하다', '같은 종류로 묶다'라는 뜻을 가지고 있다. 나폴레옹 전쟁 때 부상자를 전투 '가능/불가능'으로 구분하며 처음 사용했다고 한다. 삼풍 사건 때는 환자들을 분류하고 관리할 콘트롤타워가 없어 병원들이 또 다른 재난의 현장이 되고 말았다.

우리의 생각 역시 때때로 큰 재난을 겪는다. 몰려드는 고민거리, 처리해야 할 업무, 신경을 거슬리는 이웃들이 한꺼번에 달려들어 우리를 '멘붕'에 빠뜨린다. 이럴 때 역시 트리아제가 급선무다. 시급한 사안인가? 이것과 함께 모아 처리할 것들은 없나? 미뤄둘 거라면 어느 상자에 넣어둘까? 미리 분류 상자를 잘 마련해두고 있다면 그 상황은 보다 쉽게 해결될 것이다.

물론 어지러운 방과 머릿속을 애초에 만들지 않는 게 더욱 좋은 해결책이다. 그러기 위해서는 집안의 수납 공간, 업무의 분류 체계를 잘 설계하고 꾸준히 관리해야 한다. 고양이는 상자에 들어가는 걸 좋아하지만, 인간은 상자 나누기를 좋아해야 한다.

쓰레기통 Trash Box

생산성의 한 비결은 밀려오는 요청들을 처분할 수 있는
아주 거대한 쓰레기통입니다.

경영학자 피터 드러커

경영학의 대가 피터 드러커가 어느날 편지 한 통을 받았다. '몰입'
에 대한 저술로 유명한 심리학자 미하이 칙센트미하이가 자신의
연구에 참여해 달라고 요청하는 내용이었다. 드러커는 정중하게
답을 보냈다. "생산성의 한 비결은 이렇게 밀려오는 요청들을 처
분할 수 있는 아주 거대한 쓰레기통을 마련해 두는 것입니다." 사
실 이런 대답이 칙센트미하이의 관심사였다. 얼마나 많은 사람들
이 자신의 요청을 거절할까? 어떻게 거절할까? 275명 중 3분의 1

은 거절 의사를 알려 왔고 3분의 1은 답변조차 없었다.

분류 상자 중에는 특이한 게 하나 있다. 필요 없는 것, 버려야 할 것들을 집어넣는 상자다. 컴퓨터 바탕화면 귀퉁이에 있는 쓰레기통을 생각하면 된다. 이 상자는 무시나 망각이라는 무시무시한 기능으로 생각거리들을 사라지게 한다.

나의 머릿속이 방이라면 사방으로 문이 뚫려 있는 셈이다. 눈, 귀, 코 등을 통해 온갖 감각들이 쏟아져 들어온다. 깨어 있을 때는 물론, 자고 있을 때도 그 문은 어느 정도 열려 있다. 살아 있기 위해서는 계속 주변의 정보를 받아들이고 반응해야 하기 때문이다. 문제는 그 문으로 들어오는 정보들의 양이 지나치게 많다는 것이다. 만약 그것들을 모두 방에 쏟아놓으면 우리 머릿속은 엉망진창이 될 것이다. 다행히 우리는 진화를 통해 정교한 주의 필터(Attentional Filter)를 만들어냈다. 이 필터는 대부분의 정보를 무시하고 쓰레기통으로 보내 버린다. 그러다 나와 관련된 중요한 정보다 싶으면 얼른 의식의 사령부로 보낸다. 시끄러운 음악 소리와 소음이 가득한 파티장에서 누군가 내 이름을 끄집어내면 귀가 쫑긋하는 이유가 그것이다.

주의 필터는 경험과 학습을 통해 무시 기능을 세밀하게 조정한다. 과학자들이 사바나에서 코끼리 무리가 움직이는 곳에 스피커를 설치했다. 관광객들의 웅성거리는 소리를 들려주니, 신경 쓰지 않고 계속 풀을 뜯어먹었다고 한다. 그들이 아무 해를 끼치지 않는다는 걸 알고 있기 때문이다. 하지만 주변 부족의 소리를 들려주니, 금세 그곳에서 달아났다. 그들이 때때로 코끼리를 창으로 사냥하기 때문이다. 이렇게 주의 필터를 통과해 의식의 갑판에 올라온 것들도 영원히 그곳에 머무르지 않는다. 그 위에서 처리된 정보들 중의 아주 일부만이 장기 기억으로 저장된다. 나머지는 쓰레기통으로 가 망각된다.

"생산성을 높이려면 거절을 위한 큰 쓰레기통을."
― 경영학자 피터 드러커

물론 기억은 두뇌의 아주 중요한 기능이다. 우리는 애인의 음식 취향이나 직장의 회의 시간을 잊어버려 곤욕을 치른다. 현재의 입시와 수험 제도는 기억력을 지능의 대표 선수로 만들고 있다. 허나 이에 반기를 드는 사람들도 있다. "망각은 축복이라." 철학자 프리드리히 니체는 말했다. "유쾌함, 선한 양심, 기쁨에 찬 행동, 미래에 대한 자신감 등은 기억할 때와 마찬가지로 적절한 시점에 얼마나 잘 망각할 수 있는가에 달려 있다." 여러 예술가들이 기억에 얽매이지 않는 '영원한 현재'를 가장 소중한 창조의 순간으로 이야기하는 이유도 거기에 있다. 우리 두뇌가 작업을 처리할 수 있는 슬롯은 제한되어 있다. 필요 없는 것, 덜 중요한 것들은 빨리빨리 치워 버려야 일을 능률적으로 할 수 있다.

때론 사라지지 않는 기억이 생각의 슬롯을 꽉 채우기도 한다. 헤어진 연인에 대한 아픈 기억, 고문을 당하며 겪은 고통, 내가 저지른 큰 실수, 더럽고 무섭고 꺼림칙한 과거들…… 이런 기억이 마음의 한쪽을 차지하고 떠나지 않으면 일상적인 판단조차 어려워 실수를 연발한다. 영화 「이터널 선샤인」에는 그런 기억을 인위적으로 지워 주는 회사가 나올 정도다.

쓰레기통을 통해 무시와 망각을 적절히 다루는 것은 현명한

"적절한 시점에 얼마나 잘 망각할 수 있는가."
- 철학자 프리드리히 니체

생각을 위한 핵심적 기술이다. 허나 인위적으로 통제하기 매우 어려운 부분이기도 하다. 이를 위해 두 가지 핵심적 방법을 제안한다. 먼저 우리의 기억이 서류, 영수증, 일기, 사진 같은 보조물에 의존하는 경우가 많다는 점에 주목하라. 이들을 실제의 쓰레기통에 넣거나 불태워 버리는 것이 의도적 망각에 도움이 된다. 또다른 방법은 애초에 머릿속 기억 창고에 과도한 부담을 주지 않는 것이다. 자질구레한 생각거리들은 가능한 머리 바깥의 기록으로 옮겨 관리하자. 그리고 필요없는 것, 덜 중요한 것들을 습관적으로 현실 혹은 컴퓨터 속 쓰레기통에 버리자. 뇌에도 미니멀리즘이 필요하다.

이름 붙이기 Name Tag

그들은 내게 이상한 이름을 붙이려 했다.
하지만 그런 이름으로 부르면 나는 대꾸조차 하지 않았다.
루이스 세풀베다 『자신의 이름을 지킨 개 이야기』

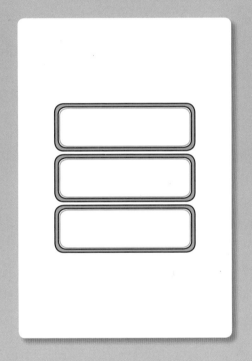

오늘은 초등학교 입학식이 있는 날이다. 학교 운동장에 아이들이
쏟아져 들어온다. 그런데 선생님들이 우왕좌왕하며 대혼란에 빠
졌다. 교장 선생님이 소리를 지른다. "도대체 왜 이 난리예요? 담
임들은 빨리 자기 반 학생들을 모으세요." 한 선생님이 달려와 말
한다. "큰일 났습니다. 누가 누군지 알 수가 없어요." "그게 무슨
소리예요?" "학생들에게 붙여 줄 이름표가 주문 실수로 도착하지
않았어요."

우리의 두뇌는 순간순간 만나는 사람, 생명체, 사물, 감각들을 이해해야 한다. 원시인들은 현대인들에 비해 좀 더 힘들었을 것 같다. 저 위에 떠 있는 뜨거운 빛덩이, 저 앞에 매달려 있는 동그랗고 달콤한 것, 갑자기 번쩍하는 불빛과 요란한 소리…… 세상은 이해할 수 없는 것 투성이였다. 그러다 언어를 만들어 이름표를 붙이게 되었다. 태양, 사과, 천둥, 번개…… 동료들과 의사소통할 때 참 좋았다. "야, 구름이 온다. 비가 올거야. 동굴로 피해." 이게 무슨 뜻인지 몰라 어리바리했던 한 녀석은 비에 쫄딱 맞고 말았다. "이제부터 네 이름은 쫄딱이다."

아기들은 이름 붙이기를 배우며 문명 세계에 발을 들인다. 자신에게 젖을 주는 존재가 눈을 맞추며 입으로 내는 소리를 따라한다. "엄마!" 그다음엔 근처에서 젖냄새만 나도 그 얼굴을 떠올리며 "엄마!"라고 부른다. 이어 "아빠! 할머니! 멍멍이! 뛰뛰빵빵……." 머릿속을 채워 가는 이름표의 숫자만큼 아기의 세계는 커 간다. 무엇보다 중요한 건 자신의 이름이다. 누군가 그 이름표를 불러 주면 귀를 쫑긋하게 된다. "이쫄딱! 너는 1학년 3반이야."

이름 붙이기는 바깥 세상을 이해하는 방법만이 아니다. 우리 머릿속의 생각거리를 건져내고 정리하는 데도 탁월한 힘을 발휘한다. 지금 바로 나의 머릿속 잡념의 바다를 떠돌고 있는 생각거리들에 이름을 붙여 보자. '뭔가 해야 할 것 같은 기분이 드는 것'이 아니라 '숙제' '영수증 정리' '치과 가기' 같은 이름을 다는 거다. 그러면 할 일이 훨씬 또렷해진다. 글을 쓰거나 업무 상의 아이디어를 내야 한다면 그 주제에 대해 떠오르는 단어들을 끄집어내 노트에 적어 보자. 그중에 특히 톡톡 튀어나오는 키워드들이 있을 것이다. 그것을 중심으로 주변의 단어들을 연결해 보자. 자연스럽게 생각의 가지들이 뻗어나갈 것이다. 생각이 막히면 키워드를 검색 엔진에 넣고 돌려 보자. 이렇게 우리는 생각의 퍼즐을 맞춰 나갈 블록들을

어지러운 생각거리도 일단 [이름 붙이기]를 하면 다루기 쉬어진다.

얻을 수 있다.

　모든 생각거리에 쉽게 이름을 붙일 수 있는 건 아니다. 도대체 뭐라 불러야 할지 모를 막연한 것들도 있다. 그래도 가능한 가깝게 적어 보자. 그렇게 애쓰는 자체가 생각의 한 방법이다. 소설가 플래너리 오코너는 말했다. "나는 왜 쓰는가? 내가 말하는 걸 읽기 전에는 내가 뭘 생각하는지 모르기 때문이다."

　이름 붙이기는 기억에 있어서도 탁월한 성능을 발휘한다. 원시인이나 아이들은 사물을 보고 그대로 기억하는 '사진 기억'이 발달해 있다. 그러나 언어를 배우면서부터 그 기능이 급속히 쇠퇴한다. 말과 이름으로 기억하는 게 훨씬 능률적이기 때문이다. 언어는 복잡한 정보를 암호화하는 방법을 제공해 장기기억에 상당한 영향을 미친다. 우리가 붙인 이름표는 그에 딸린 수많은 기억들을 이끌어내는 역할을 한다. 소설가 호르헤 루이스 보르헤스는 말한다. "나는 셰익스피어라고 말하면서 맥베스와 운명의 세 자매와 햄릿과 소네트에 어른거리는 수수께끼의 사람을 떠올리죠." 만약 소설, 영화, 노래의 제목이 없다고 생각해 보라. 정말 기억하거나 다루기 힘들 것이다. 복잡한 개념이나 기계들도 간단한 이름을 붙이면 훨씬 이해가 쉽다. 카뷰레터, 에스프레소, 변증법 같은 것들이다. 　29

이름 붙이기는 사물에 대한 감각까지 촉진시킨다. 19세기 영국 수상을 지낸 윌리엄 글래드스턴은 학구적 취미로 호머의 『일리아드』와 『오디세이』에 나오는 색에 대한 모든 표현을 검토했다. 블랙이 200번, 화이트가 100번 정도였다. 레드는 열다섯 번에 못 미쳤다. 옐로와 그린은 열 번도 나오지 않았다. 결정적으로 블루는 단 한 번도 나오지 않았다. 아이슬란드의 전설, 이슬람 코란, 고대 중국의 설화, 히브루 성경을 연구해도 마찬가지다. 블루는 없었다. 그렇다면 저 푸른 하늘과 바다는 무엇이라 불렀나? 와인, 화이트, 그레이 정도였다. 이집트 인이 제일 먼저 푸른 빛을 염색하는 법을 알아냈고, 블루라는 단어를 썼다. 그렇다면 단지 이름이 없었던 걸까? 아니면 정말로 구별하지 못했던 걸까? '블루'라는 단어를 가지지 않은 아프리카의 원주민을 대상으로 시험해 보았다. 여러 스펙트럼의 그린과 블루를 섞어 보여 주니 블루를 구별하지 못했다. 대신 그린을 분류하는 여러 이름을 가지고 있었고 그것들은 잘 구별해냈다. 문명인들도 '라벤더'처럼 어떤 이름을 알 때 그 색을 훨씬 잘 구별한다.

당신이 풀기 어려워하는 문제에도 일단 이름을 지어 주자. "바깥에만 나가면 갑자기 숨이 막히고 마음을 통제할 수 없어요." 정신과 의사는 그것에 '광장공포증'이라고 이름 붙인다. 그렇다고 바로 치료할 수 있는 건 아니지만, 사냥해야 할 대상을 분명히 할 수 있다. 「매드맥스: 분노의 도로」에서 워보이 눅스는 자기 몸에 붙은 종양 덩어리에 래리와 배리라는 이름을 붙인다. 병이 증식하는 걸 막을 수는 없지만, 다른 방식으로 컨트롤하고자 한다.

① 생각거리 이름 붙이기

이름 붙이기는 생각거리를 건져내고 정리하는 데 탁월한 힘을 발휘한다.
지금 당신의 머릿속을 떠돌고 있는 생각거리들에 이름을 붙여 아래 이름표에
적어 보자. '뭔가 머리를 떠도는 것', '해야 할 것 같은 기분이 드는 무엇'이
아니라 '영수증 정리' '잇몸 통증' '휴가 때 뭐 하지?' 같은 이름을 다는 것이다.
이렇게 이름표를 달고 나면 보다 쉽게 분류상자에 넣거나 쓰레기통에
버리거나 리스트로 정리할 수 있다.

리스트 List

리스트는 문화의 기원이다.
문화는 무한함을 이해할 수 있는 무엇으로 만들고자 한다.
또한 항상은 아니지만 종종 질서를 부여하고자 한다.

기호학자 움베르토 에코

옛날 옛날 어떤 부부가 열심히 아이들을 낳았다. 그런데 누가 누군지 자꾸 헷갈렸다. 가끔은 우리 애인지 아닌지도 분간이 어려웠다. 그들은 이름 붙이기를 배웠고, 아이들에게 이름을 지어 주었다. 개똥이, 말똥이, 소똥이…… 아주 만족했다. 구분하기 편해졌으니까. 그런데 애들이 점점 늘어나 열 손가락으로도 셀 수 없게 되었다. 누가 형이고 아우인지도 헷갈렸고 거처를 옮길 때에는 하나둘 흘리고 다니기도 했다. 부부는 몇날 며칠을 고심하다가 어떤 아이디어를 떠올렸다. 이름들을 쭈욱 늘어놓고 이어서 불러 보자. "개말소닭쥐냥곰벌……." 이거 괜찮은데? 부부는 아이들에게도 이걸 외우라고 했다. 그리고 매일 밤 점호를 했다. "개! 말! 소! 닭! 쥐! 냥! 곰! 벌!……." 인류는 위대한 진보의 한 걸음을 내디뎠다.

상자에 담긴 물건들이 몇 개 되지 않을 때는 큰 문제가 없다. 필요할 때마다 상자를 열어 물건을 찾아 쓰면 된다. 하지만 너무 많은 물건들이 상자 속에서 어지럽게 섞이면 점점 곤란해진다. 이제 작은 상자로 나누기도 해야 하지만, 상자 속의 물건들에 질서를 부여해야 한다. 옷은 옷장에 차례로 건다. 책은 서가에 나란히 꽂는다. 복잡한 물건들, 다양한 생각거리들도 비슷한 방식으로 리스트한다.

기원전 5천년경 수메르 등지에서 대규모 상업적 거래가 이루어진다. 상인들은 오늘은 무엇을 몇 개 팔았고 재고는 얼마나 남았는지 기억해 두어야 했다. 머리를 쓰고 손가락을 짚어 봤자 한계는 분명했다. 이때 문자를 발명해 기록한 최초의 것들—요리법, 영수증, 재고물품 등은 명백히 리스트였다. 이제 상인들은 기억해야 할 정보들을 문자로 기록한 리스트에 떠맡기고, 그때그때 필요한 일에 더욱 집중할 수 있게 되었다. 리스트는 우리의 두뇌를 해방시킨 일등공신이다.

개똥이의 마을 근처에도 이런 시장이 생겼다. 그는 장을 보러 가기 전에 아버지에게 뭐가 필요한지 물어보았다. "우리 집에 없는 씨앗을 좀 사오렴." 개똥이는 창고에 가서 이미 가지고 있는 씨앗의 목록을 적었다. 이어 어머니에게 필요한 게 뭔지 물어보았다. 어머니는 기다렸다는 듯이 불러 주었다. "고무신, 간장 종지, 비녀, 그리고 단추도 몇 개 사오렴." 이렇게 쇼핑 리스트를 미리 준비한 덕분에 실수 없이 빨리 장을 볼 수 있었다. 이제 느긋하게 배를 채워 볼까? 그러고 보니 옆집 곰탱이가 꼭 가 보라고 한 식당이 셋

[분류상자]에 대충 담은 것들을 [리스트]로 일목요연하게 정리한다.

있었다. 맛집 추천 리스트다. 개똥이는 그중에 제일 먼저 눈에 띄는 곳에 들어갔다. 식당 벽에는 메뉴판이 걸려 있었다. 그곳에서 먹을 수 있는 요리 리스트였다. 개똥이는 이런 리스트들 덕분에 하루를 낭비 없이 보냈다.

이탈리아의 석학 움베르토 에코는 리스트의 위력을 열렬히 설파했다. "리스트는 문화의 기원이다. 예술사와 문학사의 한 부분이다. 문화란 무엇을 원하나? 무한함을 이해할 수 있는 무엇으로 만들고자 한다. 또한 항상은 아니지만 종종 질서를 부여하고자 한다. 그리고 인류는 어떻게 무한과 마주하는가? 어떻게 이해할 수 없는 것을 붙잡으려고 하는가? 리스트를 통해, 카탈로그를 통해, 박물관의 컬렉션, 백과사전, 사전을 통해서다." 이처럼 인류의 다양한 지식과 문화 행위들이 리스트라는 형태를 취하고 있다. 도덕과 규율 역시 십계명, 칠거지악, 법전과 같은 리스트로 정리되었기에 더 단단한 힘을 가질 수 있었다.

예술가, 학자, 장인들은 자신만의 리스트를 만들어 작업에 활용해 왔다. 레오나르도 다빈치, 찰스 다윈, 토머스 에디슨은 노트에 연구하거나 발명할 내용들을 '투 두 리스트'의 형태로 꼼꼼히 적어 두었다. 설치 조각가 리처드 세라는 88개의 '동사 리스트'를 만들어 재료에 대한 상상력을 훈련하는 데 사용했다. 가령 납 조각을 가지고 '말다' '자르다' '떨어뜨리다' 같은 동사 리스트를 적용해 보는 것이다.

언제든지 꺼내 쓰기 위한 공구 상자의 형태로 리스트를 갖춘 경우도 많다. 목공, 수선공 등의 장인들은 작업실 벽이나 공구함에 자신만의 공구를 진열해 두고 있다. 화가들이 공들여 물감을 채운 팔레트는 자신만의 색채 리스트다. 호주의 싱어송라이터 닉 케이브는 자신의 손으로 쓴 사전을 만들어 연애편지나 가사를 적을 때 활용했다.

어느 유부녀가 연하의 정부에게 자신을 사랑하는 이유의 리스트를 듣고 싶어 한다. "내가 왜 좋아? 하나하나 전부 말해 봐." 이야기를 엿들은 남편은 그날밤 유산 리스트에서 부인의 이름을 빼 버린다.

무질서한 세계를
다스리는
최강의 정리 도구
– 리스트

"인류는 어떻게 무한과 마주하는가?
어떻게 이해할 수 없는 것을 붙잡으려고 하는가?
리스트를 통해, 카탈로그를 통해,
박물관의 컬렉션, 백과사전, 사전을 통해서다."

– 움베르토 에코

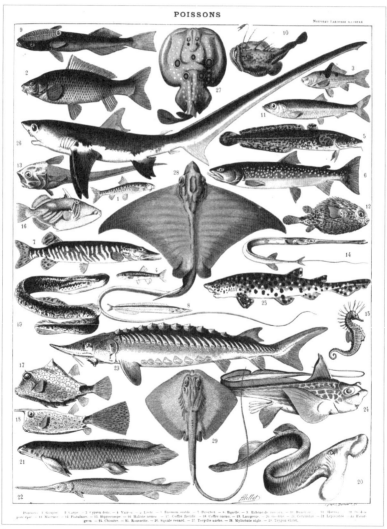

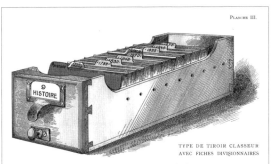

PLANCHE III.

9
HISTOIRE

TYPE DE TIROIR CLASSEUR
AVEC FICHES DIVISIONNAIRES

La division principale 9 *Histoire* est indiquée par une fiche divisionnaire du premier cran, de couleur orange.
Les subdivisions de lieu (44) *France*, (45) *Italie*, sont indiquées par des fiches divisionnaires du deuxième cran, de couleur verte. —
Les subdivisions de temps « 1789 », « 1830 », etc., sont indiquées par des fiches divisionnaires du troisième cran, de couleur jaune. —
L'histoire de France, en 1789, est classée h 9 (44) « 1789 ».

2

3

ST. LOUIS CARDINALS
LINEUP CARD

DATE 3/27/01

4

1
라루스 그림 백과사전에
나오는 '독 있는 물고기'의
리스트
2
프랑스 도서관의 '역사'
항목 분류 리스트
3
토머스 에디슨의 발명
아이디어 리스트. 축음기를
만들고 영화 제작소를 연
직후다.
4
미국 프로야구 세인트
루이스 카디널스의 타자
라인업 리스트

순서 정하기 Numbering

겨우 입학식을 마친 1학년 3반 담임이 교실로 갔다. 아이들에게 반을 찾아가 앉아 있으라고 했는데, 모두 잘 찾아 왔을까? 그럴리가 없지. 교실 복도에서 아이들이 부산스럽게 떠들고 있다. 다행히 이름표를 달아 누가 누군지 구분이 가능했다. 제일 까불거리는 녀석을 붙들고 말했다. "이쫄딱. 너 왜 자리에 안 앉고 돌아다녀?" 쫄딱이는 눈을 말똥말똥하며 대답했다. "선생님. 어디에 앉아야 할지 모르겠어요." 그러고 보니 아이들에게 자리를 지정해 주지 않아

가나다, 중요도, 시간 순으로 [순서 정하기]를 활용할 수 있다.

우왕좌왕하고 있었던 것이다. "일단 아무데나 앉아." "아무데나가 어디예요?"

선생님은 많은 학생들을 다루기 위해 리스트—출석부를 만들고 자리를 배정해야 한다. 그런데 여기에서 또다른 고민이 생긴다. 도대체 어떤 기준으로 순서를 정해야 할까? 이름의 가나다 순? 키가 크거나 작은 순서대로? 먼저 온 순서대로? 리스트로 세상에 질서를 부여하기 위해서는 순서 정하기를 병행해야 할 때가 많다.

대표적으로 사용하는 몇 가지 순서 정하기의 방법을 알아보자.

1) 가나다, ABC처럼 이름 순으로. 사전, 출석부, 인명부처럼 그 안에 있는 모든 걸 빠뜨리면 안 되는 것들의 리스트는 이런 방식이 좋다. 도서 서지정보처럼 어떤 규칙에 따라 번호(ISBN, 듀이 분류번호)를 부여한 뒤에 번호순으로 정리할 수도 있다.

2) 중요도순. 파리 여행을 위해 가방에 필요한 물건을 채운다. 어떤 순으로 리스트를 만들어야 할까? 여권, 외화, 신용카드 등 꼭 필요한 것들부터 챙겨야 한다. 파리에서 어디를 가고 무엇을 먹을까? 이때도 가장 하고 싶은 일부터 나열하는 게 좋다. 중요도순은 제한된 시간, 공간에 무언가를 채워 넣어야 할 때 유용하다.

3) 시간순. 파리에서의 구체적 일정은 어떻게 정리해야 할까? 39

오전, 오후, 저녁의 방문지를 시간순으로 배치해야 한다. 샹제리 제 거리의 유명 레스토랑을 찾아갔는데, 이미 만석이라면 어떻게 해야 할까? 대기자 리스트에 이름을 적는다. 그 리스트 역시 먼저 온 시간순으로 정리되어 있을 것이다. 드디어 자리가 나서 테이블에 앉는다. 웨이터가 내주는 메뉴판에도 순서가 있다. 애피타이저, 메인, 디저트라는 시간순의 리스트다.

순서 정하기 특히 시간 순의 리스트는 단순한 줄 세우기의 방법에 그치지 않는다. 그것은 우리의 실행력과 큰 연관을 맺고 있다. 요리법, 가구 조립법, 비행기 탑승 수속 등 실행에 관련된 여러 매뉴얼들이 이런 형태를 띠고 있을 때가 많다. 해야 할 일들의 리스트를 뽑은 뒤에 그것을 시간순으로 나열하면, 복잡한 업무도 아주 수월하게 처리할 수 있다.

우리는 일상에서도 이와 같은 생각법을 매우 요긴하게 사용하고 있다. 우리 두뇌는 전전두엽 피질을 중심으로 시간을 정리하고, 계획을 짜고, 과제를 집중력 있게 수행하는 기능을 발휘한다. 그런데 이곳에 손상을 입게 되면 일상생활이 엉클어진다. '사건의 순서를 계획하는 능력'이 엉망이 되기 때문이다. 계란 프라이를 만들려면 팬을 꺼내, 불에 달구고, 계란을 깨 넣어야 한다. 그런데 팬을 꺼내지도 않고 계란부터 깬다면? 때론 건강한 사람들도 이런 실수를 저지른다. 월요일 아침에 자신의 출근 준비와 아이의 등교 준비를 같이 하는 부모의 경우를 생각해 보라. 멀티태스킹을 강요당하는 상황에서는 누구든 순서를 헷갈려 일을 그르칠 수 있다. 「냉장고를 부탁해」 같은 요리 프로그램을 보면 전문 셰프들도 시간에 쫓길 때 비슷한 실수를 한다.

이를 해결하려면 순서 정하기를 한 리스트를 잘 만들어 두어야 한다. 그리고 머릿속에 담기보다는 바깥으로 적절히 옮겨 놓는 게 낫다. 중요한 일이나 반복되는 일은 순서를 정해 리스트로 만들

[순서 정하기]에 혼란을 느끼면 일상생활이 마비된다.

어 노트, 포스트잇, 스마트폰에 기록해 두고 필요할 때 엿보자. 요리사가 아무리 요리에 자신이 있어도 짧은 점심 시간에 주문이 폭주하면 곤란함을 겪는다. 이때 살짝 엿볼 수 있는 리스트가 있으면 훨씬 효율적으로 일을 처리할 수 있다. 이런 과정이 반복되면 자연스럽게 우리 머릿속에 각인되는데, 그걸 숙달이라고 한다.

리스트는 혼돈의 우주에서 의미 있는 것들을 건져내 질서 있게 늘어놓는다. 순서 정하기는 그 질서의 성격을 규정한다. 쇼핑몰에서 상품을, 인터넷 커뮤니티에서 게시물을 보여 줄 때도 다양한 방식이 있다. 새로운 것부터, 추천순으로, 가격순으로, 이름순으로…… 그 순서는 상대방의 생각과 결정에 알게 모르게 영향력을 행사한다. 그렇다면 내가 정한 순서가 나의 행동에 긍정적인 영향을 주도록 할 수는 없을까? 소설가 마크 트웨인은 그 방법을 알았다. 그의 리스트는 역설적으로 '하기 싫은 순'을 기준으로 삼았다. "아침에 일어나면 제일 먼저 살아 있는 개구리를 먹어라. 그날 하루 동안 더 나쁜 일은 벌어지지 않는다."

나의 ♡ 음악
[리스트]는
어떻게 순서를
정해 왔나?

아주 옛날, 나는 손으로 적은 노래 리스트를
들고 음반 가게에 가서 카세트 테이프에 녹음해
달라고 했다. 그때는 어떤 식으로 순서 정하기를
했을까? 아마도 중요도순이었을 것 같다.
테이프의 분량이 부족하면 뒤쪽에 있는 곡은
잘릴 수밖에 없었으니까.
지금 내 노트북의 음악 재생 프로그램은
훨씬 다양한 방법으로 순서 정하기가 가능하다.
노래 제목이나 아티스트별로 찾을 때는 이름순을
활용한다. 좋아하는 노래를 듣고 싶을 때는
별점순, 혹은 재생순으로 정렬한다.
댄스 파티의 DJ를 할 때는 장르별, 연주 시간별로
정렬한 뒤에 적절한 곡을 찾기도 한다. 신곡을
틀고 싶을 때는 재생 숫자가 적은 순으로 나열한다.

잘라내기 Cut Out

드라마란 인생에서 지루한 조각들을 잘라낸 것이다.

영화감독 앨프리드 히치콕

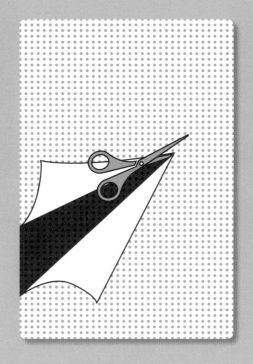

이세돌과 인공지능 알파고의 바둑 대결에 앞서, 인간의 우위를 이야기하는 몇 가지 논리가 있었다. 그중 하나는 직관적인 잘라내기, 가지치기의 능력이었다. 인공지능은 판 안에서 일어날 수 있는 모든 경우의 수를 계산하고자 한다. 그러나 바둑 고수는 직관적으로 '전혀 고려하지 않아도 되는 수'를 찾아 잘라내 버린다. 그래서 인공지능은 지나치게 짧은 시간에 바둑을 둘 때 열세를 보였다. 처음부터 30초 초읽기로 대국을 하면 3승 2패, 1시간의 기본 시간을 준 뒤에 30초 초읽기를 하면 5전승을 거두는 식이다. 그런데 알파고는 진화했다. 사람의 두뇌처럼 신경망 구조로 작동했다. 수많은 기보를 연구해 다음 수를 예측하는 정책망(policy network), 각각의 착수에 승리 확률을 계산하는 가치망(value network)의 결합을 통해 잘라내기까지 해낸 것이다. 탁월한 계산 능력에 효율성까지 얻어 천재급의 인간도 대적하기 어려울 정도의 지능을 갖추게 되었다.

비록 알파고에 일격을 당하기는 했지만, 인간 두뇌의 잘라내기 능력은 오히려 더 빛을 발하게 된 셈이다. 진화 심리학에 따르면 인간의 두뇌는 빠르게 판단하는 데 익숙해 있다. 가장 중요한 판단은 쫓거나 쫓기는 상황에서 필요한데, 모든 가능성을 고려한 뒤에 판단할 수 있도록 맹수나 사냥감이 기다려 주지 않기 때문이다. 그러나 이 잘라내기를 '느낌'으로만 실행해서는 곤란하다. 알파고처럼 확률, 가치 판단 등의 기준을 동원해 칼을 대야 한다.

리스트와 잘라내기의 결합은 매우 효과적인 생각의 방법을 제공해 준다. 리스트는 덧셈의 생각법이다. 우리는 파리로 여행하기 위해 가방에 챙겨야 할 것들을 차곡차곡 더할 수 있다. 하지만 가방의 크기는 제한되어 있다. 그래서 잘라내기라는 뺄셈의 생각법으로, 덜 필요한 것을 제거해 나간다. '오늘의 할 일'에 수만 가지 멋들어진 리스트를 적는다고 해서 그 모든 걸 행할 수는 없다. 가장 중요한 것, 우선적인 것, 당장 할 수 있는 일부터 처리하고 나머지는 버려야 한다. 나에게 사과가 다섯 개 있다면, 사과를 좋아하는 사람들의 리스트를 만든 뒤에 여섯 번째 이후는 버려야 한다.

같은 원리로 우리는 생각거리들을 적절히 잘라낼 수 있다. 우리의 작업 기억이 다룰 수 있는 슬롯의 숫자는 제한되어 있다. 우리가 쓸 수 있는 시간, 동원할 수 있는 자원, 기억 용량 역시 한계가 뚜렷하다. 정보의 부족보다는 과잉이 더 큰 문제가 되는 시대다.

알파고는 인공지능의 취약점인 [잘라내기]까지 능숙하게 해냈다.

하지만 잘라내기가 쉽지는 않다. 소설가 무라카미 하루키는 말한다. "머릿속에서 '없어도 되는' 콘텐츠를 모조리 치워 버리고 사안을 '뺄셈'적으로 단순화하고 간략화하는 것은 머리로 생각하는 만큼, 말로 하는 만큼 쉽게 할 수 있는 게 아닐 수 있습니다."

도대체 어디서부터 잘라내야 할까? 생각 또는 집안 정리를 전문으로 하는 이들은 제안한다. 숫자로 말하자면 손가락 다섯 개, 최대 열 개를 한계로 삼자. 어떤 리스트 안의 항목이 이 숫자를 넘어가면, 다른 리스트로 만들거나 버려야 한다. 대인 관계에서는 이 숫자가 좀 더 늘어나긴 한다. 늑대의 무리는 8~15마리로 유지되고 수가 넘치면 서열이 처지는 개체를 쫓아낸다. 영장류는 최대 200~250명 정도 무리를 이룬다. 하지만 그중에 정말 꾸준히 연락하는 지인의 숫자는 제한될 것이다. 스마트폰 주소록이나 페이스북 친구 숫자의 허상에 사로잡히지 말자.

선택 OX

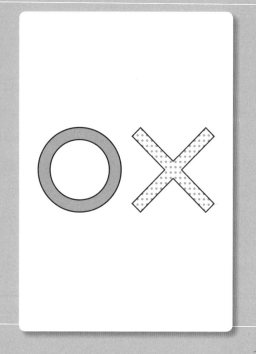

나는 카페에 앉아 있다. 옆 자리에서 전화 벨이 울린다. 노트북을
펴고 작업하던 외국인 남자가 고민한다. 통화/거절. 남자는 통화
를 누른다. 화면에 부인과 아기의 얼굴이 나오고, 남자는 즐겁게
영상통화를 한다. 남자는 얼굴을 손으로 가렸다/뗀다. "피-카-
부(peek-a-boo)!" 우리는 '까꿍'이라고 부르는 놀이다. 엄마는 아이
에게 묻는다. "아빠 있어/없어?" "있~어!" 남자는 만족해하며 조
용히 손을 흔든다. 스마트폰의 전원 버튼을 누른다. 켜다/끄다. 나

는 이 짧은 순간에 원초적이고도 중요한 생각법이 반복적으로 사용되는 것을 목격했다. OX의 선택이다.

우리의 삶은 선택의 연속이다. "점심에 짜장면을 먹을까, 설렁탕을 먹을까?" "소개받은 남자에게 먼저 연락할까, 기다릴까?" "불치병 환자에게 사실을 알릴까, 말까?" "미사일을 발사할까 말까?" 우리는 '어떻게 행동할지'를 결정하고 그 대가를 치른다. "그거 정말 최고의 결정이었어." "그 사람 잘나가더니 한순간의 선택으로 나락으로 떨어졌네." 우리 두뇌는 O와 X로 켜졌다 꺼졌다 하는 크리스마스 장식 같다.

모든 생명체의 활동은 접근/회피에 기초해 있다. 먹잇감, 연애 상대, 가족 등 자신에게 기쁨과 안도감을 주는 것들에게는 접근한다. 포식자, 병균, 무서움과 불쾌감을 주는 것들은 회피한다. 배가 고픈데 나무에 열린 낯선 무언가를 발견했다. 우리는 먹을까/말까라는 OX의 판단법을 적용한다. 때론 더욱 깊은 고민에 빠진다. 사귈까/말까, 죽일까/말까…… 이걸 결정하지 못하는 걸 심리학에서는 '접근-회피 갈등'이라고 한다.

아이들은 놀이를 통해 자연스럽게 양자택일의 상황을 만나 선택을 훈련한다. '까꿍'은 아이가 알고 있는 모든 세계가 있다/없다의 상황에 처하게 한다. 엄마의 얼굴을 손으로 가리면, 이 세계 전체가 사라지는 것 같은 두려움을 느끼며 운다. "여우야 여우야. 뭐 하니?" "밥 먹는다." "뭐 먹니?" "개구리 반찬." "죽었니/살았니?" 다른 생명체(포식자/피식자)의 상태 역시 삶/죽음의 이분법이 핵심이다.

우리 뇌의 기초 단위인 뉴런이 작동하는 방식 역시 유사하다. 개별적인 뉴런은 흥분성/억제성의 시냅스를 작동시켜, 이웃 뉴런을 활성화/불활성화시킨다. 화학적 방식으로 엑셀/브레이크 페달을 밟는 것과 비슷하다. 전기의 On/Off 버튼, 아이들의 얼음/

47

[O]냐 [X]냐, 이것이 문제로다.

땅 놀이 등 곳곳에서 이 원리를 찾을 수 있다. OX라는 이진법의 원리를 차곡차곡 쌓으면 아주 복잡한 사고를 만드는 것도 가능하다. 컴퓨터 프로그래밍이 바로 이런 원리를 활용한 것이다.

어떤 선택은 매우 어렵다. 그래서 우리는 심사숙고할 수밖에 없다. 하지만 마냥 생각만 할 수는 없다. 선택하지 않으면, 우리의 삶은 한 걸음도 앞으로 나가지 못하기 때문이다. 앞으로 우리가 다룰 생각법의 상당수는 이런 선택을 돕기 위한 것들이다.

체크리스트 Checklist

끝마치지 못하거나 완성하지 못한 일은 계속 마음속에 떠오른다.

자이가르닉 효과

"넌 생각만 많지. 행동이 너무 굼떠." 우리는 지나치게 앞뒤만 재다 제한된 시간에 행동할 기회를 놓치는 일이 적지 않다. 하지만 적절한 생각법은 우리의 행동을 몇 배나 가속시킨다. 우리 앞에 놓인 불확실성을 줄여 편안하게 과제를 수행하게 만들기 때문이다. 이제 몇 가지 생각카드를 결합해 매우 유용한 실행의 틀을 만들어보자.

우리가 여행 가방을 싸거나, 집들이 초대 명단을 작성하거나, 취업 면접을 준비한다고 생각해 보자. 우리는 그 각각에 대해

49

여행 가방은 [리스트]→[순서 정하기]→[잘라내기]→[체크리스트]로 정리한다.

트를 작성할 수 있다.

> 여행 가방: 여권, 환전, 옷가지……
> 초대 명단: 친구 A, 친구 B, 직장동료 C, 여동생 D……
> 면접: 의상, 교통편, 청심환, 예상 질문……

각각의 리스트는 순서 정하기를 통해 적절한 순서로 나열할 수 있다. 그다음에는 잘라내기를 한다. 가방, 파티장, 면접 준비 시간의 한계를 고려하자. 마지막으로 이렇게 만들어진 제한된 숫자의 리스트 끝에 체크박스를 만든다. 각각에 대해 OX의 생각법을 적용하기 위한 것이다.

> 준비/미비
> 참석/불참
> 완료/미완

우리는 이렇게 '해야 할 일'을 리스트와 순서 정하기로 정리하고, 잘라내기로 잘라내고, OX로 처리할 수 있다. 이것을 체크리스

빡빡한 공연 일정 속에도 생길 게 많았던 조니 캐시의 체크리스트

트라고 부른다. 쇼핑 리스트, 출석부, 오늘의 할 일, 초대 명단 등 우리가 어떤 이벤트를 위해 다루는 수많은 리스트들이 이와 같은 형태를 띠고 있다.

우리의 생각이 담당해야 할 주요한 역할은 미래의 행동에 대한 시뮬레이션이다. 체크리스트의 항목을 적어 나가면 각각의 상황을 하나씩 예상해 볼 수 있다. 이것은 어떤 프로젝트를 실행하기 위한 예비의 작업으로 활용하기에 아주 좋다. 특히 안전과 안심을 염두에 두어야 할 때는 '빠뜨리지 말아야 할 것들'의 리스트를 꼭 챙겨야 한다. NASA의 달 탐험 프로젝트는 우주인의 선발에서 우주에서의 상황별 대응까지 모두 체크리스트로 나열되어 있다. 이 방식은 여러 사람의 협업으로 진행 상황을 체크해야 할 때도 유용하다. 카페나 패스트푸드점의 화장실에 가면 체크리스트를 마련해 둔 경우가 많다.

이름 붙이기, 리스트처럼 생각을 기록하는 행위는 기억의 부담을 지우는 데 큰 역할을 한다. 체크리스트, 잘라내기와 같은 뺄셈의 생각법은 그 부담을 더욱 줄여 준다. 출근 시간에 집에서 나갈 때마다 뭔가 한두 가지 빠뜨린 것 같아서 불안하지 않나? 그럴 때는 확인할 목록을 포스트잇에 적어 붙여 두자. 이사처럼 매우 중요한 일들을 동시에 해야 할 때도 체크리스트는 꼭 필요하다. 인터넷에서 전문가들이 제안하는 체크리스트를 확인하고, 그 리스트를 각자의 상황에 맞게 새로 작성해 보는 것도 좋다. 이를 통해 우리는 혼란 없이 위험을 제거할 수 있고 '혹시나' 하는 부담감도 떨칠 수 있다.

체크리스트는 먹기 좋은 사이즈로 잘라 둔 계획표다. 우리의 두뇌는 어떤 일을 완수할 때마다 쾌감을 느낄 수 있도록 호르몬을 분비한다. 이 작은 보상을 리스트에 체크 표시할 때마다 느껴 보라. 길고 버거운 과제도 보다 쉽게 해치울 수 있다.

표 Table

1980년대 PC 혁명으로 인해 사무직 노동자들은
스프레드시트 프로그래머가 되었다. 그것은 그들의 능력을 배가시켰다.

로봇 공학자 로드니 브룩스

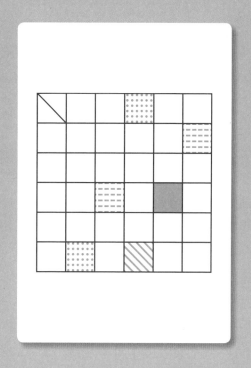

미국 100달러 지폐의 주인공인 벤자민 프랭클린은 18세기의 가
장 바쁜 인물이었다. 그는 미국의 독립 영웅, 실천적인 사상가, 성
공적인 인쇄업자였으며 다초점렌즈, 피뢰침을 만든 발명가이기도
했다. 당연히 그의 책상 위로 산더미 같은 서류들이 몰려들었는데,
그걸 정리하는 재주는 없었다고 한다. 대신 그는 노트를 통해 효과
적으로 생각과 업무를 정리했다. (유명한 일정 관리 노트인 프랭클
린 노트는 그의 이름을 땄다.)

프랭클린의 노트 중에서 특이한 형식을 가진 게 있다. 그는 스무 살 때 인격 수양의 필요성을 절감하고 13가지 덕목(13 virtues)을 추려냈다. 절제, 침묵, 결단력, 검소, 근면, 성실, 정의, 온건, 청결, 고요, 정숙, 겸손. 그는 평생 이 리스트를 수행하고자 애썼는데, 바쁜 생활 때문에 쉽게 목적을 이룰 수가 없었다. 그러다가 가로세로 두 개의 축을 가진 리스트, 그러니까 표를 만든다. 가로 축에는 7요일, 세로 축에는 13덕목의 머리글자를 적었다. 그리고 매일 저녁 하루를 반성하며 이루지 못한 덕목을 검은 점으로 표시했다. 특히 한 주 동안 한 덕목을 꾸준히 지키는 데 집중했다. '절제의 주간', '침묵의 주간' 식으로 13덕목을 1년 동안 네 번의 사이클로 돌려 가면 단단한 마음의 습관을 들일 수 있다고 본 것이다.

프랭클린은 어디를 가나 이 노트를 들고 다녔다. 여러 번 써서 구멍이 나자, 상아로 만들어 부채처럼 펼칠 수 있게 했다. 독립전쟁의 원조를 구하려고 파리에 갔을 때는 상류사회 인사들, 특히 여성들과 어울리며 그 노트를 즐겨 보여 주었다고 한다. "매주 하나씩 열세 군데의 화단을 둘러보며 가꾸는 일처럼 즐겁습니다." 그래서인지 그는 겸손이라는 덕목을 지키기가 가장 어렵다고 말했다.

한 가지 기준으로 리스트를 만들고 세상을 정리하고 판단할 수 있다면 생각은 매우 간명해질 것이다. 하지만 세상은 그렇게 녹록치 못하다. 그래서 표는 1차원의 리스트를 2차원으로 확장시킨다. 영어로는 테이블(table)이라고 부르는데, 그 이름은 중세 유럽의 계산소(counting house)에서 유래했다. 사람들은 복잡한 금액이 오가는 거래를 할 때 계산소에 와 체크무늬 천이 덮인 '테이블' 위에 돈을 쌓아 계산을 했기 때문이다.

표는 장사꾼과 사업가들이 좋아한다. 하지만 단지 계산의 도구만은 아니다. 표는 여러 기준을 정해 효과적으로 생각을 정리하게 해 주고, 계획의 수립과 집행에 탁월한 힘을 발휘한다. 『해리 포

"13 덕목 중에서 겸손이 제일 힘들었어요."

벤자민 프랭클린은 [표]를 요나게 잘 썼다.

터』시리즈의 조앤 롤링 등 장편소설을 쓰는 작가들 중에는 꼼꼼한 표를 만들어 활용하는 경우가 제법 있다. 사건과 플롯을 요약해 두고 주인공과 악역들의 입체적인 움직임을 착오 없이 배치하기 위함이다.

표는 특정 대상을 여러 측면에서 분석하는 데도 큰 도움을 준다. 만화『슬램덩크』의 경태는 체크 노트를 들고 다니며 상대 선수의 장단점을 체크한다. 프로 스포츠 업계에서 팀과 선수의 전력분석표는 점점 더 강력한 공격 무기가 되고 있다. MS의 엑셀, 맥 OS의 넘버스 등 당신 컴퓨터 안의 스프레드시트 프로그램 역시 강력한 생각의 도구가 될 수 있다.

J. K. 롤링의
『해리 포터』 집필 계획표

2010년 소설가 J.K. 롤링은 자신이 사용했던
『해리 포터와 불사조 기사단』의 집필 계획표를
일부 공개했다.
'롤링 아웃라인(Rowling Outline)'이라 불리는
이 표는 해리 포터 팬들은 물론 여러
소설 창작자들에게도 연구의 대상이 되고 있다.
롤링은 여러 캐릭터가 펼치는 겹겹의 플롯과
장치들이 서로 충돌하지 않도록 표로
잘 정리해 두었다. 가로 축은 제목, 메인 플롯,
그리고 여러 캐릭터/집단의 움직임을
나누어 정리하고 있다.
주요 예언, 초 챙(Cho Chang)과의 로맨스 라인,
덤블도어 군대(D.A)의 움직임과 같은
서브 플롯도 정교하게 배치해 혼란을 일으키지
않도록 한다. 세로 축은 챕터와 시간의 진행에
따라 이 사건들이 어떻게 펼쳐지는지 보여 준다.
서브 플롯은 비어 있는 경우도 꽤 있지만,
메인 플롯은 꼼꼼하게 적어 두었다.

챕터	시간	제목		플롯
NO	TIME	TITLE		PLOT

예언
PROPHECY

초/지니
CHO/GINNY

덤블도어 군대
Dumbledore's Army

불사조 기사단
Order of the Phoenix

스네이프, 해리 + 아버지
SNAPE, HARRY + FATHER

해그리드 + 그롭
HAGRID + GRAWP

x they can use firehead

PROPHECY / Hall of Prophecy	Cho/Ginny	D.A.	O & P	Snape/ Harry + father	Hagrid + Grawp
Harry sees / Vol still formulating his plans. None of Dee close to set it up	Cho in Hogsmeade — wants to join OdP	Tonks + Lupin	recruiting	Harry slaving lesson to recruit for OdP	Hagrid still keep hiding his injured visitors — "he's feeling lucky that's not his"
Snape or Sense or touch his eyes	Cho + Ginny both present	Umbridge now noticing	First meeting	Harry tell Hagrid — Snape 'spying'	
Nagini attacks Mr. W.	Cho now madly in love	Firehead *			
Nagini got in, Vol has confirmation of Bode's story only he + Harry can touch the prophecy	Cho kiss? Ginny cross about father	Ron + rest of us called in to be told in father's rising	reactions — another meeting? overview	Row about Harry not going	Hagrid still got injuries
Rita information 'Messy' ship kiss	Harry now avoiding Cho a bit - Ginny + so cho?		O & P	Another lesson	Hagrid hospital wing
→ NOW VOL IS ACTIVELY TRYING TO GET HARRY TO HOP — very vivid - could see him	Ginny + Dad	around			
Bode dead. HoP again	Harry + Cho Ginny + keeps Ron gets wngs	Sirius here Big reunion			
Harry fighting stop it — desperately but not very successfully	Valentine date with Cho - miserable - then could row	got to keep	O & P big meeting	Snape lesson H can mention HoP Prophecy	Hagrid out of hospital now going into forest - meets with spiders etc
		+ Sirius Lupin	O & P	?	?
			O & P	Snape goes ape at Harry because he can't do it +	
Harry starting to get it — blacked out	Cho wants Bode with Harry - another row	going here		Snape Trelawney approves	
Harry starting to get it	Firehead	see plot meeting — Harry's hotting up re F + G	↓	Hagrid into danger re job refusing to abandon Grawp

생각에 도움이 필요할 때

우리의 머릿속엔 '뇌'라는 친구가 하나씩 있습니다. 모양은 쪼글쪼글하지만 반짝반짝 멋진 일을 하죠. 이 녀석이 잠시라도 멈추면 살아가는 것 자체가 불가능합니다. 뇌는 우리가 눈치채지 못하게 생리현상을 조종하죠. 공기를 들이마셔 호흡하고, 내장을 움직여 음식을 소화시키고, 병균이 들어오면 백혈구를 만들어 싸웁니다. 우리가 잠들어 있을 때도 뇌는 멈추지 않습니다. 꿈이나 무의식 상태에서도 많은 일을 하죠. 이런 것들까지도 넓은 의미로 '생각'이라고 합니다. 뇌는 내가 특별히 신경 쓰지 않아도 많은 일을 처리합니다. 하지만 우리는 때때로 보다 집중된 상태에서 처리해야 할 생각거리들을 만납니다.

- 판단: 오늘 저녁에 뭐 먹을까?
- 고민: 뱃살이 너무 붙어 고민인데, 어떻게 하면 식탐을 줄이지?
- 호기심: 슈퍼맨과 배트맨이 싸우면 누가 이길까?
- 공부: 중국어 학원을 석 달이나 다녔는데, 인사말도 제대로 못하겠네.
- 문제 해결: 전세집 보일러가 고장났는데, 집주인에게 이야기해야 하나? AS센터에 먼저 물어봐야 하나?

– 상상과 창조: 회사에서 새 제품을 광고할 아이디어를 내라는데.

이럴 때 우리의 뇌는 의도적이고 적극적인 마음의 움직임인
'의식'이라는 상태에 들어갑니다. 좁은 의미의 생각입니다.
어떤 고민은 잠깐의 판단으로 처리됩니다. 하지만 오랜 시간 동안
심사숙고하고 꾸준한 노력으로 해결해야 할 문제들도 있습니다.
그럴 때 나의 뇌가 위이이잉 움직여 멋지게 일을 처리하면 참 좋죠.
좋은 생각은 영리한 판단과 적절한 행동을 이끌어냅니다. 그때
우리는 이렇게 외칩니다.

"역시 난 천재야!"
이렇게 모든 생각이 착착 굴러간다면 문제가 없겠죠? 하지만
생각이 진전되지 않아 괴로울 때도 적지 않습니다. 우리는 중요한
결정을 자꾸 미루고, 엉뚱한 일에만 신경 쓰고, 일을 그르친 뒤에
자기 머리를 쥐어박습니다.

"멍청아! 넌 왜 이렇게 생각이 없니?"
그런데 과연 생각이 없는 게 문제일까요?
2014년 가을, 서울광장에서 '제1회 멍때리기 대회'가 열렸습니다.
영예의 우승자는 아홉 살짜리 초등학생. 역시 아이의 뇌는
순수하구나, 웃으며 지나갈 뻔한 이야기였죠. 그런데 SBS TV의
「영재발굴단」에서 아이를 취재해 뜻밖의 모습을 발견했습니다.
아이는 일주일에 여섯 군데 학원을 다니고 있었죠. 밥 먹을 때도
책을 놓지 않았어요. 아이는 왜 이렇게 열심히 살고 있었을까요?
슬픈 사연이 있었습니다. 아이의 오빠가 백혈병으로 죽었고,
그때부터 걱정도 책임감도 늘어났답니다. 그런데 이렇게 감당할
수 없을 정도로 머리를 쓰면, 뇌는 스스로 '멍'해집니다.

멀티태스킹을 잘해야 똑똑한 머리 아닌가요?

우리는 혼돈의 바다 위에 의식이라는 생각의 배를 띄웁니다. 그리고 지금 바로 집중해 처리할 생각들을 올려놓아요. 그 배는 작업 기억(working memory)이라는 단단한 갑판을 두고 생각거리를 다룹니다. 이 배가 엄청나게 크다면, 수만 대의 컴퓨터처럼 동시에 여러 생각들을 처리해낼 수 있겠죠. 그런데 그 크기는 어느 정도일까요?

1957년 인지 심리학자 조지 밀러는 '매직넘버 7'이라는 이론을 내놓았습니다. 우리 작업 기억에 담을 수 있는 정보의 숫자, 두뇌가 한꺼번에 처리할 수 있는 생각거리가 7개 내외라는 거죠. 제법 많아 보이나요? 멀티 태스킹으로 7개까지 처리할 수 있다는 거잖아요. 하지만 최근의 학자들은 그 숫자가 4~5개에 불과하다거나 뇌의 에너지 효율상 멀티태스킹은 무의미하다고까지 말합니다. 모임에서 대화를 나눌 때를 생각해 보세요. 동시에 두 명이 말하는 정도는 이해할 수 있습니다. 하지만 더 이상 떠들면 알아들을 수 없죠.

우리가 머릿속의 여러 슬롯을 동시에 사용하는 상황을 예로 들어 볼까요.

나는 운전을 하면서(전방 주시/내비게이션 흘깃/손으로 핸들을 돌리기/엑셀과 브레이크를 번갈아 밟기), 라디오를 듣고, 거기에 나오는 영어 회화 교실을 따라 읽는데, 곧 만날 사람 얼굴이 떠올라, 그 사람과 어떤 이야기를 할지를 생각한다.

운전에 익숙한 사람은 충분히 처리할 수 있는 상황입니다. 운전 같은 숙달된 행위는 하나의 단위로 연결되어 슬롯 하나에 들어올 수도 있으니까요. 그런데 옆 차선에서 갑자기 누군가 끼어듭니다.

위기 상황에서 뇌는 불필요한 슬롯을 재빨리 끕니다. 라디오 듣고
영어 따라하기(X), 약속 관련 생각(X) 그리고 특정 슬롯에 고도로
집중합니다. 눈과 귀를 내 차와 옆차의 움직임에만 집중하고,
브레이크를 밟으며/핸들을 급히 돌린다.

성공했다면 다행이죠. 하지만 슬롯을 비우고 채우는 과정이
매끄럽지 않으면 어떻게 될까? 사고가 일어납니다.

현대인들은 점점 더 슬롯의 부족을 겪고 있습니다. 도로에서
운전할 때는 물론이고 집안 거실에서 책 한 권을 읽을 때도 온갖
방해에 시달립니다. TV, 인터넷, 스마트폰 같은 정보의 잡음이
너무 많아요. 그 상황에 커다란 근심거리가 마음에 들어차면 모든
생각이 버벅거릴 수밖에 없습니다.

의식은 어떤 모양일까요? 조용한 책상에 작업등 하나 켜 있는
상태를 상상하는 경우가 많은데요. 그보다는 네온사인 간판들이
수없이 깜빡이는 주말의 쇼핑가와 닮아 보여요. 때론 우리의
생각이 통제의 범위를 벗어납니다. 인터넷 광고를 잘못 눌러 팝업
창이 미친 듯이 터져나오는 것처럼요. 이때는 몸을 가누지 못해
부들부들 떨며 쓰러지기도 합니다. '발작'이죠.

이제 멀티태스킹의 환상을 버리고 생각의 과부하를 이겨내
봅시다. 생각카드는 이런 문제를 해결하는 데 먼저 초점을
맞추었습니다. 1장에서 꺼내본 카드들은 어지러운 머릿속을
정리하면서 당장 효과를 볼 수 있는 생각법들입니다. 본격적인
생각에 앞선 기초 작업에 필요한 것들이었죠. 2장에서는 생각을
조립하는 여러 도구들을 만나 보겠습니다.

2장 관계의 생각법

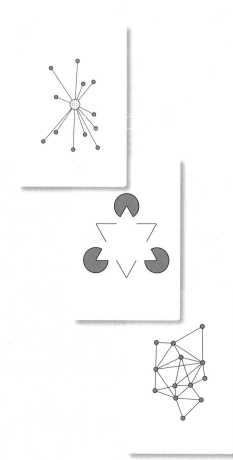

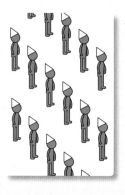

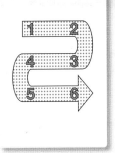

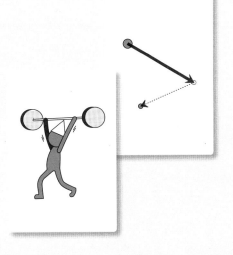

하찮은 부스러기들을 이어
우주를 만들다

인공지능 알파고가 인간이 만들어 낸 가장 복잡한 게임이라는
바둑에서 최고의 천재들을 꺾었다. 알파고는 어떻게 이런 수준의
사고 능력을 발휘할 수 있었을까? 작은 생각의 방법들을 차곡차곡
쌓고 연결한 것이다. 그리고 그 생각의 방법들은 고수 이세돌,
알파고만이 아니라, 우리들 누구나 가지고 있다. 그것들을
효과적으로 연결해 사용하는 법을 알아보자.

링크 Link

창의성이란 단지 연결하는 겁니다.

애플의 스티브 잡스

옛날 옛적 한 소년이 고단한 일과를 마치고 언덕에 누웠다. 여름밤
이 깊어 가자 무수한 별들이 떠올랐다. 평소라면 그저 별들의 광채
를 음미하다 잠이 들었을 것이다. 하지만 소년은 골똘히 생각에 빠
졌다. 그날 오후 계곡 너머에서 본 소녀 때문이다. 소녀는 바위 틈
에서 쑥을 캐다 소년을 보고선 싱긋 웃었다. 소년은 마침 갓 짠 우
유 한 병을 들고 있었다. 그걸 소녀에게 주고 싶었다. 그걸 마신 소
녀의 환한 웃음을 보고 싶었다. 그러나 계곡은 깊고 가팔랐다. 도

저히 건널 수가 없었다. 그 사이 소녀는 나무 사이로 사라졌다.

소년은 하늘에 뿔뿔이 흩어져 있는 별들이 한심해 보였다. 저들은 왜 제 갈 길만 가는걸까? 왜 서로 짝을 이루지 않나? 그러다 북쪽 하늘의 가장 밝은 별 주변에 있는 일곱 개의 별을 유심히 바라보게 되었다. 아주 천천히였지만 별들은 실로 묶인 듯 함께 움직이고 있었다. 소년은 머릿속에서 그들을 연결해 보았다. 커다란 국자 모양이었다. 이제 그들이 함께 움직이는 모습이 훨씬 또렷이 보였다. 소년은 링크를 발견했다. 서로 떨어져 있는 걸 이을 수 있다니, 참 멋진 일이야.

소년은 별들을 이어 가슴이 두근거리는 얼굴을 그려냈다. 소녀와 나는 어떻게 링크할 수 있을까? 소년은 언젠가 할머니가 들려준 전설이 생각났다. 견우성과 직녀성 사이에 까마귀와 까치들이 오작교를 놓는 모습이 떠올랐다. 다리를 놓자. 언제든 소녀의 마을로 찾아갈 수 있는 나무 다리를 만들어 링크하자.

"나의 재능은 연결하는 거죠." 뛰어난 진화생물학자이자 저술가였던 스티븐 제이 굴드는 말했다. "나는 어떤 주제 위에 걸터앉아도 그와 연관되는 걸 스무 개는 떠올릴 수 있어요." 링크는 서로 떨어진 둘 이상의 것을 연결하는 생각법이다. 그것은 세상의 비밀에 다가가는 지능의 핵심이다. 애플의 스티브 잡스도 『와이어드』와의 인터뷰에서 말했다. "창의성이란 단지 연결하는 겁니다." 그리고 이렇게 덧붙인다. "창의적인 사람들에게 어떻게 그런 일을 해내냐고 질문하면, 그들은 약간 죄책감을 느끼죠. 왜냐면 그들은 진짜 그걸 하지 않아요. 단지 뭔가를 볼 뿐이니까요." 남들은 못 보는 링크를 찾아내는 자가 천재다.

인류는 세상 곳곳에 있는 링크를 발견하고 또 흉내냈다. 강이라는 물의 링크, 줄기라는 식물의 링크, 핏줄이라는 생명의 링크는 너무 멋지다. 사람들은 흩어져 있는 마을을 길이라는 링크로 연결

했다. 철도와 항공로로 아주 먼 곳까지 사람과 물자를 오고 가게
만들었다. 산에 막혀 있는 100미터 거리의 마을보다 도로로 연결
된 10킬로미터 거리의 마을이 더 가깝다. 상수도로 강과 집이 링크
되자 매일 물을 길어올 필요가 없어졌다. 보일러의 뜨거운 물은 온
수관을 통해 안방을 덥힌다. 전선은 전기를 흘려보내 전구를 켜고
기계를 움직인다.

　링크는 사람과 사람 사이를 엮는다. 비즈니스나 연애를 위해
누군가를 만나면 어떻게든 '너와 나의 연결고리'를 찾아야 한다.
"고향이 어디세요?" "취미가 뭐예요?" 그다음엔 그 링크를 더욱
굵게 만들어야 한다. "저도 등산 참 좋아하거든요. 이번 주말에 인
왕산 같이 오르실래요?"

　인간의 뇌는 링크를 통해 영근다. 그것은 단지 비유가 아니다.
우리 뇌가 기억하고 학습하는 방식은 뉴런들이 서로 강하게 링크
하는 것이다. 더 집중하면, 자꾸 반복하면, 감정과 연결되면 더욱
단단히 연결되어 잊어버리지 않는다. 기억을 끄집어낼 때도 링크
를 통할 수밖에 없다. 연상 게임을 생각해 보라. 빨강이라고 하면
장미, 소방차, 피 같은 것들을 끄집어낸다. 피라는 말을 들으면 과
거의 무서운 기억들이 따라 나온다. 우리 뇌는 본능적으로 링크를

나의 좁은 세계는 [링크]를 통해 무한하게 확장된다.

잘한다.

　우리가 사물이나 생각거리를 표현하기 위해 만든 작은 이름표들도 링크를 통해 새로운 의미를 얻을 수 있다. '아빠' '산' '가다'와 같은 단어들은 링크를 통해, '아빠는 산에 간다'라는 문장이 된다. 다시 문장들끼리 연결되어 문단을 이루고, 더 큰 글로 성장한다. 단순한 사실에 불과했던 정보들은 링크를 통해 의미를 가진 지식이 된다. 링크는 세상 모든 곳에 생각의 불이 들어오게 한다.

　남들보다 링크를 더 잘 찾거나, 특이한 링크를 잘 만들어 내는 사람도 있다. 시인들은 탁월한 링크를 떠올려 '비유'를 만든다. '심심산천에 붙는 불은/ 가신 님 무덤가의 금잔디'(김소월). 코미디언은 전혀 연결될 법하지 않은 것을 링크하는 '부조리'로 웃음을 터뜨리게 한다. "아이스크림이 왜 죽었게? 차가~와서." 하지만 그런 능력이 그저 생기는 것은 아니다. 스티브 잡스는 창의적 인재들이 경험을 창조로 연결시킬 수 있는 이유에 대해 다음과 같이 말한다. "그들은 보통 사람보다 더 많은 경험을 했거나, 자신의 경험에 대해 더 많은 생각을 했습니다." 경험이 부족해 연결에 사용할 충분한 점(dot)을 확보하지 못하면, 결국 뻔한 연결밖에 나오지 않는다. 혹은 하늘의 무수한 별 같은 경험을 얻고서도, 의미 있는 링크를 만드는 훈련을 하지 못해 멍하니 잠들어 버리기도 한다.

물론 무조건적인 리스트처럼 무조건적인 링크가 답이 될 수 없다. 때론 적절한 잘라내기가 필요하다. 전염병이 돌면 방역을 위해 공항과 항만을 폐쇄하는 것처럼 자국의 산업을 보호하기 위해 외국과의 무역을 제한할 수도 있지 않은가.

연결망 Network

거미가 없기에 이 네트워크의 배후에 정교한 설계도는 없다.
그저 자기조직화되는 셈이다.

복잡계 네트워크 이론가 앨버트 라슬로 바라바시

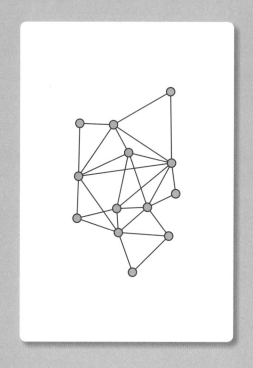

어느날 포털 사이트에 주부 인기 검색어 1위로 '쥐라기 시대 가장
목이 긴 공룡'이 올라왔다. 나는 궁금해졌다. 도대체 주부들이 왜
공룡을 찾나? 저녁 찬거리로 쓸 건 아니겠고, 초등학생 숙제로 나
왔나? 그러다 또 궁금해졌다. 답 자체보다는, 그 답을 얻는 가장
좋은 방법은 무엇인지. 아이들이 쉽게 답을 얻는 방식은 엄마에게
물어보는 거였나 보다. 그러면 엄마는 '네이버 지식인'에게 물어본
다. 적당히 믿을 만한 답이 나온다. 빠르고 간명한 링크다. 그러나

진정한 배움은 답으로 가는 과정도 포함한다. 아이가 찾아야 하는 것은 공룡만이 아니다. 이 복잡한 세상에서 빠르고 정확하게 공룡에게 가닿는 길을 찾아야 한다. 친절한 엄마도 해리 포터의 마법 열차도 없는 세계에서.

1899년 한반도 최초의 철도인 경인철도가 인천역과 노량진역 사이를 연결하여 개통되었다. 이듬해에는 노량진-용산-남대문-경성역까지 이어 완전개통식을 했다. 철로는 거기에서 성장을 멈추지 않았다. 경성과 부산을 잇는 경부선, 경성과 신의주를 잇는 경의선이 만들어졌고, 전국이 철도로 점점 촘촘히 연결되었다. 링크의 운명은 이와 같다. 일대일의 짝짓기로 끝나는 경우는 거의 없다. 링크는 길게 이어져 라인을 만들고, 다시 씨실과 날실로 겹쳐져 연결망을 만든다. 현재 서울의 지하철 노선도는 100년 전 한반도 전체 철도망보다 훨씬 복잡하다. 2017년 현재 주요 라인만 9개가 있고, 이들은 수많은 환승역에서 겹쳐져 복잡한 연결망을 만들고 있다.

우리는 '쥐라기 시대 가장 목이 긴 공룡'을 찾기 위해 이와 비슷한 연결망을 활용한다. 전화, 이메일, 메신저로 연결되는 다양한 '인맥망'도 있다. 인터넷을 통해 접근 가능한 '정보망'을 동원하면 공룡 백과사전에 접근할 수 있다. 그리고 이런 인맥과 정보를 다룰 때, 우리의 뇌 속 '신경망'의 여러 지식과 검색 기술 같은 것들도 활용해야 한다. 달리 말하면 이렇다. 우리가 원하는 답은 저 방대한 망 어딘가에 분명히 있다. 그런데 그 망이 너무나 복잡하기 때문에, 우리는 출근길 전철에 올라탄 유치원생처럼 길을 잃고 헤맬 수도 있다. 어떻게 하면 이 거대한 미로에서 길을 잃지 않고, 빠르고 정확하게 목적지에 닿을 수 있을까? 그래, 망의 지도가 있으면 좋겠다. 지하철 노선도 같은 것 말이다.

헨리 벡은 1931년 런던 지하철 회사에서 전기 회로를 설계하

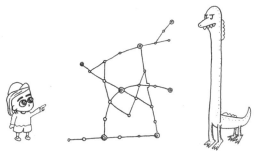

가장 목이 긴 공룡을 찾아가는 가장 짧은 경로의 [연결망]은?

고 있었다. 그는 늘 바라보는 지하철 노선도—튜브 맵(Tube map)
이 마음에 들지 않았다. 당시로서는 상식적인 지도였다. 실제의 런
던 지형을 축소한 지도 위에 역들이 표시되어 있고, 그 사이를 연결
하는 노선들이 꼬불꼬불 그려져 있었다. 1908년 런던 지하철이 개
통된 이후 늘 그런 방식이었다. 그런데 벡은 의문을 가졌다. 지하
철 승객들이 노선도에서 지형, 방향, 거리의 정확성을 기대할까?
목적지까지 몇 정거장을 가고, 어느 역에서 갈아타느냐가 훨씬 중
요하다. 그는 자신의 전공인 전기 회선도처럼 노선도를 그려 보기
로 했고, 퇴근 후에 이 작업을 진행했다.

　이듬해 완성된 벡의 노선도는 모든 게 또렷했다. 선명한 색과
단순한 직선을 썼고, 역 사이의 거리는 균일하게 만들었다. 지각에
혼란을 일으키는 요소를 제거한 이 노선도는 직관적이면서 매우
아름다웠다. 처음에 런던 대중 교통 공사 측은 못 미더워 했다. 사
람들이 이런 추상적인 연결도를 정말 쉽게 이해하고 받아들일까?
시험적으로 500장을 배포했다. 반응은 폭발적이었다. 이후 노선
이 늘어나면서 지속적인 변화는 있었지만, 벡이 착상한 디자인은
승객들의 사랑을 꾸준히 받고 있다. 튜브 맵은 런던을 상징하는 아
이콘이 되었고, 인포메이션 디자인, 나아가 현대의 생각법에 큰 영

향을 미친 기념비적인 작품으로 여겨지고 있다. 이런 착상은 기차와 항공 노선도, 인터넷 연결망 등에도 적용되고 있다.

우리는 막연한 정보의 바다가 아니라 연결망으로서 이 세계를 이해해야 한다. 벡의 튜브 맵처럼 핵심적인 정보를 제외한 주변 환경을 적절히 무시하면 놀라운 속도와 유연성을 얻을 수 있다. 새로 이사온 동네에 수많은 건물들이 있다. 그중에 나에게 의미 있는 링크들은 체크해 두어야 한다. 식당, 카페, 우체국 같은 건 중요하다. 하지만 중국 관광객용 뷔페 식당은 의미가 없다. 동네에 오래 살아온 이웃과 링크하는 것은 매우 중요하다. 그 이웃이 환승역이 되어 수많은 다른 링크들을 만들어 갈 수 있기 때문이다.

쥐라기 시대 가장 목이 긴 공룡은 멸종했다. 그러나 그 시대에 다양한 서식 환경과 링크하며 생존의 연결망을 펼쳤던 종의 후손들은 여전히 지구에서 살아가고 있다. 생존을 위해서는 하나의 답, 하나의 경로에 집착해서는 곤란하다. 아이들은 엄마에게 물어 공룡을 찾아내는 단선적인 방식에서 벗어나야 한다. 언제나 문제를 해결해 주던 엄마가 아프면 어떻게 하나? 네이버 지식인에 장난을 치는 가짜 답만 잔뜩 달리면 어떻게 하나? 라인은 중간에 오류가 생기면 오도가도 못한다. 그러나 연결망은 다양한 우회로를 만들어 낼 수 있다. 아이들은 백과사전, 인터넷, 도서관, 전문가, 자연사 박물관과 같은 다양한 경로를 직접 탐험하며 지식의 연결망을 만들어야 한다.

내 생각의
노선도는 어떤
모양일까?

1908년 개통 직후의 런던 지하철 노선도는
지형을 그대로 반영했지만, 1933년 헨리 벡에 의해
직관적인 연결망의 형태로 변신했다.

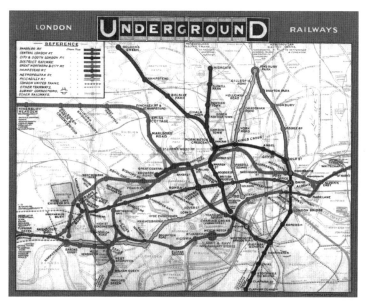

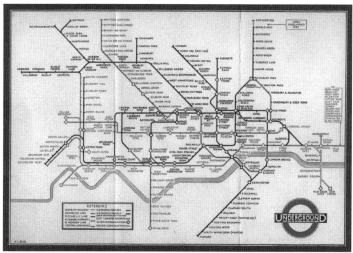

방사형 Radial

사람들로 하여금 열흘 동안 일곱 명의 친구와 닿게 만들라.

페이스북 창업 부사장 차마스 팔리하피티야

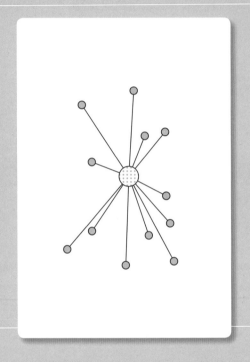

공주에서 자란 밤톨 군은 대학을 중퇴하고 아버지의 밤 막걸리 양
조장 일을 같이 하기로 했다. 그런데 요즘 술은 못 팔고 술이 늘었
다. 막걸리의 품질에는 자신이 있었다. 하지만 판로가 너무 뻔했
다. 인터넷 쇼핑몰을 뚫어 보았지만 구태의연한 디자인으로는 시
선을 끌지 못한다는 걸 깨달았다. 그러다 예전 도쿄에 갔을 때 쿠
마몬이라는 검은 곰 캐릭터가 그려진 지방 특산품이 백화점에서
큰 인기를 모으던 게 떠올랐다. 우리 밤막걸리도 멋진 캐릭터와 디

자인으로 새 옷을 입을 수 없을까? 그러나 그의 주변에는 쓸 만한 디자이너를 소개해 줄 사람이 하나도 없다. 어떻게 해야 할까?

케빈 베이컨의 6단계(Six Degrees of Separation)라는 이론이 있다. 할리우드 영화에 함께 출연한 적이 있는 배우들을 링크시켜 보면, 아무리 많아야 6단계 안에 서로 연결된다는 것이다. 그리고 그런 식으로 우리가 전 세계의 누군가와 6단계 안에 연결된다고 한다. 연결망의 속성이 그렇다. 인간 두뇌에는 천억 개의 뉴런이 있고, 뉴런들 사이의 신경연결라인은 200조 개에 이른다. 그런데 각 뉴런에 연결된 뉴런 수가 몇 개 안 되더라도 평균 일곱 번의 링크로 어떤 뉴런에도 도달할 수 있다고 한다.

밤톨 군도 분명 6단계 안에 '쓸 만한 디자이너'를 만날 수 있을 것이다. 그러나 무턱대고 덤비면 곤란하다. 헨리 벡의 후예들이 만든 전철 노선도를 잘 보자. 서울이나 도쿄처럼 아주 복잡한 노선도일수록 좋다. 다른 역들보다 더 많은 링크를 가지는 핵심적인 환승역들이 있다. 인터넷 연결망이나 인간 관계에서도 이런 역할을 하는 존재가 있다. 방사형의 허브(hub)다. 밤톨 군은 디자인 분야의 인간 허브를 찾아야 한다.

링크는 일대일로만 맺어지는 건 아니다. 하나의 점은 여러 점들과 관계를 맺기 위해 사방으로 손을 뻗는다. 씨앗이 잔뿌리를 뻗어내듯이, 민들레 홀씨가 사방으로 퍼져 나가듯이, 바람둥이가 모든 이성에게 추파를 던지듯이, 대박 맛집이 체인점을 만들어 내듯이 방사형의 관계를 만들어 간다. 연결망을 이해하고 활용하는 데 핵심이 되는 부분이다.

안타깝게도 밤톨 군은 디자인 분야의 인간 허브와 바로 연결되지는 못할 것이다. 그렇다고 포기할 필요는 없다. 먼저 자신의 방사형 링크를 확인해, 약간이라도 목표에 다가갈 만한 링크를 찾아보자. 고등학교 미술부였던 친구, 군청의 홍보 직원, 홍대 앞에

밤톨 군은 6단계 안에 케빈 베이컨과 연결될 수 있을까?

서 논다는 사촌 형…… 미미한 가능성이지만 연락해 본다. 그리고 거기에서 새 가지를 뻗어야 한다. 그러면 몇 단계를 거치지 않아 특급 방사형을 만나고 그를 통해 디자이너의 연락처를 얻을 수 있을 것이다. 이론은 간단하지만, 또 말처럼 쉽지 않을 것도 같다. 그렇다면 여기에 가속력을 부여할 방법을 배워 보자.

캐서린 민슈는 이런 방사형 관계의 전문가다. 그녀는 26세에 온라인 경력 개발 플랫폼 '데일리 뮤즈(Daily Muse)'를 창업해 수천만 명의 경력자들을 기업에 연결시키고 있다. 그녀는 『하버드 비즈니스 리뷰』에 자신이 활용한 '네트워킹'의 비결에 대해 말했다. 1) 모든 초대에 응하라. 2) 무언가를 원한다면 만나는 모든 이에게 알려라. 3) 자주 스스로를 드러내라. 그러면 누군가 나와 관계된 기회를 접했을 때, 나를 떠올리며 연락하게 된다는 것이다. 그녀 자신이 사업 초기에 야후와 파트너십을 맺고 싶었지만 아무런 인맥이 없었다. 그래서 1달 동안 100명의 사람에게 야후와 연결되고 싶다고 말했다. 그중 97명은 아무 소용 없었지만, 결국 3명은 주요 간부들의 환대를 이끌어 내도록 도와주었다고 한다.

내 친구 중 하나가 이 방법을 아주 잘 쓴다. 원래 다양한 모임에 즐겨 나가는데, 스스로도 고양이 이야기를 잘 꺼내고, 누군가

고양이 이야기를 하면 서슴지 않고 끼어든다. 자신의 고양이 아이템 컬렉션에 대해서도 자랑한다. 그래서 누군가 여행을 하다가 희귀한 고양이 인형을 보면 그 친구 생각이 난다며 사다 준다. 누군가 고양이를 입양하고 싶다면, 고양이에 대한 에세이를 청탁하고 싶다면, 그 친구에게 연락한다. 그 친구는 인간-고양이-허브인 것이다.

당신에게도 제법 다양한 방사형의 링크들이 있을 것이다. 주말에 심심하면 연락할 친구들, 데이트 때 가볼 만한 식당들, 제품을 판매할 유통라인…… 그 각각을 충분한 숫자만큼 확보해야 하고, 너무 많으면 잘라내기로 적절히 정리할 필요도 있다. 적절한 시간에 적절한 사람(right people at the right time), 혹은 적절한 자원과 기회에 연결할 수 있는 능력은 생존과 성공의 열쇠다. 우리는 취업, 진학, 여행, 이사 등의 결정적 변화의 기회에 그 필요성을 특별히 느낀다.

나의 방사형 링크들에 어떤 공통점과 경향이 있다면, 그것은 나의 정체성을 규정하게 된다. 나와 연결된 식당들이 모두 패스트푸드라면, 나는 곧 통통해질 것이다. 나와 연결된 링크들이 모두 결혼 생각이 없는 싱글들이라면, 나 역시 그러하리라.

② 나의 [방사형] 인간 관계도 그리기

재미삼아 느슨하게 나의 인간 관계를 방사형의 링크로 그려 봅시다.

- 한가운데 나를 그린다.
- 동그라미는 여자, 세모는 남자.
  가운데는 이니셜을 쓴다.
- 가장 자주 연락하고, 긴밀히 연결되는
  사람 6~8명의 가지를 뻗는다.
- 모임의 경우, 가장 가깝거나 리더인
  사람을 먼저 연결한다.
- 그로부터 소개받거나 업무상 연결되는
  이들의 가지를 다시 뻗는다.
- 관계도 안에서 서로 긴밀히 연결되는
  사람끼리 추가로 링크를 더한다.

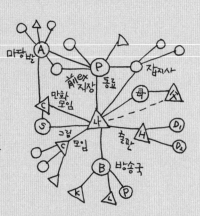

화살표 Arrow

세계는 변화이다. 변화없이 무엇이 일어날 수 있나?

황제 철학자 마르쿠스 아우렐리우스

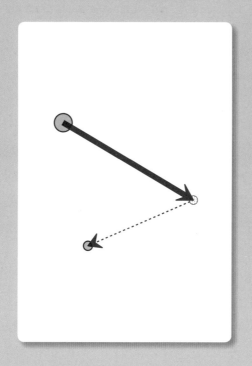

어떤 링크는 방향성을 가지고 있다. 태양이 쏘는 햇살은 지구로 날아온다. 하지만 지구에서 쏘는 빛이 태양으로 날아가지는 않는다.(약간의 반사광은 있지만) 부모는 자식을 낳는다. 그러나 자식이 부모를 만들지는 못한다. 철수는 영희를 좋아한다. 그러나 영희는 철수에게 관심이 없다. 그렇다면 사랑의 작대기는 한쪽으로만 향할 것이다. 이렇게 방향성을 가진 링크를 화살표라고 한다.

화살표는 시간, 인과, 영향 등 수많은 관계를 표현하는 다재다

능한 생각법이다.

> 검은 머리 → 파 뿌리 : 변화
>
> 애피타이저 → 메인 → 디저트 : 선후
>
> 아이돌 → 팬 : 영향
>
> 허기 → 식사 : 문제와 해결책
>
> 입구 → 출구 : 방향
>
> 쇼핑 중독 → 파산: 인과

화살은 인류가 수렵인이었던 때부터 함께한 위대한 발명품이며 친구이다. 이를 기호화한 화살표는 근대에 와서 시각적 생각법에 본격적으로 사용되기 시작했다. 1737년 프랑스의 한 책자가 물의 흐름, 수차가 도는 방향, 강의 흐름을 표시할 때 화살표를 사용한 것이 시초로 보인다. 화살표의 강력한 상징성에 사람들은 매료되었고 곧바로 여러 인쇄물과 표지판에 써먹기 시작했다. 현대에는 교통 표지판, 과학 서적, 재활용 표기, 동영상 플레이 버튼 등에서 아주 쉽게 찾아볼 수 있다. 논리 기호로 받아들여져(P → Q: P이면 Q이다) 생각을 표현하는 핵심언어로 자리잡기도 했다. 모양에 따라서도 다양한 생각법을 표현하고 있어, 유니코드에서 120여 종류의 화살표가 제각각의 역할을 맡고 있다. 종류만 다양한 게 아니라 힘도 아주 강력하다. ← 오른쪽을 보시오라는 표기를 본 사람들은 대부분 글자가 아니라 화살표가 가리키는 방향(왼쪽)을 본다.

링크와 마찬가지로 화살표 역시 하나의 선으로 그치지 않는다.

> [   ] → 조부모 → 부모 → 아들딸 → [   ]
>
> [   ] → 탄생 → 아이 → 어른 → 노인 → 죽음 → [   ]

현미경→세포 발견
천체 망원경
렌즈 기술 개발
시력 저하
구텐베르크 인쇄술

허밍버드 효과: 인쇄술의 발전은 놀라운 변화의 도미노를 만들었다.

우리는 이렇게 선후를 연결하면서 과거와 미래에 대해 궁리하게 된다. 시계와 달력처럼 시간을 계량하는 약속을 만들기 전에, 우리에게 시간은 화살표의 연속체였다.

옛날 옛날 한 옛날 → 옛날 → 지금 → 나중 → 아주 아주 먼 미래

화살표는 세상의 이치를 따지는 물음표를 가져온다. '우리는 어디에서 왔을까? 세상은 언제 어떻게 만들어졌는가? 우리의 삶은 어떤 목적을 향해 나아가야 할까? 우리가 죽으면 어디로 갈까?' 이런 것들을 '근본에 대한 물음'이라고 한다. 모든 문명의 종교와 철학이 고민해 온 질문이다. 어떤 이들은 그 답을 얻기 위해 길을 떠났다. 싯다르타 왕자는 고통받는 백성들을 보고 고민하다 그 고통의 '근원'을 알기 위해 출가했다. 그리고 '세상 만물은 모두 그 원인이 있다'는 인과율을 깨닫는다. 핵심적인 화살표는 이렇다. '욕심 → 고통'

화살표는 또한 운동 에너지를 가지고 있다. 하나의 화살표는 도미노처럼 다른 화살표를 만들어 낸다. 이는 때론 '나비 효과'

라고 부르는 예측하지 못한 결과를 빚어내기도 한다. 허나 문명의 역사를 깊이 연구하면 분명하게 이해되는 화살표의 연속체들도 찾을 수 있다. 스티브 존슨은 이를 '허밍버드 효과(Hummingbird Effect)'라고 말한다. 가령 구텐베르크의 인쇄술의 발명은 다음과 같은 화살표들을 도미노처럼 만들어냈다.

구텐베르크의 인쇄술 → 안경 수요 → 렌즈 실험 & 산업 → 현미경 → 세포 발견

어떤 중요한 발견은 화살표의 방향을 바꿈으로 인해 가능해졌다. 크리스토퍼 콜럼버스는 모두가 동쪽으로 돌아 인도로 갈 때, 서쪽으로 돌아 새로운 항로를 찾아내려고 했다. 비록 뜻하지 않게 발견한 것은 새로운 대륙이었지만 화살표를 바꾼 결정은 탁월했다. 지그문트 프로이트는 많은 이들이 인간 정신의 실체를 알기 위해 하늘 위를 쳐다볼 때, 화살표를 뒤집어 의식의 밑바닥으로 내려가자고 했다. 후대의 심리학자와 뇌과학자들이 아래에서 발견한 것은 그의 예측과는 사뭇 달랐지만, 그 방향 전환은 탁월한 결정이었다.

모든 방향으로
날아가는
[화살표]

화살표 없는 인류의 문명을 생각할 수 있을까?
이 생각 도구의 활용도는 실로 막강하다.

1

$$p \rightarrow q$$
$$\sim q \rightarrow \sim p$$

2

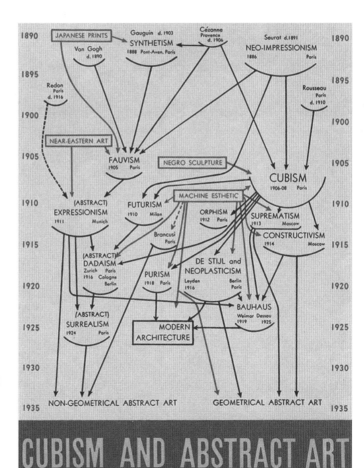

1
재활용을 뜻하는
'순환'의 화살표
2
'~이면 ~이다' 생각의
방향을 알려주는
'논리'의 화살표
3
큐비즘과 추상미술.
미술 사조의 관계를
보여 주는 '영향'의
화살표

3

개척자의 명판
Pioneer Plaque

미국 나사(NASA)가 외계 생명체에게 지구 문명의
존재를 설명하기 위해 만든 그림판². 1970년대
파이오니어 10호, 11호 우주선에 꽂아 둔¹ 그림
메시지로 도금한 알루미늄판에 그려져 있다.
우주선이 태양계의 세 번째 행성에서 왔다, 거기에
남녀의 인류가 살고 있다는 등의 정보를 담고 있다.
그런데 여기에 나오는 화살표가 비판을 받았다.
너무 인공적 기호이기에 외계 문명이 알아볼 수
없다는 것이다. 어쩌면 화살표는 인류 문명을
상징하는 존재일지도 모른다.

1

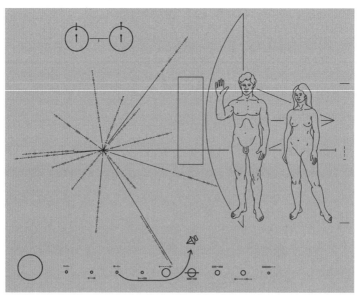

2

패턴 Pattern

강약약중강약약. 너의 패턴은 이미 파악됐다.

만화 『럭키 짱』

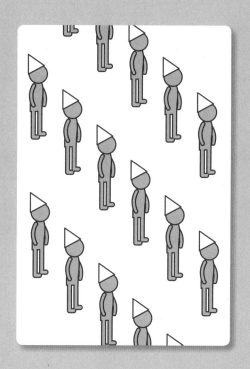

"깊은 산속 옹달샘 누가 와서 먹나요?" 어제까지는 토끼였다. 새
벽에 눈 비비고 일어나 세수하러 왔다가 물만 먹고 가곤 했다. 하
지만 오늘은 아니다. 토끼는 애통하게도 호랑이의 밥이 되고 말았
다. 아침마다 토끼가 옹달샘에 온다는 패턴을 호랑이가 알아차렸
기 때문이다.

　패턴이란 어떤 사물, 도형, 소리, 행동이 규칙적으로 반복되는
것이다. 인터넷 개발자들이 좋아하는 가로줄무늬 옷도 패턴이다.

85

쿵쿵따다 쿵쿵따- 음악의 리듬도 패턴이다. 춤출 때 반복적으로 쓰는 '트위스트' 같은 움직임도 패턴이다. 만화 주인공이 잘난 척할 때 안경을 추켜올리는 습관도 패턴이다.

패턴을 파악하면 세상의 흐름을 알고 거기에 적응할 수 있다. "강약약중강약약. 너의 패턴은 이미 파악됐다." 김성모의 만화에 나오는 유명한 대사다. 우리는 싸움 상대의 행동 패턴을 파악하는 것만으로 아주 유리한 위치에 설 수 있다. 그래서 사냥꾼은 짐승들의 패턴을 분석하고 사냥감은 사냥꾼의 패턴을 역이용하려고 한다. 타자는 투수의 볼배합을 알아내려 하고 투수는 타자의 습관을 잡아내려 한다. 패턴의 파악은 싸움의 기본이다.

두뇌 게임을 다루는 TV 프로그램에서도 숫자, 글자, 도형 등 구성요소는 다르지만 결국은 패턴을 파악하는 종류의 게임이 즐겨 나온다. 패턴을 발견하는 능력이 지능의 기초라는 것이다. 포커, 루미큐브, 마작 같은 보드게임은 정해진 몇 가지 패턴의 짝을 맞추는 게 핵심이다. 그런데 우리는 그것을 맞추는 행위 자체에서 본능적인 쾌감을 느낀다. 모아 놓은 카드나 패가 어떤 패턴을 이루면 마치 사냥에 성공한 것 같은 즐거움을 얻는다.

남들이 쉽게 찾아내지 못하는 패턴을 먼저 파악하는 사람을 천재라고 부른다. 수사 드라마 「멘탈리스트」의 패트릭 제인은 상대방이 손가락을 꼼지락대거나 입술을 삐죽대는 등 거짓말할 때의 패턴을 꿰뚫어본다. 신체 반응의 패턴을 리스트해서 불러내기만 하는데도, 마치 독심술로 상대의 마음을 알아내는 것처럼 보인다. 우리는 패턴을 발견하는 순간 짜릿함을 느낀다. "빙고!" 하지만 그 이후부터 그 패턴에 대해 무관심해지는 경향이 있다. 그게 훨씬 경제적이기 때문이다. 차량 운전자가 좌회전 신호를 기다린다. 그는 도로의 신호등이 빨간불 → (노란불) → 파란불 → (노란불) → 좌회전 신호로 바뀌는 패턴을 알고 있다. 그러면 빨간불 다

카아~
역시 해장엔...

너의 [패턴]은
이미 파악됐다.
강약약 중약약으로 먹어주마.

음에 좌회전을 기대하지 않는다. 파란불이 켜지고 노란불로 바뀌면 그때 움직일 준비를 하면 된다. 패턴을 알면 매사에 집중하거나 추측하기 위해 애쓰지 않아도 되니, 그 에너지를 다른 쪽으로 돌릴 수 있다. 수영에 익숙해져 적절한 타이밍에 숨을 쉬고 팔과 다리를 움직여 나가는 패턴을 익히면, 몸에 힘을 빼고 더 편하게 헤엄치며 주변을 살필 수 있다.

패턴을 무시하는 경향을 이용해 그 속에 숨을 수도 있다. 생명체는 숲, 사막, 물결의 패턴을 파악하고 자신의 모습을 동화시킨다. 이러한 위장은 크게 두 방법을 따른다. 첫 번째는 특정의 환경에 딱 맞는 형태로 몸을 바꾸는 것이다. 나뭇잎을 닮은 곤충 같은 경우다. 두 번째는 좀 더 넓은 환경에 적용될 수 있는 패턴을 적용시키는 경우다. 몇 가지 색조가 균등한 비율로 배열된 무늬는 매우 효과적인데, 아메리카 얼룩 다람쥐, 아프리카 쏙독새, 채찍꼬리 도마뱀처럼 진화의 계통에서 아주 멀리 떨어진 생물들도 비슷한 패턴을 공유한다. 사람들은 이런 패턴을 옷감을 만들 때 적용시킨다. 도트, 체크, 노르딕 등의 패턴은 옷에 특유의 분위기를 주지만, 그 세부에는 집중하지 않게 해서 덜 질리게 한다. 카무플라주는 숲이나 사막에서 몸을 숨기는 형태의 패턴이지만, 도심에서는 오히

[패턴]을 파악하면
[패턴] 속에 숨을 수 있다.

려 도드라지기도 한다.

사람들의 사회적 활동에서도 여러 패턴을 발견할 수 있다. 초등학생부터 노인까지 자신이 소속된 무리 사이에 유행하는 패션, 장난감, 취미 등을 따라하는 경향은 아주 또렷하다. 언제부턴가 등산로 주변은 물론 거리 곳곳에 넘실대는 등산복의 물결을 보라. 프랑스의 사회학자 부르디외는 취향에 있어 분명한 사회적 패턴이 있다고 주장하며 아비투스(Habitus)라고 이름지었다.

패턴은 우리에게 안도감을 준다. 해가 뜨면 해가 진다. 겨울 다음엔 봄이 온다. 밀물이 들어온 뒤엔 썰물로 빠져나간다. 바람에 따라 움직이는 갈대, 나무 아래의 그네, 찰랑이는 바다의 물결…… 리듬이라는 패턴은 우리를 편안하게 만든다. 나아가 우리 몸 자체가 패턴이다. 폐는 규칙적으로 숨을 내쉬고 들이쉰다. 심장은 비슷한 속도로 반복해서 뛴다. 우리는 처마를 때리는 빗방울, 군인들의 구보 발걸음, 드러머의 북 소리 등 반복되는 리듬에 자연스럽게 동화된다.

예술가들은 패턴이 주는 편안함과 즐거움을 적절히 활용한다. 블루스, 포크 같은 원초적인 노래들은 세 개의 코드를 일정한 패턴으로 반복하는 가운데 재미를 만들어 낸다. 쾌지나칭칭 나네

극지 연구천 생활이 따분했던 베게너는
여러 대륙의 해안선을 살펴보다 수상한 패턴을 찾아냈다.

쾌지나칭칭 나네, 노동요의 후렴구는 함께 편안히 노래를 이어 나가게 한다. 문학에 있어서는 정형시의 일정한 규칙, 두운이나 각운 같은 라임(rhyme)이 비슷한 효과를 낸다. 이야기꾼들도 인기 있는 패턴을 간파하고 있다. 착한 주인공이 문제에 처하고, 고난을 겪으며 악을 처치하고, 행복한 보상을 얻는다. 전래동화에서 할리우드 영화까지 전형적 스토리텔링의 패턴은 이어진다. 추리, 로맨스, 호러, 판타지 등은 장르라는 패턴으로 고정적인 독자들을 끌어들이고 있다. 패턴은 안전한 놀이터다. 익숙히 알고 있는 구조 속에서 작은 변화들을 컨트롤하며 놀게 만든다.

게슈탈트 Gestalt

전체는 부분의 합보다 크다.

철학자 아리스토텔레스

서바이벌 오디션 「프로듀스 101」에서 A등급을 얻은 연습생들에게
다른 멤버들을 골라 팀을 이루는 미션이 주어졌다. 허둥대는 연습
생도 있지만 제법 생각의 프로세스를 잘 풀어내는 경우도 있다. 먼
저 미션 곡에 따라 팀에 필요한 역할들을 리스트로 정리한다. 리드
보컬, 서브 보컬, 래퍼, 메인 댄서…… 그리고 이 리스트에 자신을
포함한 후보들을 채워 넣으면 된다. 그런데 두 가지 중요한 문제가
있다. 첫째, 팀에 데려올 멤버를 결정할 때 활용할 정보가 매우 제

한되어 있다. 101명이라는 후보군의 숫자도 많은 편이고, 합숙 초기라 개별 연습생들의 활약을 충분히 보지 못했다. 둘째, 개별 멤버들의 단순한 능력의 합이 아니라, 그들이 시너지를 만들어 더 큰 능력을 발휘할 수 있도록 해야 한다.

두 문젯거리에 게슈탈트의 생각법이 활용된다. 'Gestalt'는 원래 독일어로 형태, 배치, 전체를 뜻하는데, 1910년대 베를린에서 베르트하이머, 쾰러 등이 심리학 용어로 쓰며 새로운 의미를 부여했다. 게슈탈트의 생각법이 주장하는 핵심은 다음과 같다. 인간은 작은 부분들을 통합해서 전체를 만들어 내는 능력을 가지고 있다. 그렇게 만들어진 전체는 부분들의 합보다 크다. 그리고 부분들의 관계를 이해하는 능력은 어느 정도 타고난다.

"기린이랑 사슴이랑 숨바꼭질 재밌다. 바위 뒤에 기린 목, 잘~ 들키고. 나무 뒤에 사슴 뿔, 안~ 들키고." 이 동요에서 사슴은 패턴을 활용해 카무플라주를 잘했고 기린은 그러지 못했다. 그런데 수렵인이었던 인류의 조상들은 이들을 숲에서 찾아내기 위해 두뇌를 발전시켰다. 나무 뒤의 사슴 뿔은 분명히 찾기 어렵다. 그런데 조금 아래 덩굴에서 뭔가 움직였다가 사라진다. 꼬리였나? 이제 집중해서 주변을 살핀다. 뿔 모양 비슷한 게 보인다. '뿔 비슷한 무엇'과 '꼬리 비슷한 움직임'이라는 부분들을 합해서 '사슴'이라는 전체를 만들어 간다. 그때 '촉촉한 코 비슷한 모양'이 발견되면 더욱 정답에 가까워진다. 인간은 이런 숨은 그림 찾기를 아주 잘한다. 인공지능도 그걸 배우려 하지만 아직은 많이 부족하다. SNS에 올라온 여러 사진들 중에서 같은 사람의 얼굴을 찾아내는 걸 조금씩 해내고 있는 수준이다.

게슈탈트는 시각만이 아니라 청각에도 활용된다. 피아노 건반을 하나씩 두드리면 각각 음이 소리를 낸다. 그러나 이들을 조화롭게 링크시켜 만든 멜로디는 각 소리의 합을 훨씬 초월한다. 각

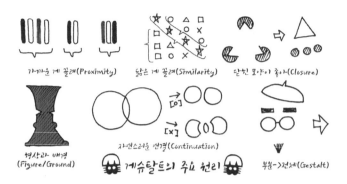

가까운 게 꿀레(Proximity)　　닮은 게 꿀레(Similarity)　　닫힌 모양이 좋아(Closure)

형상과 배경
(Figure/Ground)　　자연스러운 연결(Continuation)　　부분->전체(Gestalt)

게슈탈트의 주요 원리

소리의 순서를 달리하면 전혀 다른 멜로디가 만들어지는데, 우리는 이때 멜로디를 음(부분)의 합이 아니라 전체로 지각한다. 그 능력은 어느 정도 타고나지만 또한 훈련을 통해 성장시킬 수 있다. 굉장히 복잡한 수를 계산하며 게임을 하는 바둑이나 체스 선수 중에는 세부적인 수보다 전체의 형태를 중요시하는 경우들이 있다. "좌우동형이면 중앙이 급소다."

　노벨 생리의학상을 받은 뇌과학자 에릭 캔델은『통찰의 시대』에서 1900~30년대 오스트리아 빈에서 일어난 지적 예술적 흐름의 조각들을 모았다. 프로이트에서 게슈탈트 학파로 이어지는 심리학, 에곤 실레와 클림트의 초상화, 곰브리치의 미술 이론 등이 공교롭게도 다음과 같은 견해에 모이게 되었다고 말한다. 뇌는 '끊임없이 추론과 추측을 사용하여 외부 세계를 재구성하는 창작 기계(Creativity Machine)'다. 그렇지 않다면 우리는 눈 코 입의 부분을 보더라도 하나의 얼굴로 인식하지 못할 것이다.

　게슈탈트의 생각법은 시각, 청각 같은 기초적인 감각을 재구성할 때만 사용하는 것이 아니다. '인간의 행동을 이해하려고 할 때는 그의 성격만이 아니라 환경적 요소 속에서 살펴야 한다'는 사회 심리학의 태도와도 이어진다. 영화에서 장면 전체를 유기적으로 구성해야 한다는 '미장센'의 개념과도 통한다. 시각디자인에서 어떤 레이아웃 안에 서체, 이미지, 여백 등의 요소가 조화롭게 자리잡아야 한다는 생각도 연결된다.

게슈탈트의 능력은 모든 퍼즐 조각을 가지지 못한 상황에서 나머지를 상상으로 채워야 할 때 잘 드러난다. 가령 이런 추리 소설이 있다고 생각해보자. 환자가 병실에서 칼로 살해당했다. 탐정은 병실 쓰레기통에서 피 묻은 종이 조각들을 발견한다. 피살자의 손가락 끝에 피가 묻은 걸로 보아 죽기 직전에 무언가를 쓴 것 같다. 그리고 탐정이 오기 전에 누군가가 그것을 찢어 은폐하려 한 것이다. 종이에 쓴 것은 알파벳인데 P 2개, A 1개, E 1개다. 뜯어진 면을 조합해 보니 APP[ ]E로 이어진다. 그렇다면 비어 있는 [ ]에 L이 필요하다는 걸 생각해내는 건 어려운 일이 아니다. "범인은 사과 주스를 사온 사람이야." "왜 이름을 바로 적지 않았을까요?" "아마 그의 본명을 몰랐겠지. 그렇다면 누군가의 사주로 찾아온 살인청부업자일테고, 이 종이를 찢은 사람이 살인을 의뢰했겠지."

꼭 탐정만이 이런 능력이 필요한 건 아니다. 우리는 누군가, 특히 낯선 상대를 판단해야 할 때 이런 능력을 절실히 필요로 한다. 당신이 친구 결혼식의 피로연에서 누군가와 인사하게 되었다고 하자. 상대가 당신의 비즈니스에 관심을 보이더니 다음에 연락해서 이야기해 보자고 한다. 이때 그를 어떻게 판단할 것인가? 우리는 상대에 대해 알게 된 제한된 정보를 머릿속에 있는 여러 패턴에 맞춰 본다. 그동안의 경험을 통해 만들어둔 '허풍쟁이' '사기꾼' '건실한 협력자' 등의 분류 상자와 비교해 보는 것이다. 완벽히 일치하지는 않더라도 게슈탈트의 종합적 판단으로 유사한 상자를 찾아낼 것이고, 그 사람을 잠정적으로 그 상자에 넣어 둔다.

우리는 어떻게 하면 게슈탈트의 생각법을 성장시킬 수 있을까? 1) 더 많은 경험을 쌓아둔다. 2) 상대에 대한 더 많은 정보를 얻는다. 3) 좋은 패턴의 공식을 갖추고, 훈련을 통해 이를 갈고닦는다. 소설, 영화 등에 나오는 잘 모델링된 인간상을 체험하며 간접 경험을 늘려 두는 것도 큰 도움이 된다.

게슈탈트를 역으로 이용하는 방법도 있다. 아이들에게 동물들이 숲속에 숨어 있는 그림을 보여 주라. 그러면 작은 신체 부분들을 통해 동물을 추리해내는 데 열중하고 그걸 찾아내면 크게 기뻐할 것이다. 우리를 생존시키기 위해 뇌가 주는 보상 때문이다. 영화나 광고에서 정보를 느슨하게 던지고, 나머지는 상상을 통해 연결하게 하는 방법도 이와 통한다. 인간은 작은 조각들을 엮고 빈 부분을 상상으로 채워 전체로 만들어 내는 능력이 뛰어나다. 좋은 스토리텔링은 이 방법을 적극 활용한다.

인과 Cause & Effect

얄팍한 인간은 행운을 믿는다. 강한 인간은 원인과 결과를 믿는다.

시인 랄프 왈도 에머슨

외국인들 사이에 가장 잘 알려진 한국의 설화는 무엇일까? 영어
버전으로 여러 차례 출판된 '해님 달님'이나 김지운 감독의 영화
로 제법 알려진 '장화 홍련'이 깝칠지 모르겠다. 허나 '선풍기 살인
(Fan Death)'의 유명세에는 덤비지 않는 게 좋겠다. '한여름밤 선풍
기를 틀어 놓은 채로 자면 죽는다'는 괴담은 해외 매체들에 반복적
으로 소개되며 한국을 놀림감으로 만들고 있다. 『뉴욕 타임스』는
2016년 5월 '세상에 이럴 수가(What in the World)' 코너에 이를 소

개하기도 했다. "잘못된 가설이지만 한국의 언론과 기관은 보도를 멈추지 않는다."며 한국소비자보호원에서 2006년에 에어컨과 선풍기로 인한 질식 사고를 '여름철 5대 안전사고' 중 하나로 꼽은 사실을 지적했다.

선풍기는 어쩌다 살인범이 되었을까? 한여름에 심장병, 뇌질환, 부정맥 등으로 사망하는 사람이 다수 있는데, 그 옆에 공교롭게 선풍기가 켜져 있었던 것이다. 화살표가 그어지면 갖가지 억측이 더해진다. 선풍기 바람이 산소 공급을 막았다. 찬 공기가 저체온증을 일으켰다. 잘못된 통설이 너무 퍼지자, 카이스트의 임춘택 교수 등이 직접 실험에 나서 전혀 근거가 없음을 밝히기도 했다.

인간은 화살표를 참 좋아한다. 그리고 그것에서 인과 관계를 얻고 싶어 안달한다. '까마귀 날자 배 떨어진다'는 속담이 있다. '까마귀 날다 → 배 떨어지다' 시간적 선후 관계를 인과로 오해하기 쉽다는 것을 경고하기 위함이다. 형태적 유사성에 이끌리는 경우도 많다. 허리가 유연한 고양이 고기를 먹으면 허리병이 낫는다. 뇌 모양을 닮은 호두를 먹으면 머리가 좋아진다.

인간이 인과를 밝히는 데 흥미를 느끼는 이유는 뭘까? 그것이 우리가 부딪히는 문제들을 해결하는 데 결정적인 도움을 주기 때문이다. 나는 새벽마다 고양이가 울어서 잠을 깨곤 했다. 도대체 왜 울까? 사료를 줘도 운다. 화장실을 갈아 줘도 운다. 그런데 물을 갈아 주니 열심히 물을 마시고 울음을 그친다. 신선하지 않은 물이 울음의 원인이었던 것이다. 나는 그 인과 관계를 밝혀냈기에 잠들기 전에 미리 물을 갈아 주게 되었고 더 이상 잠을 설치지 않을 수 있다.

'설명충'이라는 신조어가 있다. 어떤 일에든 끼어들어 자신의 지식으로 설명하며 빼기는 이들을 꼬집는 말이다. 그런데 뇌과학의 연구에 따르면 인간은 본능적으로 설명충의 자질이 농후하다.

선풍기는 어쩌다 세계적인 살인범이 되었을까?

좌뇌와 우뇌가 분리된 환자가 있다. 그를 왼쪽 눈과 오른쪽 눈이 칸막이로 분리되어 반대쪽을 볼 수 없는 자리에 앉힌다. 먼저 (우뇌가 관리하는) 왼쪽 눈이 보는 모니터의 문구로 명령한다. 왼쪽 손 앞에 있는 루빅스큐브를 쥐어 오른손으로 건네 주라고. 이제 (좌뇌가 관리하는) 오른쪽 눈이 보는 모니터로 묻는다. "왜 그걸 쥐었나요?" 그러면 좌뇌는 그럴 듯한 설명을 한다. "언젠가 이걸 푸는 걸 배워 보고 싶었거든요." 실제로는 모니터로 명령해서 손에 쥔 것이지만, 그 과정을 모르는 상황에서 이유를 지어내는 것이다. 인간은 화살표로 무언가를 연결하면 없는 이유도 지어내려고 애쓰는 경향이 있다.

우리는 단순한 선후 관계와 진정한 인과를 헷갈리지 않아야 한다. 그리고 인과와 필연도 구별할 필요가 있다. 영화「바람과 함께 사라지다」의 마지막에 스칼렛 오하라가 말한다. "내일은 또 내일의 해가 뜬다."* 내일 해가 뜨는 것은 필연이다. 그것은 누구도 부정할 수 없다. 하지만 스칼렛이 지구가 태양 주위를 돌고, 그래서 지구에서 보았을 때 태양이 지평선 위로 나타났다가 사라지는 듯이 보인다는 진정한 인과 관계를 알고 있는 것 같지는 않다.

과학적 생각법에서는 이를 법칙(law)과 이론(theory)으로 구분

인간은 누구나 설명충으로 태어난다. 그건 왜냐면 말이지...

한다. 법칙은 벌어지는 현상을 예측하고, 이론은 그 이유를 설명한다. 때론 다양한 이론들이 자신이 법칙을 더 잘 설명한다고 싸운다. 단순한 선후 → 반드시 일어나는 필연의 법칙 → 왜 그것이 일어나는지 이유를 알아내는 이론. 이렇게 성장하는 방식이 과학적 생각법이다.

  * 원래 영어로는 "내일은 또 다른 날이 계속된다(tomorrow is another day)."인데 일본 개봉 당시 일본 속담을 따라 "내일은 내일의 바람이 분다(明日は明日の風が吹く)."로 번역했고, 다시 한국에서는 바람을 해로 바꾸었다.—라고 굳이 설명하고 싶다.

하나의 원리와
무한의 응용

우리는 사물과 사회의 인과 관계를 정확히 밝혀,
그 핵심이 되는 원리를 알아내고자 한다. 그 원리를
응용해 수많은 문제들을 해결할 수 있기 때문이다.

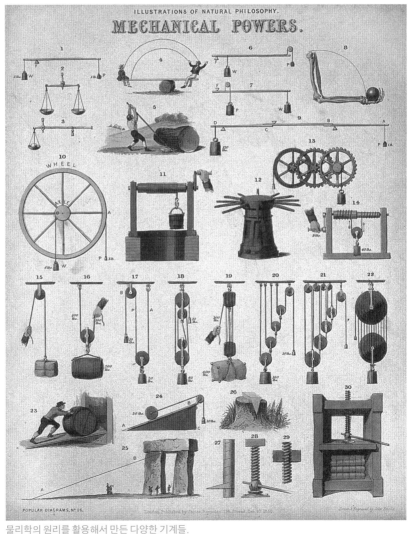

물리학의 원리를 활용해서 만든 다양한 기계들.

루틴 Routine

무언가를 반복적으로 하면 그 무엇이 우리가 된다.
유능함이란 그러니까 행동이 아니라 습관이다.

철학자 아리스토텔레스

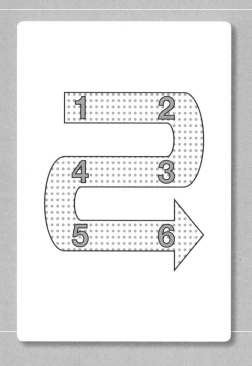

1912년 자동차 사업가 헨리 포드가 도축장 시찰에 나섰다. 그는 작업자들이 모노레일을 이용해 갈고리에 매달린 고기 덩어리를 다음 작업자에게 옮기는 걸 유심히 관찰했다. 이거 멋진데? 그는 궁리를 거듭한 끝에 이듬해부터 이를 자동차의 생산에 적용시켰다. 컨베이어 벨트가 자동으로 부품을 나르고, 노동자들은 자신에게 주어진 작업만 완수하고 다음 작업자에게 넘긴다. 자동차 한 대를 만드는 시간은 5시간 50분에서 1시간 33분으로 단축되었다. 공장제 산업혁명을 새로운 단계로 도약시킨 비결은 루틴이었다. 포드는 노동자의 개별 작업을 루틴화했고 전체 공정도 루틴으로 만들었다.

"무언가를 반복적으로 하면 그 무엇이 우리가 된다. 유능함이란 그러니까 행동이 아니라 습관이다." 아리스토텔레스의 말이다. 좋은 행동, 말, 생각, 시간의 패턴은 우리를 훌륭한 사람으로 만들수 있다. 인간은 스스로 패턴을 만들고, 그를 통해 자신을 만든다. 반복되어 각인시킨 행동의 패턴을 루틴이라고 한다.

러시아의 과학자 이반 페트로비치 파블로프는 실험실 사람들이 개 앞에 서면 밥을 주지 않아도 개가 침흘린다는 걸 발견했다. 개는 '흰 가운 → 먹이'를 패턴으로 인식했다. 그는 개에게 새로운 패턴을 입력시킬 수 있는지 실험했다. 먹이를 줄 때마다 종을 쳤더니 먹이를 주지 않을 때에도 종소리만 들으면 침을 흘리게 되었다. '종소리 → 먹이'가 패턴화된 것이다. 처음에는 흐릿했던 화살표가 반복을 통해 점점 강해진다. 흰 가운과 종소리는 먹이와 필연적 인과 관계가 없다. 그럼에도 힘을 가진다.

인간은 스스로에게도 행동의 패턴인 루틴을 만들어 강제한다. 어쩐지 침 흘리는 개가 되는 것처럼 여겨져 탐탁지 않은가? 허나 우리의 문화, 생활, 생산 양식의 기초는 수많은 루틴의 조합이다. 제사, 종교 의식, 국민 의례 등 무언가를 반복하도록 의례화시킨 행동은 루틴이다. 아이돌 그룹의 칼 같은 군무도 루틴이다. 군대에서 배우는 총검술, 태권도 태극 1장 같은 것도 루틴이다. 그 안에는 '찌르기' '돌려 차기'처럼 이름표를 얻은 작은 패턴들이 있다. 그것들을 의도된 순서로 리스트하여 화살표를 강제한 것이 루틴이다.

시간과 결합된 형태의 루틴도 많다. 우리가 일주일 단위로 생활하는 것, 아침, 점심, 저녁을 먹는 것도 루틴이다. 아주 옛날부

파블로프는 개의 머릿속에 인위적으로
[루틴]을 심을 수 있음을 증명했다. 그런데 어쩌면...

터 농부와 사냥꾼들은 저마다의 루틴을 가지고 있었다. 해가 뜨면 밭이나 숲에 나가고, 해가 지면 돌아와서 밥을 먹는 식으로 각자의 루틴을 느슨하게 굴렸다. 그런데 사회적 관계가 촘촘해지면서 모두가 공유할 루틴을 만들어야 했다. 절기라는 1년 단위의 루틴은 농업 사회에서 농사와 공동체 생활을 조직적으로 운영할 수 있게 했다. 5일장은 개별 농가들이 교역과 사교를 위해 만날 수 있게 한 루틴이었다. 기독교 문명에서 만들어 낸 일주일 특히 일요일은 휴식과 종교 생활을 통합시킨 강력한 발명품이다. 현대 사회는 정확한 시분초 단위로 루틴을 굴려 간다. 수업 시간표, 전철 시각표, 쓰레기 배출 일정표 등 시간과 결합된 루틴이 없으면 현대 문명은 작동할 수 없다.

헨리 포드가 선도해 산업화에 적용시킨 루틴은 가공할 생산력을 만들어 냈다. 그러나 그 안에 갇힌 이들에게는 벗어날 수 없는 '시간의 고문'이 되기도 했다. 찰리 채플린은 영화 「모던 타임즈」에서 하루 종일 공장에서 나사 돌리는 일만 하는 노동자로 나온다. 끝없이 돌아가는 컨베이어의 속도에 맞춰야 하기 때문에, 잠시의 휴식이나 실수도 허용되지 않는다. 심지어 기업가는 노동자의 점심 시간을 없애려고 밥을 먹이는 기계를 개발하고, 찰리는 식사 도

모차르트가 단지 천재적 재능을 타고난 행운아였다고?
그것은 그의 성실한 [루틴]을 몰라서 하는 이야기다.

중에도 계속 나사를 돌린다. 퇴근 종이 울리면 해방될까? 찰리의 손은 계속 나사를 돌리는 동작을 하고, 지나가는 여성의 몸에 붙은 큰 단추를 돌리다가 얻어맞는다. 루틴은 우리 뇌 속에 패턴을 각인시켜 놀라운 효율성을 만들어 낸다. 그러나 그 각인은 뇌가 휴식하고 상상하는 데 방해가 되기도 한다.

　공장 인부, 사무원, 영업 사원, 상인, 학생 들은 저마다의 루틴을 가지고 있다. 루틴은 효율적이지만 지겹다. 그래서 조직이 정해준 시간을 따라야 하는 사람들은 자유롭게 시간을 쓰는 사람들을 부러워한다. 그러나 반대로 많은 프리랜서들이 시간 관리에 어려움을 겪고, 마감이 닥치면 피눈물을 흘린다. 흔히 창조적인 행위는 자유분방한 생활에서 나온다는 통념이 있다. 하지만 뛰어난 작가, 예술가들은 자신만의 루틴을 끈기 있게 고집하는 경우가 많다. 작가이자 편집자인 메이슨 커리는 이를 집중적으로 연구해 103

'매일의 의식(Daily Ritual)'이라고 이름붙였다.

어네스트 헤밍웨이는 전날 아무리 술을 많이 마셔도 아침 5시 반에 일어났다. 건축가 르코르뷔지에는 매일 아침 6시에 일어나 45분 동안 체조를 했다. 임마누엘 칸트가 매일 오후 정해진 시간에 산보를 해서 이웃이 그를 보며 시계를 맞췄다는 건 유명한 일화다. 어떤 이들은 전업 예술가가 되지 못했고, 그래서 다른 직업이 강제하는 루틴 사이에 자신의 루틴을 심어야 했다. "시간은 짧고, 내 체력은 제한되어 있고, 사무실은 공포스럽고, 아파트는 시끄러워." 프란츠 카프카는 약혼자에게 투덜댔다. "쾌적하고 단순한 삶이 불가능하다면 기민한 묘책을 세워 꼼지락거려 봐야지." 그는 밤 10시 반 이후, 그리고 아침의 짧은 시간을 활용해 글을 썼다.

심리학자 윌리엄 제임스는 단단한 루틴이 상상력을 촉발시키는 데 도움을 준다고도 했다. 삶의 일부를 자동화하고 습관으로 만들면, "우리의 생각을 자유롭게 만들어 진정 흥미로운 행동의 영역으로 이끈다."는 것이다. 효과적인 루틴은 우리 머릿속 갈등의 요소를 줄이고 선택의 재화를 낭비하지 않게 만든다. 그러면 여분의 자원을 창조의 행위에 돌릴 수 있다. 그런데 그 루틴은 부모, 교사, 사업가가 우리에게 강요한 것이어서는 곤란하다. 우리 스스로 설계하거나 최소한 납득할 수 있는 것이어야 한다.

힘 Power

권력은 그 자체로는 전혀 축복이 아니다.
예외가 있다면 순수한 이들을 보호할 때다.

작가 조너선 스위프트

『어린 왕자』에 나오는 것 같은 소행성을 지구 주변에 둘 수 있을 까? 2017년 지구로부터 94,800킬로미터 떨어진 곳까지 접근해 온 소행성 2012 TC4 같은 경우에 기대를 걸어 볼 수도 있겠다. 지 구와 달 사이 거리의 1/4밖에 되지 않는 지점에, 자유의 여신상 크 기의 소행성이 자리잡는다고 생각해 보라. 천체 망원경을 들고 밤 하늘을 바라보는 아이들의 멋진 친구가 되지 않겠나?

문제는 힘이다. 소행성이 지구의 인력권 안으로 너무 가까이 접근하면 빨려들고 만다. 그러면 사람들은 두려움에 떨며 소행성에 저주를 퍼부을 것이다. 인력권에서 멀리 떨어진다면 지구와는 영원히 다시 못 만날 운명이 될 수도 있다. 그런데 기적 같은 일이 일어나 소행성이 적당한 거리에서 천체의 밀고 당기는 힘의 균형을 맞춘다면 지구의 작은 위성이 될 것이다.

세계는 수많은 종류의 힘으로 엮여 있다. 거대한 천체만이 아니다. 원자들이 노는 초미시의 세계에서도 화학적으로 밀고 당기는 힘(chemical bonds)이 산소, 수소, 탄소와 같은 세계의 기초 블록을 만든다. 우리가 살아가는 사회에서도 수많은 종류의 힘이 영향을 미치고 있다. 적대국과의 싸움에서 밀리지 않으려면 그에 상응하는 '군사력'을 갖춰야 한다. 아이돌 그룹이 팬들을 끌어모으려면 자신만의 '매력'을 발산해야 한다. 회사에서 쉽게 승진하기 위해서는 '사내 파벌의 역학'을 잘 이용해야 한다. 지금 더 강한 세력을 유지하고 있는 김이사 라인인가, 나를 더 적극적으로 끌어 주는 고교 선배 박이사 라인인가?

힘에는 몇 가지 핵심적인 속성이 있다. 1) 종류 2) 크기 3) 성격이다. 1) 정치인 오바마의 카리스마, 투자자 버핏의 경제력, 아이돌 EXO의 매력은 2) 우리를 강하게 혹은 약하게 3) 당기기도 하고 밀어내기도 한다.

압도적인 힘을 가지는 건 중요하다. 초강대국, 거대 자본, 대통령 선거에서 이긴 당은 강력한 힘을 가진다. 그렇지만 큰 힘을 작은 힘으로 통제하는 기술 역시 중요하다. 인간이 과학 기술을 통해 문명을 발전시킨 원동력은 무엇일까? 지렛대, 바퀴 등을 발명해 작은 움직임으로 큰 힘을 내는 방법을 얻어냈기 때문이다. 민주주의 선거 제도에서는 불과 몇 퍼센트의 득표율 차이로 권력의 지형이 완전히 뒤바뀔 수도 있다.

사회적 관계에서도 힘 조절은 필요하다. 살다 보면 사교적 웃

매력, 재력, 인력, 척력… – 세계는 갖가지 [힘]들의 놀이터

음을 띠고 가볍게 만나야 하는 사람도 있고, 불편한 이야기도 솔직히 나누며 평생 함께해야 할 사람도 있다. 끈적끈적하게 달라붙는 걸 좋아하는 친구도 있고, 적당히 거리를 유지하는 걸 편하게 여기는 경우도 있다. 당기는 힘이 클수록 그것에 대한 반작용도 커진다는 사실을 상기해야 한다.

감정적인 관계에서도 힘의 크기와 방향은 중요하다. 사랑이 일대일의 평등한 교환으로 균형을 맺는 경우는 거의 없다. 마릴린 먼로는 특별한 성적 매력으로 구애자들을 끌어모았다. 그녀를 향한 사랑의 화살표는 많고도 강하다. 하지만 먼로는 외모, 재력, 젊음보다는 지성이라는 특별한 힘에 끌렸고, 극작가 아서 밀러와 결혼했다. 밀러도 만만찮은 사람이었다. 두 개의 강한 힘은 끝없이 당기고 밀어냈다. 애정, 질투, 분노, 갈망…… 황색 언론을 흥분시켰던 두 사람의 '사랑과 전쟁'은 영화 「어울리지 않는 사람들」을 쓰고 연기하는 과정에서 폭발했다. 둘은 영화의 개봉도 보지 못하고 결별했고, 먼로는 약물에 빠져 인생을 마감했다.

인공지능 알파고가 배운 인간의 생각법

욕 먹을 이야기 하나 할게요. 나는 인문대생 치고는 수학을
좋아하는 편이었습니다. 인간 관계가 잘 안 풀리고 세상 일이
꼬인다 싶으면, 까다로운 수학 문제 하나를 꺼냈습니다.
"한참이고 집중해서 풀고 나면 머릿속이 상쾌해진단 말이야. 엔진
때를 벗기고 잘 정비시킨 자동차가 된 느낌이지." 이런 이야기를
친구들에게 하면 엄청난 야유가 되돌아왔습니다. 지금은 말이죠.
저도 친구들 편입니다. 복잡한 미적분 문제는커녕 구구단도
버거워요. 추리 소설을 읽으면 마지막 순간까지 내 머리로 범인을
찾아내려 아등바등했는데, 지금은 조금만 꼬인다 싶으면 빨리
탐정이 사건을 해설해 주길 바라죠. 이렇게 수학 문제도 추리
소설도 내 머리를 정비해 줄 수 없게 되었습니다.
대신 요즘은 레고 블록을 한 움큼 가방에 넣고 다닙니다. 머리가
어지러우면 그걸 꺼내 꼼지락대며 맞춰 보곤 하죠. 작은 블록을
맞춰 가는 건 전혀 어려운 일이 아니에요. 그러나 그 블록을
제대로만 조립하면 로봇, 기차, 마법의 성, 우주 정거장까지 만들
수 있죠. 실수했다 싶으면 다시 풀어 새로 맞춰 갑니다. 가끔은
엉뚱한 블록을 붙였다가, 원래 계획했던 것보다 더 멋진 결과를
얻기도 하죠.

생각카드의 아이디어는 이와 통합니다. 우리 머릿속의
생각거리를 레고 블록처럼 만들 수는 없을까요? 작고 가벼운
조각들을 맞춰 가는 일은 아주 쉽습니다. 어느 정도 익숙해지면
복잡한 덩어리들도 어렵지 않게 조립해 갈 수 있습니다. 큰
생각거리를 조립하다 뭔가 잘못되었다고 처음부터 새로 할
필요도 없습니다. 문제가 되는 부분만 해체해 고치면 됩니다.
익숙한 부분은 빨리 조립하고, 실수가 나오기 쉬운 부분은 신중히
다루는 요령도 터득할 수 있습니다. 이런 식으로 생각을 훨씬
재미있게 다룰 수 있지 않을까요?

생각을 즐기도록 타고난 사람만 가능하지 않을까요?

역설적이게도 나는 가장 못하는 일을 하다 이 방법을 찾았어요.
"너는 직업이 도대체 뭐냐?" 이런 말을 들을 정도로 나는 잡다한
일을 해 왔습니다. 저서만 해도 만화, 고양이, 여행, 서바이벌,
커피, 지도, 동화 따위를 다루어 왔고요. 깊이 들어간 취미도
보드게임, 플라멩코 기타, 블루스 하모니카, 일러스트레이션 등
적지 않죠. 그런데 최근 10년 동안 내 인생에서 가장 재능이 없는
영역에 매달렸습니다. 스윙댄스라는 춤입니다.
솔직히 타고난 몸이 댄서와는 거리가 멉니다. 리듬감과 순발력은
괜찮은 편이지만, 근력과 지구력은 아주 약해요. 더 큰 문제는
내가 평균보다 15세 정도 많은 나이에 이 세계에 들어왔다는 거죠.
모든 게 버거웠습니다. 강사가 보여 주는 동작을 곧바로 따라하기
하는 젊은 친구들이 너무 신기했어요. 특히 동작 여럿을 연결하는
데 큰 어려움을 겪었습니다. 그런데 몸이 힘든 것 이상으로
머리가 터져 나갈 때가 많았어요. 어라, 왜 머리가? 이것도
생각의 문제인가?
나는 궁리 끝에 이렇게 했습니다. 일단 춤 동작을 최소 단위로

분해하자. 천천히 몇 번이고 반복하자. 남들이 곧바로 동작을 완성했다고 질투하지 말자. 열 번을 하더라도 내 것으로 만들면 된다. 이미 춤에는 패턴이라 불리는 4카운트, 6카운트, 8카운트의 블록들이 있었습니다. 처음에는 패턴 하나를 하는 것도 버겁지만, 몇 가지 패턴이 몸과 머리에 장착되면 점차 여러 패턴을 이어갈 수 있더군요. 서서히 음악에 맞춰 표현하는 것도 가능해졌고, 즉흥적인 음악에도 편안히 춤출 정도가 되었죠. 이제는 공연 팀을 만들어 직접 안무를 짜는 일도 즐기고 있습니다.

춤을 추고 블록을 맞추듯이 생각을 한다고요?

세상사의 원리들이 비슷해요. 기본 블록을 잘 갖춰 효과적으로 결합하면 수많은 조합을 만들 수 있습니다. 생명체의 유전자는 각각의 명령으로 작은 조각들을 만들고, 이를 모아 복잡한 유기체를 만듭니다. 새로운 환경에서는 기존의 블록을 다른 용도에 쓰기도 하죠. 초파리는 날기 위해 만든 날개를 구애 행위에 이용합니다. 이를 '재구성을 통한 전문화'라고 하죠. 인간의 언어 역시 간단한 요소를 결합해 복잡한 것을 표현합니다. 공 → 큰 공 → 줄무늬 큰 공 → 해변의 줄무늬 큰 공. 이런 방식을 '되부름'이라고 하는데, 언어는 물론 생각을 만들어 가는 핵심적인 능력입니다.

인공지능 알파고가 인간이 만든 가장 복잡한 게임이라는 바둑에서 최고의 천재들을 꺾었습니다. 알파고는 어떻게 이런 수준의 사고 능력을 발휘할 수 있었을까요? 작은 생각의 방법들을 차곡차곡 쌓고 연결해서 만들어 낸 것입니다. 그리고 그 생각의 도구는 천재 이세돌이나 인공지능 알파고만이 아니라, 우리들 누구나 가지고 있습니다. 그것들을 효과적으로 사용하지 못하고 있을 뿐이죠.

2장에서는 생각의 블록들을 연결하는 데 사용하는 도구들을 다루어 봤습니다. 3장은 그 블록들을 활용해 좀 더 그럴듯한 구조를 만드는 방법을 알아보도록 하겠습니다.

기초 — 연결 — 구조 — 목표 — 결정 — 문제해결 — 공동체 — 창조

3장 구조의 생각법

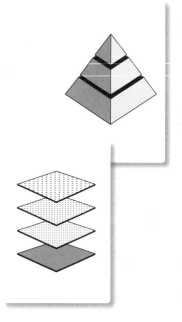

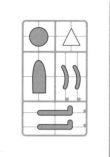

쉽게 만나는
자연과 인공의 구조물이 힌트다

"말하지 말고 보여 주라(Show, don't Tell)." 글쓰기나 스토리텔링
강의에서 자주 나오는 말이다. 구구절절 뭔가를 설명하기보다는
사건이나 행동으로 보이라는 것. 레고나 이케아의 조립도는 글자를
모르는 사람도 쉽게 이해할 수 있다. 그런데 이 방법은 누군가에게
뭔가 알려 줄 때만 유용한 게 아니다. 혼자 생각을 처리할 때도
아주 큰 효과를 발휘한다.

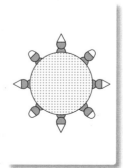

개미굴 Cave City

작은 앨리스는 구멍 아래로 떨어졌다. 머리를 부딪히고 영혼을 찧었다.

루이스 캐럴 『이상한 나라의 앨리스』

터키의 카파도키아에 간 적이 있다. 이스탄불에서 출발해 밤을 달려온 버스는 흐린 아침에 괴레메라는 작은 도시에 나를 내려놓았다. 피로에 찌든 눈이 떠오르는 햇빛에 조도를 맞추자, 멀리 버섯 모양으로 기기묘묘하게 솟아 있는 바위들이 보였다. 마치 외계 행성에 온 것 같았다. 나는 1달러 짜리 양고기 피자와 콜라로 요기를 하고 오솔길을 지나 산능선을 탔다. 구불구불 이어진 길 옆으로 간간이 작은 동굴들이 보였다. 수백 혹은 수천 년 전에 만들어진 동굴집이었다. 벽에는 오래된 낙서, 바닥에는 불을 땐 흔적 같은 게 보였다. 방의 안쪽으로는 또다른 구멍이 나 있어 작은 방으로 연결되었다. 조심스레 벽을 만져 보니 아주 부드러웠다. 그곳의 지형이 이렇게 괴팍한 것은 화산 폭발로 용암이 흘러내린 뒤 식으면서 엉겨 붙은 응회암 때문이었다. 옛 주민들은 간단한 도구로 벽을 파서 쉽게 집을 만들었다. 식구가 늘어나 방이 필요하면 안쪽으로 또 하나 파들어 가면 되었다.

카파도키아의 동굴 집은 개미굴과 닮았다. 그리고 인간의 머릿속과도 닮았다. 개미의 군집은 인간의 뇌에 즐겨 비교된다. 개미 한 마리는 하나의 신경세포 역할을 한다. 그 각각은 계획이나 의식적 행동을 하지 않는다. 하지만 전체는 집단 지성처럼 유기적이고 영리하게 행동한다. 개미는 굴을 파 여왕개미방, 육아방, 수개미방, 쓰레기장, 시체방, 먹이 창고 등을 만든다. 우리의 두뇌도 유전적 기초에 따라 언어, 지도, 시각을 다루는 방들을 만든다. 그리고 필요에 따라 방을 넓히거나 그 역할을 바꾸기도 한다.

우리의 머릿속에서 생각을 만들어 가는 방식도 동굴 집을 파는 것과 닮았다. 일요일 오후 집에서 빈둥거리고 있는 K의 머릿속에 '배고파'라는 방이 생긴다. 배를 채워주지 않으면 사라지지 않는 방이다. '배고파' 방은 '뭐 먹지' 방으로 바뀐다. 그리고 그 안으로 음식의 종류들이 이름표를 달고 들어온다. 라면, 찐 계란, 배달 도시락, 프라이드 치킨……. K는 그중 프라이드 치킨에 꽂힌다. 그런데 치킨 미식가이기 때문에 아무거나 먹을 수는 없다. 그래서 별도로 '치킨 오디션'이라는 방을 만든다. 오리지널, 양념, 간장, 마늘…… 등의 치킨들이 뽐낸다. K는 고심 끝에 겨우 하나를 결정하고 '주문'의 방으로 간다. 그런데 어떻게 결제하지? 카드는 어제 친구 집에 놔두고 왔어. 현금도 5천 원 밖에 없는데. K는 하는 수 없이 '뭐 먹지' 방으로 돌아간다.

개미가 만드는 굴은 간명하고 큰 변화가 없다. 개미들은 본질적으로 간단히 프로그래밍된 작은 기계들이고, 그것들이 방을 만들어 쓰는 방법은 제한된 패턴 밖에 없다. 하지만 우리의 생각은 훨씬 다양하게 방을 만들었다 지웠다 한다. 게다가 우리의 생각은 연상을 워낙 좋아해서, 뜻하지 않게 딴 방을 만들어 옆길로 샌 뒤에 원래의 방으로 돌아오지 못하는 경우도 있다. (이렇게 즉흥적으로 많은 방을 만드는 데는 분명히 이유가 있다. 이 부분은 8장의 노이즈에서 다시 다룰 것이다.)

우리는 개미굴의 생산적이지만 다소 무질서한 생각법을 보다 능동적으로 사용할 수도 있다. 느슨한 사교 모임에 나가 누군가와 친해지고 싶다. 어떻게 해야 할까? 완벽한 대화 소재가 갖추어진 방을 꾸며놓고 상대를 초대하기란 어렵다. 처음에는 소개로 인사를 나눈 뒤 가벼운 이야기를 나눈다. "여긴 어떻게 오셨어요?" "티셔츠 디자인이 멋지네요." 작은 방이 만들어졌다가 사라졌다가 한다. 그러다가 "사교 댄스에 관심 있으시다고요? 저 3년 동안 스윙 댄스를 췄어요."라며 공통의 화제를 찾아 좀 더 큰 방을 만든다. 스윙 댄스에 대한 경험과 정보를 나누다가, 상대가 댄스화 제작에 관심이 있어 사교 댄스를 배워 볼까 한다는 걸 알게 된다. "그러면 시험 삼아 제가 주문해 봐도 될까요?" "아직 자신은 없어요. 언제 공방에 와서 한번 봐 주세요." 비즈니스에서 말하는 '스몰 토크가 빅 아이디어로 변화하는 과정'이다.

마인드 맵(Mind Map)과 같은 브레인스토밍의 방식도 이와 비슷하다. 애초에 우리 머릿속 생각이란 아파트 단지나 책장처럼 정리된 상태와는 거리가 멀다. 특히 새로운 아이디어를 만들어 낼 때는 작은 생각의 조각들이 어지럽게 떠오른다. 거품처럼 부풀었다 꺼졌다 하는 생각들 중에 어떤 것은 제법 벽을 단단하게 만들며 성장한다. 그 방은 다시 촉수를 펼치며 다른 방들과 링크를 시도한

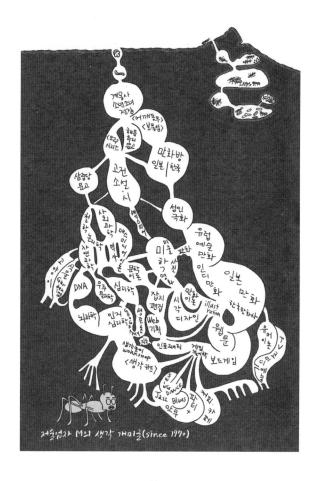

제출엽자 M의 생각 개미굴 (since 1970)

다. "맞아. M 선배가 이런 주제로 보고서를 발표했던 적이 있는데." 때론 기억 속에 있는 큰 방과 연결된다. 몇 개의 방이 빠르게 정보를 주고받으면 아이디어의 폭발이 일어나 유기적인 생명체처럼 성장하기도 한다.

카파도키아의 동굴 집은 땅밑 20층 규모의 거대 도시를 만들기도 했다. 특별한 설계도는 없었다. 그러나 교회, 학교, 동물 사육장, 포도주 저장실, 공동묘지까지 갖추었다. 우리 머릿속 생각역시 이런 식의 성장을 통해 쓸 만한 유기 구조를 갖출 수 있다.

나무 Tree

나무는 땅으로부터 배워 하늘과 대화한다.

시인 파블로 네루다

노자, 루소, 뉴턴, 다윈은 서로 다른 분야에서 위대한 생각의 열매
를 맺은 이들이다. 그런데 그 모두에게 큰 지혜를 준 위대한 뿌리
가 있다. 노자는 "한아름의 나무도 티끌 만한 싹에서 생긴다."며
예언적인 생명의 사상을 설파했다. 루소에게는 산책의 철학을 가
능하게 해 준 에름농빌 숲속의 나무들이 있었다. 뉴턴은 나무에서
떨어진 사과 한 알로 만유인력을 유추했다. 다윈은 인류의 지식사
위에 가장 중요한 한 그루 '진화의 나무'를 그렸다. 나무가 우리의

생각을 일깨운다.

생각도 생명처럼 자라난다. 볍씨처럼 방사형으로 뿌리를 뻗기도 하고, 호박 덩쿨처럼 땅 위로 긴 링크를 만들기도 한다. 그러나 하늘을 향해 곧게 몸을 뻗어 나가며 좌우로 줄기와 가지를 내고 풍요로운 과실을 주렁주렁 매다는 나무의 경이로움에 비할 바는 아니다. 쭉뻗은 나무는 잡념에 흔들리지 않는 신념, 세상의 본질을 꿰뚫는 질서, 만물을 관계 짓는 연결, 영원무궁한 성장을 상징한다. 시인 파블로 네루다가 말했듯이, 나무는 땅으로부터 배워 하늘과 대화한다.

우리 생각의 가장 중요한 도구인 '언어' 역시 나무처럼 자라왔다. 타이베이 상업기술대학의 도서관장 랴오원하오는 한자의 문자들이 발생하는 과정을 '한자 나무'로 표현한다. 사람 人 → 여자 女 → 어미 母 → 매양 每 …… 이렇게 굵은 줄기를 이어가고, 여자 女에서는 양 옆으로 편안 安, 여자 姬가 가지를 뻗어나가는 식이다. 영어의 true는 truth/truly/untruth 처럼 잔가지를 펼 수 있다. 그리고 true의 어원을 거슬러가면 tree가 나온다.

인간을 비롯한 모든 생명체의 비밀을 찾아낸 위대한 생각도 한 그루의 나무에서 시작되었다. 스물두 살의 찰스 다윈이 영국 해군의 측량선 비글 호에 올라탔을 때, 그에게 분명한 목적은 없었다. 다만 성실했다. 5년의 항해 동안, 그는 자신이 만나는 동식물들을 열심히 노트에 스케치했다. 그러다 갈라파고스 섬에서 만난 갖가지 새들의 모습에 흥미를 느끼게 되었다. 별로 멀지 않은 섬에 살고 있는 새들의 부리 모양이 상당히 달랐던 것이다. 무엇이 이 차이를 만들어 냈을까? 1837년 그는 종의 변화에 관한 B 노트의 36쪽에 이렇게 쓴다. "나는 생각한다(I think……)" 그리고 그 밑에 어떤 기원으로부터 개별의 종이 변화를 거쳐 B, C, D의 종이 되는 모습을 나무 가지 모양으로 그렸다. 처음으로 진화론의 아이디어를

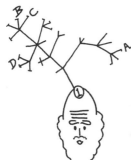

"나는 생각한다(I think...)"
다윈은 진화에 대한 아이디어를
[나무] 모양으로 스케치했다.

담은 이 그림을 '진화의 나무' '생명의 나무' '생각의 나무'라고 부른다. 그는 1858년『종의 기원』의 초판에 이 생명의 나무를 정리해 제시하며 이렇게 설명했다.

"같은 계통에 있는 생물들의 친연성은 종종 커다란 나무로 표현된다. 나는 이 비유가 진실을 또렷하게 말한다고 믿는다. 초록빛 새싹이 달린 잔가지는 현존하는 종들이다. 그리고 이들 이전에 멸종한 종들이 오랫동안 이어져 왔다는 것을 보여 준다. 각각의 성장기에 자라나는 싹들은 모든 방향으로 잔가지를 뻗으려고 하고, 주변의 싹과 가지들을 이겨내거나 죽이려고 한다."

번식하고 뻗어 나가는 것은 자연 속의 생명만이 아니다. 우리가 다루어야 할 많은 생각거리들이 나무의 구조로 파악하면 매우 또렷하게 이해된다. 가족이 성장하여 번성하는 가문을 만드는 가계도(Family Tree), 언어의 분화 과정을 보여 주는 계통도도 나무 구조다. 공학 기술, 문학 사조, 음악 장르도 가지를 뻗으며 성장하고 변화한다. 트로트의 음악적 가지를 거슬러가면 판소리와 일본 창가가 나오고, 트로트의 언어적 가지를 거슬러 오르면 폭스-트로트라는 20세기 초반 미국의 댄스 음악이 나온다. 도서관의 분류표, 기업이나 군대의 조직도도 나무의 구조가 기본이다.

나무 구조는 그 안에 계통의 선후, 계층의 위계를 담고 있다. 서로 다른 것들의 근친성을 파악하게 하고, 어디까지 닮았다가 어디에서부터 달라졌는지 알게 해 준다. 아인슈타인은 말했다. "모든 종교, 예술, 과학은 같은 나무에서 뻗어 나온 줄기다. 이 모든 열망들은 인간의 삶을 고양시키고, 단순한 물리적 존재의 영역에서 끌어내고, 각자의 자유를 향하도록 이끌고 있다."

다윈 이외에도 지상의 동식물들을 거대한 나무
구조로 파악한 경우들이 있었다. 에른스트 헤켈은
여러 차례 웅장한 생명의 나무를 그리고, 그 마지막
꼭대기에 인간을 위치지었다. (1866년)

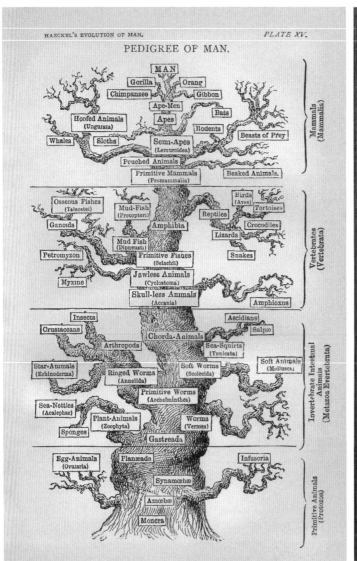

루드비히 공작의 가계도. 가족의 성장 관계를
그린 가계도는 전형적인 나무 구조를 보여 준다.
(1585년)

피라미드 Pyramid Hierarchy

피라미드가 뒤집어지자 비즈니스 세계는 깜짝 놀랐다.
갑자기 고객이 제일 꼭대기에 올라섰다.

경제 이론가 에이드리언 슬라이워츠키

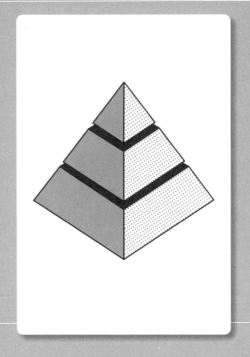

고대 이집트와 마야, 그리고 중세 일본은 여러 공통점을 가지고 있
다. 그들은 지리적으로 상당히 고립된 조건 속에서 풍요로운 물자
를 향유했다. 덕분에 파피루스, 달력, 무사도처럼 오늘날에도 유
명세를 떨치고 있는 문명들을 만들어 냈다. 그리고 그들을 대표하
는 건축물들이 묘하게 닮았다. 이집트와 마야는 거대한 피라미드,
중세 일본은 탑 같은 다층의 건축물을 위로 쌓아올렸다. 아래가 넓
고 위로 갈수록 계단식으로 좁아지는 피라미드의 계층(hierarchy)

은 매우 안정적인 건축 구조이다. 동시에 덩치 큰 세계를 효과적으로 다루도록 도와주는 생각법이다.

피라미드의 생각법이라면 먼저 계급 제도가 떠오른다. 인도인은 태어나자마자 브라만, 크샤트리아, 바이샤, 수드라라는 네 카스트 중에 하나로 귀속된다. 신과 직통하는 절대 권력자 아래 귀족/무사, 평민/농노 등이 차례로 수를 늘려 가는 구조는 여러 사회에서 발견된다. 음모론의 대명사인 일루미나티의 세계 지배 구조도 피라미드의 형태를 띠고 있다. 피라미드의 계단을 오르는 일은 아주 어렵다. 영웅적인 업적이나 절대 권력의 특혜에 의해서나 가능하다. 혹은 현세에 많은 공덕을 쌓으면 내세에 이룰 수 있다고 한다.

나무 구조의 큰 윤곽도 피라미드와 유사하다. 가장 굵은 줄기에서 중간 줄기가 뻗어 나오고 거기서 잔가지들이 나온다. 굵은 줄기는 소수의 중간 줄기만 관리하고 잔가지의 관리는 위임한다. 이는 소수가 다수를 관리 혹은 통치하기에 매우 좋은 구조다. 고려 태조 왕건은 호족들이 지역을 통치하고 이해관계에 따라 적당히 힘을 모으던 방식을 벗어나려 했다. 중앙집권제를 실시해 통제를 강화했고, 대신 호족들에겐 적당한 벼슬을 주어 지방을 관리하게 했다. 왕이 위에서 명령을 내리면 모든 단위로 전달된다. 아래에서 모은 세금들은 지방 관청을 지나 중앙으로 올라온다. 오늘날 국가, 기업, 군대, 교회 등 많은 사회 조직들이 이런 구조를 기본으로 하고 있다.

등반가 조지 말로리에게 에베레스트를 왜 오르냐고 물었더니 이렇게 대답했다. "산이 거기 있기에." 산 모양의 피라미드는 인간들의 도전 욕구를 부추긴다. 그래서 스포츠나 게임 등에서 수련과 성장을 위해 피라미드의 구조를 활용하는 경우가 많다. 태권도, 바둑, 번역사 등은 실력과 자격에 따라 급과 단을 부여한다. 영국

125

계단식 구조가 꼭 당시의 계급 구조를 닮았어.

[피라미드]는 여러 문명이 공유하는 탁월한 건축법이자 생각법이다.

의 프로축구는 1부인 프리미어 리그 아래 2부, 3부, 4부 리그가 깔려 있다. 각각의 단계를 통과하기란 결코 쉽지 않다. 위로 갈수록 수는 줄어든다. 대신 그만큼 희소하기에 더 큰 자부심을 얻는다. 아이돌 오디션 프로그램 「프로듀스 101」의 순위별 의자 배치 형태도 피라미드 모양으로 만들어져 확고한 위계 구조를 보여 주었다.

우리는 어떤 조직에 들어가면 자신이 속해 있는 피라미드의 구조를 파악하고 자신의 위치를 확인한다. 그리고 어떤 층에 있느냐에 따라 자신의 생각법을 조정한다. 배우 이철민은 조폭 역할을 오랫동안 하면서 터득한 노하우를 다음과 같이 이야기한다. 보스는 크게 지시한다. 자기 생각을 구체적으로 말하지 않는다. "작업 좀 해라." 중간 계층인 행동대장 급은 생각이 많다. 밑에선 치고 올라오고 위에선 누르니까 계속 불안하고 초조하다. 처리하는 방법도 구체적으로 결정해야 한다. "아예 앉아서 생활하게 해드릴까요?" 제일 아래층인 똘마니는 생각이 있으면 안 된다. 시키는 대로 하는 작업 기계가 적당하다. "알겠습니다. 형님." 이런 조직원의 원리는 군대, 회사에서도 비슷하게 적용된다.

피라미드를 생각과 정보를 담는 도구로 활용할 수도 있다. 심

리학자 매슬로는 욕구 단계설(Hierarchy of Needs)을 통해 인간의

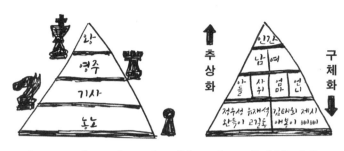

[피라미드]의 계층은 사회는 물론 생각의 근본 구조를 만든다.

욕구가 아래에서부터 생리, 안전, 애정/소속, 존경, 자아실현이라
는 다섯 개의 계층 구조로 쌓여 간다고 주장했다. 아래부터 차례로
충족되지 않으면 위는 성립할 수 없다. 이 이론이 유명해진 데는
피라미드가 보여 주는 시각적 명료함이 중요한 역할을 했다.

건강과 장수의
피라미드

'지중해식 식단 피라미드'는 1993년
하버드 공공 건강 학교에서 제안한 건강 가이드로
'하버드 식단 피라미드'라고도 불린다. 1960년대
의료 체계가 부실한 상태에서도 만성 질환의
비율이 낮고 수명이 높았던 크레타, 그리스,
이탈리아 남부의 식단을 연구한 결과이다. 식단의
모양이 피라미드 구조인데, 풍부한 올리브 오일과
미정제 곡물류 섭취를 바탕으로 핵심적인
영양 식단을 위로 쌓아올렸다.

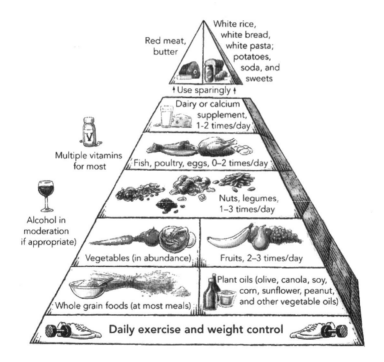

카테고리 Category

신은 창조했고 나는 배열했다.

식물학자 카를 폰 린네

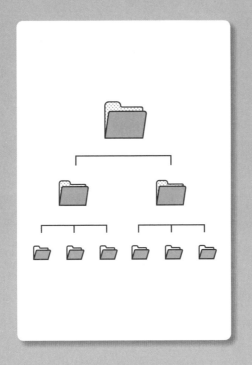

우리는 앞서 분류 상자의 사용법을 이야기했다. 집에서 세탁물을 나눌 때는 몇 가지 상자로 충분하다. '냄새가 심한 것' '보통' '손 세탁' '세탁소에 맡길 것' 정도로 나눠 담으면 된다. 그런데 내가 4층 짜리 대형 의류 매장을 운영해야 한다고 생각해 보자. 각 층은 어떻게 분류할 것인가? 여성복 층은 어떤 기준에 따라 몇 개의 칸으로 구분해야 할까? 크고 복잡한 세상을 정리할 때는 보다 효과적인 범주화(categorize)가 필요하다.

고대부터 학자들은 세계의 모든 것을 어떤 질서에 따라 상자에 나누어 담고자 했다. 혹은 신이 이 세계를 만들 때 사용한 분류의 규칙을 찾으려고 했다. 그 상자들은 균형 있게 역할을 분담해야 하고, 빠뜨리는 부분 없이 세계 전체를 담아내야 한다. 도교에서는 세상을 크게 음과 양으로 나누었다. 여자는 음이고 남자는 양이다. 자라나는 밀은 양이고 베어낸 밀은 음이다. 그리스 철학자들은 핵심적인 5 또는 7 원소로 세상을 나누고자 했다. 아리스토텔레스는 세계를 상자에 담기 위한 10개의 잣대를 제안했고, 이를 카테고리(Category 범주)라고 했다. 그런데 이들이 제안한 것은 가장 추상화된 상태, 가장 큰 상자들이다. 우리는 복잡한 세상사를 다루기 위해 더 작고 많은 상자들을 필요로 한다.

카테고리는 세상의 정보와 업무를 효과적으로 분류하기 위해 상자를 나누는 방법이다. 국가나 기업이 각종 업무를 담당하는 부서를 만들 때, 도서관에서 책을 분류할 때 사용하는 생각법이다. 다루어야 할 것들이 많아진다고 해도 상자의 개수를 무한정 늘려갈 수는 없다. 상자를 옆으로만 늘려가면 리스트와 다를 바 없다. 우리는 다른 차원의 질서가 필요하다. 좋은 방법은 큰 상자 안에 작은 상자들을 넣는 것이다. 그리스 신화에서 헤라가 결혼과 가정이라는 큰 영역을 담당하고, 그녀의 딸인 에일레이튀이아가 출산이라는 세부 영역을 담당하는 식이다. 서점에서는 서정주의『화사집』과 윤동주의『하늘과 바람과 별과 시』를 '한국 시집'이라는 상자(책꽂이)에 담는다. 그리고 이들은 카프카의『변신』과 함께 '문학'이라는 더 큰 상자에 담을 수 있다. 이렇게 위로 올라갈수록 더 적은 숫자의 상자가 남는 위계 구조가 만들어진다. 카테고리란 나무 혹은 피라미드의 구조로 많은 수의 분류 상자를 정리하는 방법이다.

스웨덴의 식물학자 카를 폰 린네는 18세기의 위대한 식물 덕

린네는 모든 생명체에 [이름]을 붙이고 [카테고리]로 정리했다.

후였다. 그는 5세 때부터 자신의 정원을 가꾸었고 학교 수업보다 식물 이름을 외우고 관찰하기를 좋아했다. 대학 교수가 되자 유럽 전역을 돌아다니며 다양한 동식물에 대한 정보를 모았다. 그는 혁신적인 이름 붙이기의 방법을 착안했다. 생물을 '속명+종명'의 두 단어로 정리하는 이명법(二名法)이다.(예: 호모+사피엔스) 그는 이를 토대로 집착적으로 만물의 리스트를 만들고 이것을 나무 구조로 분류했다. 린네는 자연을 식물, 동물, 광물이라는 세 개의 왕국(kingdom: 계)으로 크게 나누는 걸로 시작해, 계·문·강·목·속·종(오늘날에는 과를 추가)이라는 아름다운 카테고리의 가지를 펼쳐 갔다. 그는 신이 설계한 거대한 가계도를 찾아내는 일에 대한 자부심이 대단했다. 스스로 이렇게 말하기도 했다. "신은 창조했고 린네는 배열했다(Deus creavit, Linnaeus disposuit)."

1735년에 나온 『자연의 체계Systema Naturae』 초판은 11페이지에 불과했지만, 1770년 13판에는 3천 쪽에 걸쳐 4천 이상의 동물, 8천에 가까운 식물 종을 실었다. 린네는 자신의 분류가 임의적이라는 걸 인정했다. 그러나 이렇게 카테고리를 만들어 분류하는 체계 자체의 유용성은 대단했고, 오늘날까지도 생물 분류의 기초가 되는 시스템으로 자리잡고 있다. 최근 DNA 분석이 활발해지고 종 간의 유전적 유사성이 드러나면서 린네의 단단한 계층 구조를 부수기를 원하는 세력도 있지만, 그가 만든 카테고리의 생각법은 여전히 권좌를 지키고 있다.

이렇게 계층화된 나무 구조의 카테고리는 세상 곳곳에서 발견할 수 있다. 도서관의 분류표, 책의 목차, 법전의 목록과 같은 지식의 체계들 중에는 이와 같은 형식이 많다. 18세기 프랑스에서 디드로가 주도하고 볼테르, 몽테스키외, 루소 등이 집필에 참여한 『백과전서Encyclopédie』는 세계에 대한 지식을 총망라하면서 세부의 항목을 질서정연하게 보이기 위해 나무 구조의 목차를 만들기도 했다.

우리 컴퓨터 안의 폴더 시스템, 야후 같은 디렉터리 형식의 포털 사이트 역시 같은 구조다. 이 구조는 분명한 난점이 있다. 하나의 개체를 넣을 만한 상자가 둘 이상이 되는 상황도 많기 때문이다. '소방차'는 '소방차' 〈 '대형 특수 차량' 〈 '자동차' 같은 방식으로 위계를 가진 상자에 넣을 수 있다. 그러나 동시에 빨간 물체라든지, 사이렌을 울리는 차와 같은 상자에도 넣을 수 있다. 우리 머릿속에서는 이런 범주화가 다양한 방식으로 이루어진다. 소방차에 여러 태그를 달아놓은 것처럼 검색하면 순식간에 의식 속으로 솟아오르는 것이다. 하지만 통상의 카테고리는 이런 접근에 어려움을 겪는다. 이를 보완하기 위해 연결망 등의 생각법을 활용해야 한다.

포르피리우스의
나무
Porphyrian
Tree

아리스토텔레스의 카테고리 이론에 기초하여
중세의 논리학자들이 만든 나무 모양의 도표.
만물의 개념을 파악하는 분류 상자인 셈인데,
줄기 아래부터 사람 → 동물 → 생물 → 물체 →
실체로 추상화되는 피라미드 구조이기도 하다.
양쪽 가지는 이성적인/비이성적인, 감각적인/
비감각적인 등의 대조적인 성격으로 나뉘어
균형을 이루고 있다.

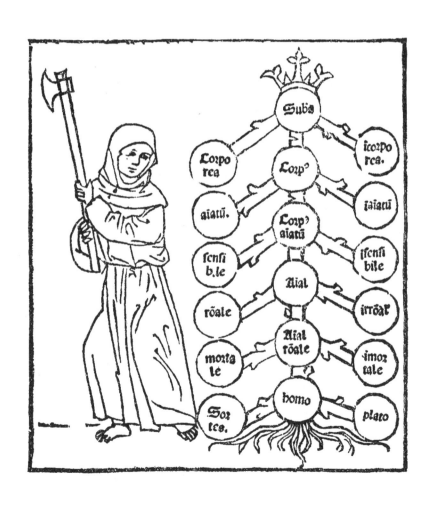

겹과 층 Layer

열 길 물속은 알아도 한 길 사람 속은 모른다.

한국 속담

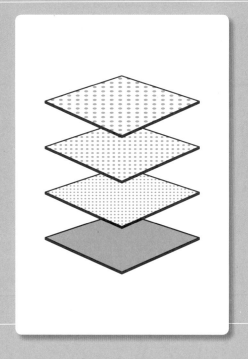

크레이프 케이크를 만드는 방법은 이렇다. 크레이프를 한 장 만들어 깐다. 크레이프를 또 한 장 만들어 덮는다. 크레이프를 또 한 장만들어 덮는다. 수없이 많은 크레이프를 쌓고 또 쌓는다. 방법은 단순하다. 그렇지만 지겹다. 사람들은 이런 일을 별로 내켜하지 않는다. 하지만 이런 일을 특별히 잘하는 이가 있다. 자연이다. 남아도는 게 시간이니 쌓고 또 쌓는다. 나무는 켜켜이 몸의 부피를 늘려가며 나이테를 쌓아 간다. 지층은 수십억 년 동안 흙, 낙엽, 동물의 사체, 골동품, 인간의 변사체를 쌓아 왔다.

겹쳐진 층은 튼튼하다. 안쪽에 있는 것을 보호해 준다. 우리는 웬만한 지각 변동이 아니면 맨틀 안에서 지글지글 끓는 마그마를 볼 기회가 없다. 나무의 단단한 껍질과 굵은 나이테는 곤충, 새, 곰, 그리고 등치기 운동을 즐기는 인간의 공격으로부터 몸을 보호한다. 동물의 털, 가죽, 살은 내장 기관을 보호한다. 인간은 온몸의 털을 버렸지만 머리 위만은 남겼다. 그 아래 있는 두개골도 특별히 단단하다. 인체의 가장 중요한 부위가 두뇌라는 증거다.

겹과 층은 인공적인 구조물에서도 큰 힘을 발휘한다. 유럽과 아시아 사이에 자리한 도시 콘스탄티노플은 겹겹의 방어막을 구축한 것으로 유명했다. 여러 겹의 높이를 달리하는 성벽, 아래를 파놓은 해자, 갖가지 방어 무기 등이 어떤 침략에도 끄떡없는 두꺼운 방어벽을 만들었다.

행동에 있어서도 겹과 층은 비슷한 역할을 한다. 학생들은 영어 단어를 새로 배우면 반복해서 발음한다. 노트에 여러 번 써 나간다. 기억은 반복을 통해 강화되기 때문이다. 나는 매일 고양이를 쓰다듬는다. 그러면 고양이는 나를 핥는다. 우리 둘은 이 행위의 반복, 무수한 겹을 통해 애정을 쌓아 왔다.

불량 학생 같은 까다로운 문제를 다룰 때도 겹과 층의 장치가 도움이 된다. 학비가 없어 대학에 갈 수 없었던 학생이 절도범으로 잡혔다. 검사는 그를 기소해서 사회로부터 잘라내기 할 수 있다. 그러나 기회를 주기로 한다. 검사는 학생에게 절도한 물건을 되찾아 돌려주게 한다. 찾지 못한 물건은 돈으로 갚을 계획을 짠다. 행동의 겹도 쌓는다. 사회 봉사에 참여하고, 지역 사회에 자신의 행동에 대해 설명하는 글을 써서 제출하게 한다. 잘라내기로 처벌하는 것보다 기회를 주기 위해 겹과 층을 쌓는 방법이 몇 배는 힘들 것이다. 그러나 이를 통해 재범의 가능성을 현저히 줄일 수 있다.

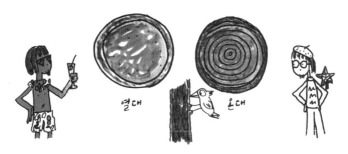

혹독한 겨울을 이겨낸 나무는 더 많은 [겹과 층]을 갖춘다.

겹과 층 아래엔 중요한 비밀이 숨어 있는 경우가 많다. 17세기 덴마크의 과학자 니콜라스 스테노는 여러 분야에서 독창적인 연구를 남긴 흥미로운 사람이다. 그는 인체 안에서 담석이 만들어지는 과정을 연구하다가 어떤 아이디어를 얻게 된다. 우리가 딛고 있는 대지 역시 얇은 겹이 수없이 겹쳐지면서 만들어진 것은 아닐까? 그러니까 지층 아래를 파들어가면 지구의 과거를 만날 수 있지 않을까? 그의 예측대로 지층은 수십억 년 동안 흙을 눌러 바위를 다지고, 식물의 사체를 부패시켜 석유를 만들고, 동물의 화석을 지켜 생명체의 진화 과정을 유추할 수 있게 했다.

지구나 바다에만 심층이 있는 것이 아니다. "열 길 물속은 알아도 한 길 사람 속은 모른다." 우리의 마음속 역시 겹겹이 층을 이루고 있다. 프로이트는 우리가 자각하는 의식이란 마음의 표면에 불과하다고 생각했다. 그는 밑바닥의 심층에 우리의 성격, 취향, 병 등에 중요한 영향을 미치는 무의식의 세계가 있다고 여겼다. 우리가 과거에 경험했으나 잊어버렸다고 생각한 기억들이 우리의 몸과 마음에 영향을 미치고 있다는 것이다.

우리의 뇌 구조 역시 양파 같은 겹과 층으로 구성되어 있고, 그 것이 지층처럼 시간과 진화의 소산임이 밝혀지고 있다. 인간의 뇌

니콜라스 스테노는 체내에서
담석이 만들어지는 것처럼
지구 역시 [겹과 층]을
쌓아왔을 것이라 유추해냈다.

는 안쪽부터 '파충류 뇌 − 포유류 뇌 − 유인원 뇌 − 인간 뇌'가 덧 붙여진 형태로 구조를 이루고 있다. 가장 안쪽의 원초적인 뇌는 무 의식 중에도 숨 쉬며 생명을 유지하는 기능을 한다. 그 바깥의 뇌 는 보고 듣고 맛보고 느끼게 한다. 가장 바깥인 전두엽의 대뇌피질 은 추리하고 계획하고 창조하는 호모사피엔스에 특화된 뇌다.

　내가 적으로부터 도시를 지켜야 할 지휘관, 해커로부터 인터 넷 사이트를 방어해야 할 보안 책임자라면 겹겹의 방어막을 만들 어야 한다. 그런데 때로는 구조를 만들면서 겹과 층을 어떻게 하면 줄일 수 있을까 생각해야 할 때도 있다. 내가 인터넷 쇼핑몰을 만 든다면, 메인 페이지에 접속한 사람이 가능한 적은 클릭 수로 목적 하는 상품에 가닿을 수 있게 해야 한다. 인간관계에도 적용할 수 있다. 연애를 하고 싶은데 철벽남 철벽녀 소리를 듣는다면, 자신을 둘러싼 마음의 벽을 해체할 방법을 찾아야 한다.

　겹과 층은 예술과 창조의 방법으로도 많이 응용된다. 중세의 그레고리안 성가는 같은 음을 여러 사람이 함께 노래하게 했다. 이 렇게 겹만 쌓은 합창은 음량을 키우는 결과밖에 만들어내지 못했 다. 그런데 이후 여러 파트가 화음을 쌓아서 훨씬 풍성한 음악을 만들어 내는 방법이 개발되었다. 바흐는 대위법을 통해 서로 다른

137

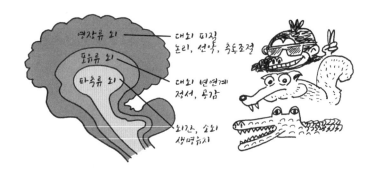

멜로디나 주제를 겹과 층으로 쌓았다. 한편으로는 따라하기를 활용하면서 적당한 변화를 주어 경제적이면서도 고급스러운 음악을 만들어 낸 것이다. 아프리카나 라틴 음악에 나오는 폴리 리듬도 마찬가지다. 단순한 리듬을 서로 겹쳐 현란하고 복잡해 보이는 리듬으로 변신시킨다. 샌드위치는 빵, 햄, 치즈 같은 재료를 쌓는 단순한 요리법이다. 그러나 그 안에 담긴 내용물을 조금씩 바꾸어 다양한 레시피로 변신한다.

원 Circle

모든 사람들은 나무, 동물, 사람, 생각으로 구성된
자신만의 원을 가지고 있다.

소설가 니코스 카잔차키스

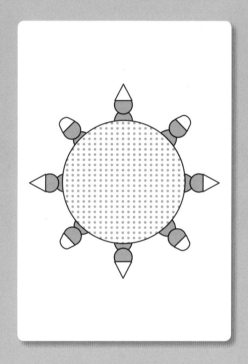

인간은 원을 참 좋아한다. 동그란 형상을 보면 마음 가득 충만한
완전성을 느낀다. 하늘을 지배하는 두 천체, 태양과 달은 원이다.
높은 산에 올라가 둘러보는 땅의 모양도 원이다. 그래서 '헤어포드
지도' 등 옛 지도들은 세계를 원으로 그리는 경우가 많았다. 미시
의 세계로 시선을 돌려도 마찬가지다. 개구리 알, 난자와 같은 생
명의 기초도 원이다. 작디 작은 원자부터 거대한 천체까지 원의 운
동이 세계를 구성하고 움직인다. 이들을 바라보는 눈동자, 그것을

도와주는 망원경과 현미경의 렌즈도 원이다. 우리가 세계를 해석하는 생각법에도 원은 무궁무진한 도움을 주고 있다.

인간 개개인의 삶은 물고기 모양이다. 탄생(머리)에서 죽음(꼬리)까지, 시작해서 끝난다. 그런데 허리 부분이 길어지면 뱀과 닮게 된다. 우리의 삶은 뱀처럼 굽이굽이 때론 즐겁고 때론 고된 나날을 이어 간다. 그런데 만약 뱀의 머리가 꼬리를 문다면 어떻게 될까? 고대의 상징인 우로보로스는 거대한 뱀이나 용이 자신의 꼬리를 물고 있는 원의 모양이다. 개체의 삶은 유한할지라도 내세 혹은 자손을 통해 영원히 윤회한다는 생각이다. 수레바퀴, 물레방아, 회전 목마…… 원은 굴러가고 순환한다. 지구는 태양 주위를 돈다. 봄여름가을겨울의 계절, 하늘의 열두 별자리가 꼬리를 물고 움직인다. 벽시계의 시침은 매일 한 바퀴씩 돌아가며 시간의 질서를 이어 간다. 음악 코드 역시 C-D-E-F-G-A-B로 순환한다.

카지노에 가면 「운의 바퀴Wheel of Fortune」라는 게임이 있다. 빙글빙글 돌아가며 게이머들에게 랜덤하게 운과 불운을 선사하는 장치다. 원래는 유럽에서 별자리의 순환을 모델로 하여, 운명의 여신이 개인에게 운을 전해 줄 때 사용했던 데서 유래했다. 원은 나무와 다르다. 어디가 처음이고 어디가 끝인지 알 수 없다. 원은 피라미드와 다르다. 어디가 높고 어디가 낮은지 알 수 없다. 마태복음에서 말한다. "꼴찌가 첫째 되고, 첫째가 꼴찌 될 것이다." 트럼프 게임에서는 가장 낮은 패가 최상의 서열인 에이스나 왕을 잡기도 한다. 빙글빙글 돌아가는 원은 랜덤하고 불확실한 운명을 상징한다.

사람들은 공통의 목표를 위해 한데 모인다. 원을 그리며 모이기에 서클이라고도 부른다. 그들은 원 안에 있는 동안에는 하나의 운명 공동체로 살아간다. 그런데 서로가 완전히 신뢰하지 못하고 경쟁과 질투가 넘쳐나면 어떻게 할까? 영국의 전설 「아서 왕 이

140

[원]은 순환, 평등, 랜덤, 지속가능성의 생각법이다.

야기」에서 아서는 여러 재능 넘치는 기사들과 함께 서클을 이룬다. 전통적인 피라미드의 위계에 따르자면 왕이 가장 높은 자리, 그다음의 상석부터 서열대로 기사들이 앉아야 했다. 기사들은 서로 윗자리에 앉으려 다퉜다. 고심하던 아서는 자신이 결혼할 때 장인으로부터 받은 거대한 원탁을 떠올렸다. 모두가 그 원을 둘러싸서 앉도록 하자. 위도 아래도 없다. 모두가 평등하게 앉아 동등하게 자신의 의견을 피력한다.

원이 평등의 장치로만 활용되는 것은 아니다. 만약 아서의 원탁 한가운데, 모두를 내려다볼 수 있는 절대적인 상석이 있다면 어떨까? 철학자 제레미 벤담이 제안하고 푸코가 『감시와 처벌』에서 깊이 논의한 파놉티콘(pan 전체를+opticon 들여다보다)이 그런 구조다. 감옥의 중앙에 원형 감시탑을 세우고, 그 둘레에 죄수들의 방을 반지처럼 배치한다. 중앙탑에서는 모든 감옥을 내려다볼 수 있지만 감옥에서는 감시탑을 확인할 수 없다. 가장 경제적으로 감옥 전체를 지배할 수 있다. 심지어 항상 감시하지 않아도 감시의 두려움에 스스로 행동을 통제한다. 반대의 구조도 가능하다. 로마의 콜로세움은 원형 경기장 주변으로 높게 관중석들을 배치해 두었다. 콜로세움 안에 있는 검투사의 운명은 그를 둘러싸고 내려다

보는 사람들의 손가락 끝에 달려 있다.

　현대 세계에서 원은 그 의미를 새롭게 더하고 있다. 지구의 구석구석을 정복하고, 거기 있는 모든 자원을 고갈시켜 가는 선형의 발전 모델이 한계에 처했기 때문이다. 자원의 순환, 돈의 순환, 생물학적 순환 등이 점점 더 중요해지고 있다. 그리스의 소설가 니코스 카잔차키스는 일찌기 「행동: 인간과 자연의 관계」에서 말했다. "모든 사람들은 나무, 동물, 사람, 생각으로 구성된 자신만의 원을 가지고 있다. 그에게는 그 원을 살려 갈 의무가 있다. 그 자신이지 다른 누구도 아니다. 그가 살리지 못한다면, 그 역시 살아날 수 없다."

물고기 Fish

많은 사람들이 평생 낚시를 하러 간다.
그들이 쫓고 있는 게 물고기가 아니라는 사실을 모른 채.

사상가 헨리 데이비드 소로

테베의 바위 산 앞에 자리잡고 있던 스핑크스는 지나가던 사람들에게 수수께끼를 내곤 했다. "아침에는 네 다리로, 오후에는 두 다리로, 저녁에는 세 다리로 걷는 짐승이 무엇이냐?" 여기에 세계의 구조를 꿰뚫는 인식이 담겨 있다. 하루는 '아침－오후－저녁'이라는 세 단위를 반복한다. 오이디푸스는 대답한다. "사람이다. 아이 때는 네 다리로 기고, 어른이 되면 두 다리로 걷고, 늙으면 지팡이를 짚고 세 다리로 다닌다." 한 인간의 삶 역시 '유년－성년－노년'

의 세 단위로 구성된다. 모든 일은 먼저 준비하고, 본격적으로 싸우고, 제대로 마무리해야 한다.

물고기 구조는 '머리-몸통-꼬리'라는 세 부분으로 구성되어 있다. 민담, 노래, 연극, 토크쇼, 책 등 우리가 문화라고 부르는 수많은 양식들이 이런 구조를 따르고 있다. 전래동화는 "옛날 옛적한 옛날에 어느 왕국에"로 시작해 구구절절 이야기를 풀어낸 뒤, "행복하게 잘 살았습니다."로 끝을 맺는다. 글로 쓴 책은 서론 + 본론 + 결론의 구조가 일반적이다. 레스토랑에서 코스 요리를 내놓을 때도 애피타이저 + 메인 + 디저트가 기본이다. 야구의 투수운용도 선발 + 중간계투 + 마무리가 공식처럼 적용되고 있다.

물고기 구조는 다음 두 측면으로 이해하면 좋다.

1) 머리 + 몸통 + 꼬리
가장 기본적인 구성은 가운데 몸통을 두고 앞 뒤로 머리와 꼬리를 붙인 것이다. 머리는 소설이라면 발단, 음악이라면 전주, 영화라면 타이틀 롤이 나오기 전의 도입부가 될 것이다. 꼬리는 책의 맺음말, 공연의 피날레, 요리의 디저트 같은 것들이다. 머리와 꼬리 사이에 보통 긴 몸통이 자리잡고 있다.

머리 + [몸~~~~~통] + 꼬리

때론 머리가 실제 물고기의 머리처럼 혹은 피라미드의 꼭대기 층처럼 전체를 이끌며 조종하는 경우도 있다. 두괄식의 신문 기사가 대표적인 예다. 머리가 몸 전체를 진두 지휘하고 꼬리는 여차하면 잘린다. 머리 뒤에 비슷한 구조의 몸통들이 리스트의 형태로 이어지는 경우도 많다. 무라카미 하루키가 잡지에 연재한 에세이를

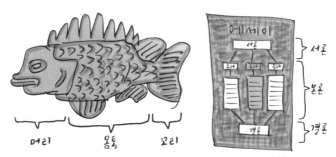

[물고기]는 글쓰기 등 여러 생각의 구조물을 만들 때 활용한다.

모아 책으로 낸다면, 에세이들을 차례로 엮어 본문을 만들고 앞에 서문을 붙이면 된다. 기차도 이와 비슷한 형태다.

머리 + [몸통 + 몸통 + 몸통] = 서문 + [에세이 + 에세이 + 에세이] = 기관차 + [객차 + 객차 + 객차]

때론 극적인 피날레가 가장 중요할 수도 있다. 스토리텔링의 경우 흥미를 끌기 위한 머리도 중요하지만 반전과 교훈과 카타르시스를 담은 꼬리를 만드는 데 심혈을 기울여야 한다. 야구에서 마무리 투수의 중요성이 점점 부각되고 있는 이유도 이와 통한다.

신발 + [계투 + 계투 + 계투] + 특급 마무리

2) 뼈대 + 잔뼈 + 살

물고기 구조는 서로 성격과 역할이 다른 머리, 몸통, 꼬리로 나뉜다. 그러나 이 전체를 관통하는 무엇이 분명히 존재해야 한다. 프렌치 레스토랑의 코스 요리가 애피타이저–메인까지 정통으로 나오다가, 디저트로 시루떡이 나오면 이상하다. 하나의 책을 구성하

145

는 글들이 일관된 주제로 링크되지 않는다면, 독자들은 금세 집중력을 잃게 된다.

물고기의 몸 전체는 중심을 잡아줄 뼈대가 관통해야 한다. 이 뼈대 주변으로 가시 모양의 잔뼈가 뻗어나가게 하고, 여기에 적절히 살을 붙이면 된다. 몸통 중에서도 중요한 부분은 겹과 층의 살을 충분히 쌓아야 한다.

지금까지 우리가 다룬 많은 생각법들은 개미굴, 나무, 겹과 층, 연결망처럼 무한히 증식하는 경우가 많았다. 생각은 생명체와 같아서 어떻게든 자라서 뻗어 나가려 하기 때문이다. 그런데 생명체에게는 또다른 전략이 있다. 식물처럼 한 곳에 머물러 가지를 뻗는 게 아니라 동물처럼 자유롭게 움직이는 개체가 되는 것이다. 우리의 생각도 마찬가지다. 내 머릿속의 생각을 바깥 세상으로 내보내기 위해서는 완결되고 독립적인 형태를 갖추어야 한다. 우리가 생각을 물고기처럼 만든다면 바닷속에 풀어놓고 어디로든 헤엄쳐 가게 할 수 있다.

분해와 조립 Assembly

커리어는 집과 같다. 그건 많은 블록으로 이루어져 있고,
각 블록의 가치는 똑같다. 그중 하나만 없어도 집은 무너진다.

성악가 안드레아 보첼리

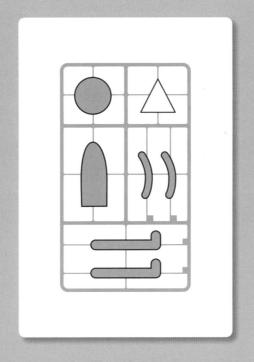

여름날 들과 숲을 돌아다니며 작은 생명체들을 탐구해 본 적이 있
는가? 아이들은 메뚜기, 방아깨비, 매미, 나비 같은 곤충류를 잡
은 뒤에 몸의 각 부분을 살펴본다. 다리, 몸통, 더듬이, 뿔, 날개 등
의 부분이 모여 전체를 이루는 모습에서 세계를 구성하는 원리를
배운다. 그런데 혹시나 해서 묻는다. 곤충의 각 부분을 떼어 본 적
은 없는가? 너무 잔인한가? 그렇다면 인형이나 로봇 장난감은 어
떤가? 바비 인형의 팔과 다리를 바꿔 끼워 보거나, 토끼 인형의 목

에 로봇의 머리를 대신 꽂아 본 적은 없는가?

1930년대 오사카 인근에 살았던 데즈카 군은 곤충을 아주 좋아했다. 여름방학이면 잠자리 채를 들고 주변의 전원지대를 다니며 곤충 채집에 열중했다. 때때로 시내의 곤충관에 가서 직원들에게 전리품을 자랑하고 궁금한 걸 물어보기도 했다. 어떻게 하면 곤충을 더 잘 이해할 수 있을까? 그는 그 생김새와 구조를 스케치했다. 여치와 메뚜기는 왜 다른 종인가? 어떤 부분은 닮았고 어떤 부분과 다른가? 그의 머릿속에서 온갖 곤충의 부분들이 분해되고 다시 조립되곤 했다. 그는 특히 풍뎅이, 하늘소, 딱정벌레처럼 단단한 껍질을 가진 갑충(甲虫)을 좋아했는데, 이들 수백 종을 그린 곤충도감을 만들기도 했다. 또한 친구들과 함께 곤충 잡지를 만들고 거기에 만화도 그렸다. 만화가용으로 필명을 지었는데, 본명인 手塚治에 虫을 더해 오사무(治虫 : 딱정벌레)라고 했다. 그렇게 해서 일본 만화의 신 데즈카 오사무(手塚治虫)가 탄생했다. 그가 훗날 만든 애니메이션 회사의 이름도 무시(虫) 프로덕션이다.

데즈카 오사무는 자신이 좋아했던 곤충을 다른 방식으로 만화 속에서 살아가게 했다. 「철완 아톰」과 같은 로봇이었다. 갑충과 로봇, 둘은 여러 공통점을 통해 소년들을 매료시킨다. 딱딱한 외골격의 강인한 외모. 몸무게의 수십 배를 들고 키의 수십배를 점프하는 신체적 능력…… 아이들은 이들의 관절 부위를 떼고 다른 조직을 붙여 더 강력하게 개량하고자 한다. 실제 곤충은 불가능하다. 그러나 로봇은 가능하다. 아이들은 TV에 나오는 로봇의 장난감을 사서 분해하고 조립하며 조물주가 된 듯한 기분을 느끼게 되었다.

로봇 애니메이션은 장난감 산업과 긴밀하게 결합해서 발전했다. 나가이 고가 만든 「마징가 Z」는 호버 파일더를 탄 조종사가 머리 부분에 탑승해서 조종한다. 마치 자동차나 오토바이처럼 승차

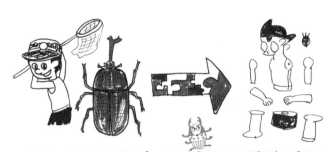

만화가 데즈카 오사무는 곤충 채집으로 [분해와 조립]법을 터득했다.

해서 움직일 수 있는 로봇이다. 마징가 Z의 로켓 펀치, 비너스 A의 가슴 로켓 등 특수 무기는 신체의 일부를 날린 뒤에 재결합시키는 방식이고, 장난감 제작자는 스프링을 이용해 이를 직접 해 볼 수 있도록 했다. 나가이 고의 어시스턴트였던 이시카와 겐이 만든 「겟타 로보」에서는 각각의 로봇이 분해되어 활동하다가 중요한 순간에 합체해 더욱 강력한 로봇으로 변신한다. 곤충-로봇-자동차-변신합체의 아이디어는 「트랜스포머」의 오토봇 군단에까지 이어지고 있다.

곤충, 인체, 로봇, 자동차, 텔레비전, 스마트폰…… 세계의 많은 존재들은 각각의 기능을 가진 부분들이 분해와 조립의 원리로 모여 있는 것이다. 우리는 각 부품들을 다른 방식으로 조립해 다양한 버전을 만들어 낼 수 있다. 만약 부서지거나 고장 나면 문제가 있는 부분만 교체한다. 때론 전체를 유지하면서 한 부분을 바꾸어 훨씬 나은 성능으로 개량할 수 있다. 이것이 엔지니어링과 발명의 기초다. 앞서 소년이 메뚜기의 다리를 바꿔 다는 것은 불가능하다고 했다. 그러나 자연은 그런 일도 할 수 있다. 다윈이 찾아갔던 갈라파고스의 섬에 있던 새들은 생존 조건에 따라 부리의 모양이 달라졌다. 진화는 대부분의 기능을 반복하면서 특정 부분의 돌연변

이를 받아들이는 방식으로 이루어진다.

인간의 신체를 이해하는 데도 분해와 조립의 생각법이 적용된다. 단순하게는 머리, 몸통, 팔다리 등 관절로 연결되는 부분들로 분해할 수 있다. 진시황의 진흙 병사들은 이런 부분들을 따로 만든 다음에 하나로 모아 전체의 형체를 갖추었다. 몸 안의 장기들—뇌, 심장, 간, 쓸개 등도 낱낱이 분해해 각각의 역할과 특성을 이해한다. 이런 생각법은 우리가 질병을 얻었을 때 원인을 찾아내고 회복시키는 데 큰 도움이 된다. 장기 이식이나 인공 장기 등을 통해 실제의 분해와 조립도 가능하다.

분해와 조립은 눈에 보이고 만질 수 있는 것에만 적용되는 건 아니다. 그것은 우리의 생각법 전반에 관여한다. 난독증의 한 종류는 음운인식력—글 속에 있는 단어들을 해체하고 분리하는 능력이 떨어져서 생겨난다. 가령 '아버지가방에들어가신다'라는 문장이 주어지면, 보통 사람은 이것을 다음과 같은 요소로 분해할 수 있다. '아버지가 방에 들어가신다' 이걸 좀 더 분해해 보자. '아버지-가-방-에-들어-가-시-ㄴ다' 우리가 분해와 조립의 생각법을 잘 갖추고 있으면, 각 부분을 다음처럼 대체해서 활용할 수 있다. '동생-이-화장실-에-들어-가-[×]-ㄴ다' 그런데 이런 능력이 없어 글자를 독해하거나 문장을 활용할 수 없는 사람도 있다.

사람, 사건, 예술작품 등을 접할 때도 이런 식의 분해와 조립이 중요한 역할을 한다. 우리는 구조적으로 쉽게 분해되는 걸 더 잘 이해한다. 드라마를 볼 때도 주인공, 조연, 악역이 또렷이 구분될 때, 사건이 벌어지는 시공간이 명료하게 분리되어 있을 때에 더 잘 이해하고, 더 잘 기억하고, 남에게 설명도 더 잘한다. 뭔가 뭉뚱그려져 구분이 힘들 때는 이해, 기억, 설명이 모두 어렵다.

당신이 공원 벤치에 앉아 있는데, 어떤 남자가 풀숲에 큰 가방을 숨겨놓더니 급히 앞을 지나간다. 본능적으로 저 남자의 인상착

의를 기억해 두어야겠다고 생각한다. 스마트폰으로 사진을 찍을 수 있으면 좋겠지만 상대방에게 나를 들키고 싶지 않다. 어떻게 하면 더 잘 기억할 수 있을까? 나중에 경찰이 나타나 그 사람의 몽타주를 작성해 보는 상황을 생각해 보라. 상대방의 키, 머리, 눈, 코, 입 등의 부분에 대해서 묻고 그것을 조립할 것이다. 나 역시 그런 방식으로 분해해서 기억하고 조합하는 것이 좋다. (물론 전체의 관계를 구성하는 게슈탈트의 능력도 필요하다)

우리가 프로젝트를 진행할 때도 이 능력은 꼭 필요하다. 우리 뇌에는 긴 사건을 작은 덩어리로 분할하는 일을 전담하는 영역이 있다. 이 능력을 활용해 긴 과제는 작은 과제로 잘게 나눠 다루는 게 좋다. 글을 쓰거나 말을 할 때도 적당한 크기로 끊어, 한 입에 먹을 수 있게(bite-size) 만들어 주어야 한다. 문장과 문단 구분도 없이 줄줄 생각을 늘어 놓아서는 곤란하다.

분해와 조립을 사회 조직의 운용에 활용할 수도 있다. 「독수리 오형제」처럼 평소에는 각자의 일을 수행한다. 그리고 특별한 상황에만 함께 모여 다른 차원의 능력을 발휘한다. 미국, 일본 등에서 시도되다가 K-POP에서 확고하게 시스템화된 아이돌 그룹 역시 이런 원리를 따르고 있다. 소녀시대의 멤버들은 보컬, 댄스, 랩, 비주얼 등 제각각의 능력을 발휘하며 강력한 팀을 만들어 활동하지만, 유닛이나 개인 활동으로 분해되어 각자의 팬덤을 만들어 가기도 한다. 문화비평가 존 시브룩은 2012년 『뉴요커』에 게재한 한국 아이돌 그룹에 대한 기사 '팩토리 걸스'에서 말한다. "소녀시대는 부분의 합보다 커 보인다."

내용과 형식 Content & Structure

때는 20세기 중반, 아드리아 해를 날아가던 복엽기 한 대가 이탈리아 반도로 선회한다. 미야자키 하야오의 「붉은 돼지」를 떠올리면 좋겠다. 비행기는 밀라노의 운하를 따라 항로를 잡더니 정비 공장 옆에 사뿐히 내려앉는다. 조종사는 엔지니어에게 비행기를 맡기고, 비행 헬멧을 쓴 채 베스파 스쿠터로 갈아탄다. 단골 카페로 가서 모카 포트로 뽑은 커피 한잔으로 비행의 피로를 풀기 위해서다. 카페에 갔더니 바리스타가 처음 보는 커다란 기계를 만지고 있다. 조종사를 보고선 포터필터에 원두를 넣고 다지더니, 기계에 넣어 증기를 뿜어내며 아주 작은 분량의 커피를 뽑아 준다. 조종사는 에스프레소를 홀짝 마신다. 흡족한 미소를 짓는다.

「붉은 돼지」의 비행기, 모카 포트, 에스프레소 머신, 포터필터, 베스파 스쿠터의 공통점이 있다. 그 핵심 재료가 모두 알루미늄이라는 사실이다. 1차 세계대전 후 유럽의 후발 제국이었던 이탈리아는 알루미늄에 자신의 미래를 걸었다. 영국, 독일 등 무거운 강철에 기반한 선진 제국들은 곧 쇠락할 것이다. 대신 가볍고도 열전도율이 뛰어난 알루미늄은 새로운 힘과 속도로 이탈리아를 먼저 미래로 데려갈 것이다. 그들은 알루미늄이라는 내용에 갖가지 형식을 부여해 다채로운 문명을 창조할 수 있다고 여겼다.

똑같은 재료도 수많은 형태의 옷을 입고 변신할 수 있다. 반대로 하나의 틀에 서로 다른 재료를 넣어 다양한 결과를 만들어낼 수 있다. 내용과 형식, 재료와 형태, 마음과 표현…… 세계의 구조를 상호보완적인 두 개념으로 해석하려는 생각법은 인류사 곳곳에서 맹활약해 왔다. 아리스토텔레스는 실체란 '질료'와 거기에 목적을 부여하는 '형상'의 결합으로 이루어진다고 했다. 데카르트는 '육체' 속에 '정신'이 들어가 있다는 이원론으로 근대 세계관에 큰 영향을 미쳤다. 현대 컴퓨터 문명의 '하드웨어'와 '소프트웨어' 역시 이와 유사한 관계를 맺고 있다. SF 만화 「공각기동대」의 주인공은 의식의 극히 일부분을 제외하고 온몸을 기계로 바꾼 특수부대 지휘관이다. 그는 필요에 따라 몸의 일부를 교체하거나 수리할 수 있다. 미래의 인간은 육체라는 형식을 자유자재로 바꾸어 쓸 수 있을지도 모르겠다.

우리는 일상생활에서도 이런 생각법을 잘 활용한다. "말 한마디로 천냥 빚을 갚는다."는 속담은 무엇을 말하는가? 같은 내용이라도 어떤 형식으로 표현하느냐에 따라, 전혀 다른 결과를 가져올

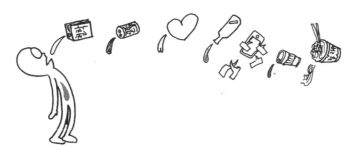

인간이라는 [형식]은 다양한 [내용]으로 채워질 수 있다.

수 있다는 이야기다. 마틴 루터 킹 주니어는 반대로 이야기한다. 그는 1963년 워싱턴 대행진의 연설에서 말했다. "나에게는 꿈이 있습니다. 언젠가 나의 작은 네 아이가 그들의 피부색이 아니라 인격의 내용물에 따라 평가받는 나라에서 살 것"이다. 외모나 인종이라는 형식이 아니라, 그 안에 담긴 내용이 중요하다는 것이다.

동서고금의 디자이너들은 '의자'라는 물건에 특별히 매료되곤 했다. 어떤 이들은 재료에 더 관심을 가졌다. 네 다리, 앉는 판, 등받이라는 구조는 같더라도, 나무, 돌, 철, 플라스틱 등 재료들을 바꿔 다양한 의자들을 만들어 냈다. 어떤 이들은 형태에 집중했다. 같은 플라스틱을 사용해 의자라는 기능을 구현하더라도 다양한 모양으로 변형시킬 수 있다. 그 형식미가 예술의 본연이라고 여겼다. 여기에 예술 이론의 주요한 논쟁점이 있다. '무엇을(내용)'에 초점을 맞추어야 하느냐? '어떻게(형식)'에 초점을 맞추어야 하는가? 아이돌 가수의 실력은 댄스 퍼포먼스에 있나, 가창력에 있나? 배우는 연기력이냐, 외모냐?

모든 사람들이 삶이라는 예술을 다루고 있기에 비슷한 고민을 안고 있다. 내 삶의 형식—직업, 주택, 패션—은 어떤 모양이어야 할까? 내 삶의 내용—감정, 도덕, 교양—은 무엇으로 채워야 할까? 삶이 정체되어 있다고 여겨지면 형식을 바꾸어 보자. 일과의 패턴, 거주지, 취미 같은 것들의 변화를 꾀해 보는 것이다. 삶이 허무하다고 느껴지면 내용을 들여다보자. 나는 무엇을 위해 살아가고 있는지 스스로의 정체성을 고민해 보자. 소모되어 버린 내면을 채우기 위해 책, 음악, 여행, 대화의 도움을 받아도 좋다.

**다양한
생각법으로
재구성한
『신곡』**

미켈란젤로 카에타니는 단테의『신곡』에 나오는
천국, 연옥, 지옥의 세계관을 다양한 방식으로
시각화했다. 하나의 세계도 표적판, 카테고리,
피라미드, 겹과 층 등 다양한 구조의 생각법으로
해석할 수 있음을 보여 준다.

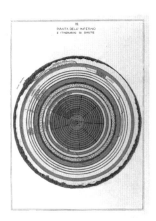

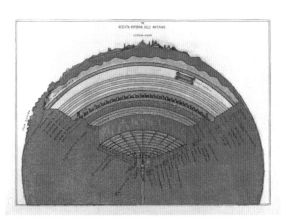

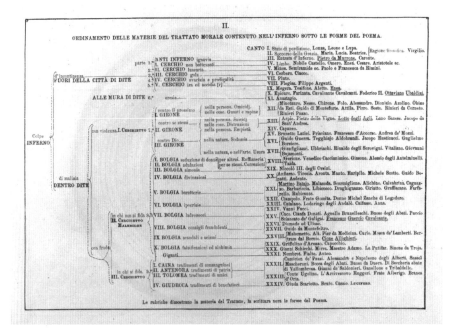

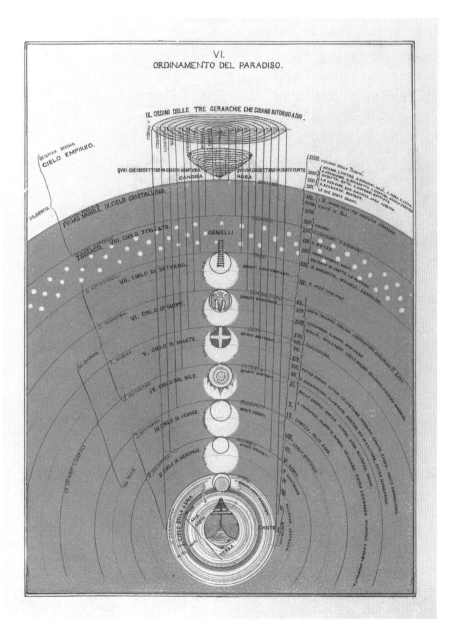

생각을 보고 만지고 움직인다
— 비주얼 씽킹

비가 부슬부슬 오는 날 효창 운동장 근처 카페를 찾았습니다.
축구복을 입은 청년들 몇 명이 우울한 표정으로 앉아 있더군요.
주장으로 보이는 청년이 열을 내고 있었습니다. 지난 시합의
결과는 아주 안 좋았고 오늘은 연습 도중 폭우가 쏟아졌나
봅니다. 따분한 표정으로 주장의 잔소리를 듣던 한 친구가 툭
뱉었습니다. "축구는 발로 해야지. 말로 하면 머리만 아프지."
분위기가 싸해졌습니다. 창밖의 빗줄기는 더욱 거세졌습니다.

말로만 떠들어대는 생각 때문에 머릿속이 엉망진창이에요.
그때 카페 문이 열리고 파란 점퍼를 입은 청년이
뛰어들어왔습니다. 그는 가방에서 주섬주섬 뭔가를 끄집어
냈습니다. 태블릿 PC였습니다. "내가 유튜브에서 찾았는데,
저번 팀 포메이션이 딱 나와 있더라구요." 화면을 보자 긴가민가
하던 선수들의 눈빛이 반짝거렸습니다. "그러네. 딱 저거에
완전 당했네." 파란 점퍼는 가방에서 축구장 모양의 보드판을
꺼냈습니다. 동그란 자석으로 된 선수 모형을 움직여 보였습니다.
"그러니까 처음엔 이렇게 포메이션을 만들었잖아요. 저쪽 3번
선수 위치가 윙백치고는 좀 특이했죠? 우리 포워드가 공을 잡으면

바로 이렇게 감쌌잖아요. 보세요. 패스할 데가 없어요." "맞네,
맞아." 선수들이 입을 모았습니다. 그러자 주장이 벌떡 일어나
외쳤습니다. "내가 말한 게 바로 저거잖아."

"말하지 말고 보여 주라(Show, don't Tell)." 글쓰기나 스토리텔링
강의에서 자주 나오는 말입니다. 구구절절 뭔가를 설명하기
보다는 사건이나 행동으로 보이라는 거죠. 레고나 이케아의
조립도는 글자를 모르는 사람도 쉽게 이해할 수 있습니다. 그런데
이 방법은 누군가에게 뭔가 알려 줄 때만 유용한 게 아닙니다.
혼자 생각을 처리할 때도 아주 큰 효과를 발휘합니다. 과학자
니콜라 테슬라는 말했습니다. "나는 어떤 생각이 떠오르면 그
모양을 당장 머릿속에서 그려 본다. 그리고 상상 속에서 구조를
바꾸거나 작동시켜 본다." 천재는 그렇게 하면 됩니다. 프로 바둑
기사는 머릿속에 있는 가상의 바둑판에 돌을 놓고 수를 풀어 갈 수
있다고 합니다. 하지만 평범한 우리는 그렇게 할 수 없으니 대신
다른 방법을 사용해야 합니다.

비범한 이들이 쓰던 특급 도구인데, 우리가 써도 돼요?

1994년 빌 게이츠는 72쪽 짜리 노트를 3080만 달러에 샀는데요.
르네상스의 대가, 다재다능한 창의력의 대명사인 레오나르도
다빈치가 쓴 노트 「코덱스 레스터Codex Leicester」였습니다.
다빈치는 비행기, 잠수함, 천체의 움직임, 태반의 구조 등 온갖
호기심과 아이디어를 수시로 노트에 적었습니다. 낱장의 종이나
허릿춤에 끼워 둔 종이쪽을 쓰기도 했다고 해요. 이 방법은 그의
창의력을 증진시키고 통합적 사고를 가능하게 해 주었는데요.
이를 현대에 계승한 것이 비주얼 씽킹(Visual Thinking)입니다.
손으로 그리고 눈으로 보면서 머리로 생각하는 방법이죠.
오래전부터 학자, 예술가, 과학자들은 시각적 형태로부터 많은

영감을 얻었습니다. 나무를 보며 머릿속 생각의 가지를 뻗었고,
강을 통해 돌아오지 않는 시간의 흐름을 깨닫곤 했죠. 벌집이나
아파트 단지를 보며 똑같은 모양의 공간을 겹쳐 효율적으로
사용하는 방법도 이해했습니다. 방사형의 거미줄, 둥근 접시,
네모난 액자도 생각의 도구로 사용할 수 있죠. 그런데 난점이
있습니다. 우리 주변에는 너무나 많은 시각적 요소가 자기 주장을
하고 있다는 겁니다. 번쩍이는 네온사인 간판과 산만한 표지판
속에서 우리는 길을 잃게 됩니다. 그래서 나는 생각했습니다.
엑기스를 추출하자. 그것이 생각카드입니다.
생각카드는 자연(나무, 물고기, 거미줄, 나이테) 혹은
인공(피라미드, 사다리)으로부터 여러 시각적인 생각의 도구를
추출해냈습니다. 표적판, 파이 차트, 벤 다이어그램, 화살표
같은 인포그래픽(Infographics)의 핵심 요소들도 더했습니다.
단순한 시각적 상징물은 우리 생각의 군더더기를 없앱니다.
또한 협력자와 깔끔하게 의사소통할 수 있게 하죠. 업무용 체크
리스트나 표는 일의 진척 과정을, 기승전결의 그래프는 이야기의
굴곡을 직관적으로 이해하게 합니다. 생각카드는 생각의 연결,
건설, 착상에 사용하는 핵심적 방법들을 간단한 아이콘으로
축약해 손으로 만지도록 했습니다.

눈으로 보는 건 좋아요. 그런데 굳이 내 손을 써야 해요?
워드 프로그램이 글쓰기, 디지털 카메라가 그리기를 대체하면서
손으로 기록하는 습성은 빠르게 사라지고 있습니다. 손과 펜을
이용한 아날로그 작업은 속도, 저장, 검색 면에서 어려움을
겪는 게 사실이죠. 허나 이런 변화 속에서 우리는 가장 효과적인
생각법을 잃어버리고 있습니다. 우리의 머리는 손과 눈이 함께
움직일 때 가장 효과적으로 작동합니다. 심지어 아무런 의미 없는

낙서를 해도 아이디어를 만드는 데 도움이 될 정도니까요.
나는 생각카드를 만들며 여러 직업군이 어떤 생각의 보조
도구를 사용하는지 조사해 보았습니다. 과학자나 고고학자는
꼼꼼한 관찰을 위해 필드 노트(field note), 아티스트나 건축가는
러프한 아이디어를 구체화시키는 스케치북을 즐겨 사용합니다.
디자이너나 프로젝트 매니저는 노트에 시각적인 기록(visual
note)을 남기는 걸 좋아하고요. 또한 사무실에서 사라져가던
화이트보드가 회의 내용을 인포그래픽적 요소로 기록하는 그래픽
퍼실리테이션(Graphic Facilitation, Graphic Recording)을 통해
부활하고 있더군요.
카드 뉴스, 프리젠테이션, 광고 등에서는 정보를 이미지, 도형,
숫자로 가공한 인포그래픽이 널리 쓰이고 있습니다. 흔히
인포그래픽 디자인은 이미 나와 있는 생각의 결과물(정보)을
시각화하는 데 초점을 맞춥니다. 나는 생각을 다루는 과정
자체에서 인포그래픽의 도구를 적극 활용하기를 권합니다.
아이디어를 그려 보고, 스케치를 고쳐 보고, 다시 생각을 키우는
연쇄 고리를 만들어 가는 거죠. 프리젠테이션 자료를 만들 때
생각카드를 옆에 두고 손으로 스케치해 보세요. 국궁, 양궁,
다트의 표적판을 그리고 그 안에 정보를 넣어 보세요. 파이 차트,
그래프, 다양한 시간의 표현도 활용해 보는 겁니다. 그러면
머릿속에서 끙끙이하는 것보다 몇 배나 생각을 가속시킬 수
있습니다.

나는 그림하고는 담 쌓았어요. 어떻게 비주얼 씽킹을 해요?
너무 겁먹을 필요는 없어요. 예술가처럼 멋진 작품을 만들자는 게
아닙니다. 초등학생도 쉽게 그릴 수 있는 방법으로, 내 머릿속의
생각을 바깥으로 끄집어내 보자는 겁니다. 못 말리는 악필이고

수전증에 시달리는 나도 그럭저럭 하는 걸요.

생각카드를 활용해 비주얼 씽킹의 첫걸음을 떼 봅시다. 아래 도움말을 참고하면서 예시 페이지를 따라하기로 베껴 봅시다. 감이 잡혔다면 바로 실전에 활용해 보아요. 아이디어를 떠올리거나, 수업 내용을 정리하거나, 회의 과정을 공유할 때 직접 손으로 그리고 기록해 보는 겁니다. 노트, 포스트잇, 칠판, 화이트보드, 태블릿 PC 등 우리 생각의 무대는 어디에나 있습니다.

1. 기초 도구들

1) 기초 도형
- 점, 선, 원, 삼각형, 사각형. 명료한 도형은 그리기도 쉽고 이해도 쉽다.
- 선 굵기를 바꾸거나 그림자를 넣어 약간씩 변화를 줘도 좋다.

2) 글자
- 이름표의 생각법을 활용해 단어 위주로 쓴다.
- 한국어, 영어, 한자 등을 다양하게 활용하고 아이콘처럼 만든다.
- 악필도 두려워 말자. 정사각 상자에 글자를 꽉 채워 넣는다는 느낌으로 써 보자.
- 밑줄 긋기, 두 겹 쓰기, 입체로 만들기도 가능하다.

3) 숫자와 수학 기호
- 압축과 강조 등 여러 면에서 활용도가 높다. 뭔가 정교해 보이는 효과도 준다.

4) 프레임

- 종이를 구획으로 나눠
  작은 방들을 만들 수 있다.
- 구분선으로 간단히
  나눌 수도 있고, 액자,
  거울, 모니터 등의 형태를
  시도해도 좋다.
- 말풍선으로 대화를
  표현하면, 그 자체로
  이야기가 만들어진다.

5) 아이콘

- 사람, 장소, 사물, 생각을 축약시킨 형상이다.
  핵심적인 소재부터 시작해 아이콘 리스트를
  늘려 보자.
- 특히 사람 얼굴에 감정을 담은 이모티콘의
  형태를 잘 활용하길 바란다. 동그라미, 점, 선
  만으로 누구나 표정을 만들 수 있다.

2. 생각카드 활용

1) 연결
- 링크, 화살표 :
  점, 선, 프레임을
  활용해 다양한
  관계를 그릴 수 있다.

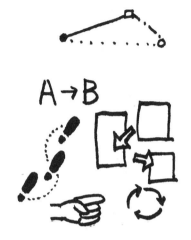

2) 정리
- 리스트, 체크리스트, 표
- 앞에는 점/원/숫자 표시, 뒤에는 내용을 적는다.
  별점, 순위 등도 활용.

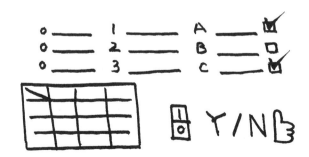

3) 구조와 목표

- 사다리, 피라미드 : 서열과 관련된 구조
- 나무, 방사형, 겹과 층 : 확장되는 구조
- 대결과 대조, 디시전 트리 : 판단과 결정이 필요할 때
- 원, 표적판, 파이, 벤 다이어그램 : 원을 활용
- 눈금, 막대그래프, XY 그래프 : 수학적 생각법과 결합

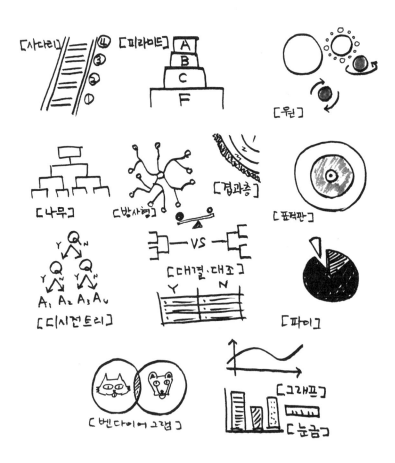

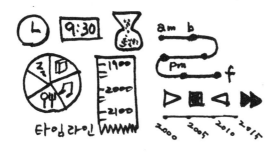

4) 시간
* 시간 생각법의 여러 세부들 :
  모래시계, 타임라인, 타이머,
  원형 시계 등

5) 종합
* 연결망, 지도, 물고기 :
  위의 요소들을 결합해 관계도,
  해부도, 조립도 등을 그려 본다.

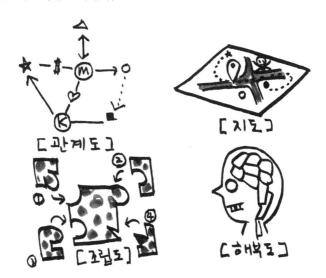

4장 목표의 생각법

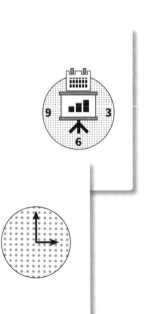

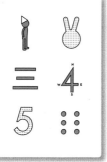

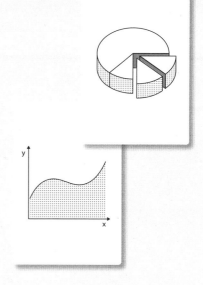

화살을 쏘려면
과녁부터 찾아야지

내게 닥친 일의 무게에 눌려 생각은 꽉 막히고 꼼짝도 못할 때가 있다.
일을 계획하고 실행하는 데서 생겨나는 생각거리들이 있다.
'목표의 생각법'은 이 문제를 다룰 여러 방법을 제안한다. 내게 닥친 일,
즉 정체불명의 거대한 덩어리를 작은 조각으로 분해해 한 입 사이즈로
만들자. 이어 계단을 만들어 한 단계씩 목표에 다가가자.
더불어 행동에 박차를 가할 목표 실행법들도 있다.

서열과 사다리 Ranking & Ladder

내가 더 멀리 보았다면
이는 거인들의 어깨 위에 올라서 있었기 때문이다.

물리학자 아이작 뉴턴

동물의 무리가 하나의 서클을 이루더라도, 그 안의 모두가 평등한 것은 아니다. 굶주린 개나 고양이 무리에게 먹이를 주면 힘세고 빠른 놈이 먼저 달려와 먹는다. 강한 놈은 으르렁거리며 약한 놈을 쫓아낸다. 자기 밥그릇이 확보된 상태에서도 모질게 남의 밥그릇을 뺏기도 한다. 이런 순서 정하기가 반복되고 고착되면 서열이 형성된다. 매번 다투며 서로 에너지를 소모하는 것보다 정해진 서열을 따르는 것이 경제적이기 때문이다.

사자, 사슴, 개 등 집단생활을 하는 포유 동물들에게 서열은 매우 일반적이다. 특히 늑대 무리의 서열이 엄격하기로 유명하다. 눈밭을 헤치고 한 줄로 사냥을 하러 갈 때 알파(우두머리) 수컷이 앞장서면 베타에서 오메가까지 서열대로 줄을 짓는다. 먹이, 잠자리, 행로의 선택 등에 있어 알파의 지위는 막강하다. 그러나 그 서열이 언제나 확고부동한 것은 아니다. 특히 2위 그룹은 서열에 대한 갈망이 가장 크다. 2인자는 호시탐탐 1인자를 노린다. 무리를 부추겨 약한 녀석을 이유없이 괴롭히기도 한다. 윗 서열의 늑대는 아래 서열의 주둥이를 문다. 개도 재갈을 물리면 풀이 죽게 된다.

긴꼬리 원숭이, 침팬지 등 유인원의 세계에서도 서열은 매우 중요하다. 모계를 통해 서열이 세습되기도 하는데 이때도 자리 다툼이 만만찮다. 특히 야들야들한 나뭇잎 같은 식량이 제한되어 있거나 짝짓기 상대를 구하기 어려울 때 싸움은 격해진다. 한 수컷을 통해 두 마리의 암컷이 비슷한 시기에 새끼를 낳으면 서열 높은 암컷이 다른 암컷의 새끼를 죽이기도 한다. 때론 젊은 암컷이 많은 새끼를 낳아 무리 안에 세력을 확보한 뒤 서열을 뒤집어 버리기도 한다.

인간 사회에서 서열은 문화 속에 깊이 스며 있다. 나이, 몸집, 힘의 세기로 서열이 정해지기도 하지만, 부모나 형의 서열을 이어받기도 한다. 영화「친구」를 보면 학교 안에서도 서열의 확인과 다툼이 빈번히 이루어지는 걸 볼 수 있다. "니 아부지 뭐 하시노?" "저 놈은 뭔데?" "우리 학교 통인데예. 제일 잘 치는 데예." "내는 뭔데? 내는 니 시다바리가?" 아이들의 또래 문화에도 서열의 긴장이 스며 있다. 아이들은 레슬링 선수, 프로야구 타자 중에 누가 더 강한지를 두고 다툰다. 학교는 전교 석차, 달리기 등수 등으로 끊임없이 순위를 매기고 경쟁을 부추긴다. 서열은 이 사회의 가장 강력한 이데올로기다. 베스트셀러, 보험판매왕, 음원 차트 등의 랭

앗, 잠깐만요.
저, 할 말 있어요.

서열 차이는 높은 지위의 늑대 사이에서 가장 뚜렷하다. — 에릭 지멘

킹은 그 자체로 권위를 생산하고 획득한다.

서열이 과연 현명한 생각의 도구일까? 여기에 대한 근본적인 의문도 있다. '다윈의 불도그'라 불리며 진화론을 옹호했던 토머스 헉슬리는 여러 유인원, 고릴라, 인간의 차이를 비교하며 인간이 훨씬 진보한 존재라고 주장했다. 하지만 스티븐 제이 굴드를 비롯한 현대의 진화론자들은 이를 비판한다. 진화가 서열의 사다리를 올라가는 과정이라고 여기면, 하등한 니그로(흑인)부터 고등한 코카시안(북유럽 백인)까지 수직적인 구조가 만들어진다는 주장에 이를 수도 있다. 진화는 적응이다. 자신이 처한 환경에서 살아남는 존재가 최고의 적자다. 그럼에도 원초적인 서열 경쟁에 불필요하게 매달린다는 점에서 인간과 유인원은 별반 다를 게 없어 보인다. 공직자들은 의전의 순서, 직장인은 사무실과 의자의 크기, 또 많은 이들은 양복, 자동차, 가방과 같은 사치품을 통해 서열을 확인하려고 한다.

서열의 기초 전략은 물론 사다리를 올라가는 것이다. 그러나 그에 못지 않은 전략은 위에 있는 상대를 사다리 아래로 떨어뜨리는 것이다. 잘나가는 동기의 뒷소문을 퍼뜨려 평판을 깎아내린다. 우등생에게는 일부러 리포트 마감 날짜를 알려주지 않는다. 아래

서열들이 계획된 모략으로 뒷통수를 치기도 한다. 남의 불행은 나의 행복이라는 '놀부 심보'는 매우 보편적인 것 같다. 독일어에는 이를 뜻하는 샤덴프로이데(schadenfreude)라는 단어가 따로 존재할 정도다. 영어권에서도 1990년대부터 이 단어를 가져와 즐겨 사용하고 있는데, 발덴프로이데(Baldenfreude)—남이 대머리가 되는 것을 기뻐한다는 의미의 신조어도 생겼다. 나의 대학 시절 한 선배가 이 철학의 신봉자였는데, 다음과 같은 명언들을 남겼다. "나 잘 되면 뭐하나, 남 못 되어야지." "남 주고 배 아프느니, 나 먹고 설사 하겠다."

서열과 사다리는 많은 위험성을 가지고 있다. 하지만 개인과 집단의 성장을 위한 긍정적인 도구로 사용할 수도 있다. 바둑, 태권도, 『드래곤볼』 같은 소년 격투 만화, 컴퓨터 RPG 게임 등에서 단(段)이나 레벨(level)은 단번에 뛰어넘을 수 없는 시스템이다. 밑에서부터 차근차근 비슷한 실력의 상대를 이기고 올라서야 한다. 윗 서열은 아랫 서열을 깔보고 억누르는 것이 아니라 가르쳐 주고 이끌어 주는 관계가 될 수도 있다. 앙코르와트의 사원, 일본의 신사 등 종교 시설 앞에는 가파른 계단이 있는 경우가 많다. 어려움을 겪으며 사다리나 계단을 오르는 과정 자체를 수련의 방법으로 삼는다.

우리는 사다리를 단번에 처리할 수 없는 어려운 과제를 차근차근 해결해 가는 도구로 삼을 수 있다. 1999년 바닥재 생산업체 인터페이스의 CEO 레이 앤더슨은 전 세계가 골머리를 앓고 있는 산업 쓰레기와의 전쟁을 이겨 내기 위한 방법으로 '지속가능성의 7단계 봉우리'라는 전략을 제안했다. 환경 경영이란 한 걸음에 이루어질 수 없다. 그래서 7단계의 사다리를 하나씩 올라가는 것을 목표로 삼는다. ①폐기물 제거 → ②배출 물질 정화 → ③재생 가능 에너지 사용 등을 거쳐 ⑦비즈니스 재설계에 이른다. 한 단계 한

173

단계가 쉽지 않지만, 적절한 레벨로 사다리가 설계되어 있으면 불가능해 보이던 높이의 과제도 올라갈 수 있다.

"내가 더 멀리 보았다면 이는 거인들의 어깨 위에 올라서 있었기 때문이다." 아이작 뉴턴은 자신에게 주어지는 찬사에, 오래된 경구를 인용해서 대답했다. 오늘의 우리는 어제의 누군가가 만들어 놓은 사다리를 밟고 있고, 내일의 누군가는 내가 만든 사다리를 밟고 올라갈 것이다. 과학사회학의 개척자 로버트 K. 머튼은 『거인의 어깨 위에서』라는 책에서 말한다. "모든 창조자는 시공간에서 타인에게 둘러싸여 있고 죽은 자와 산 자를 불문하고 수많은 타인에게 개념, 맥락, 도구, 방법론, 데이터, 법칙, 원칙, 모형을 물려받는다."

뱀과 사다리의 인생 도감

「뱀 주사위 놀이」라는 보드게임이 있다.
1970년대 큰 인기를 모았고 지금도 간혹 학교 앞
문구점에서 만날 수 있다. 주사위를 던지면 소년
캐릭터가 되어 여러 사건을 경험한다. 간첩 신고
같은 일을 하면 사다리를 타고 올라가고, 불장난
같은 짓을 하면 뱀에게 물려 떨어진다.
인생을 작은 게임판으로 축약시켜 놓은 거다.
나는 게임 도구를 수집하는 취미가 있는데
홍콩, 뉴욕, 스페인의 코르도바에서 이와 흡사한
게임을 발견했다. 그 원형은 인도의
「뱀과 사다리Chutes and Ladders」게임이다. 구조는
비슷하다. 인생에는 1부터 100까지의 서열이 있다.
주사위를 던져 사다리에 도달하면 위로 급상승한다.
뱀에 잡히면 미끄러져 아래로 떨어진다.
인도인들은 주사위를 던지며 무엇을 기원했을까?
어떻게든 사다리를 타 '피라미드' 같은
카스트 제도의 저 윗자리로 올라가기를 바랐을
것이다. 현생에서는 불가능하더라도
게임 속에서나마 해 보고 싶었던 것이다.

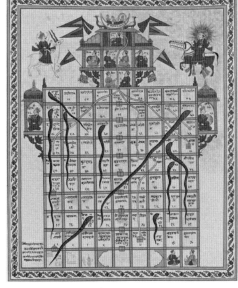

표적판 Target

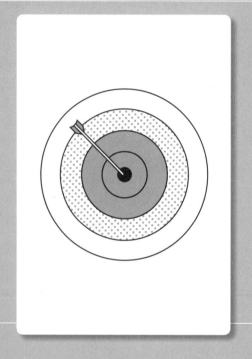

"과녁을 놓아두면 화살이 날아든다." 전국시대의 사상가 순자(荀
子)의 말이다. 나무 판에 동그라미를 그려 세워 두면 바로 증명할
수 있다. 야구공을 든 아이, 총을 든 군인, 작살을 든 어부, 표창을
든 닌자는 표적판에 집중할 것이다. 손에 든 것이 없다면 돌이라도
집어 던지리라. 우리에게 이것은 수렵인의 시대부터 이어져 온 본
능과도 같다. 스페인의 철학자 호세 오르테가 이 가세트는 사냥에
대해 이렇게 말한다. "인간 조건 속에 교묘히 깃든 깊고도 영원한

176

갈망." 그리고 덧붙인다. "(인간은) 모든 시대에 사용한 무기의 종류를 제외하고는 별다른 차이가 없이 이런 일을 해 왔다."

　동물들에게 있어 사냥은 가장 고도화된 생각법을 필요로 하는 영역이다. 먹잇감은 결코 쉽게 목숨을 내놓지 않는다. 포식자와 피식자는 숨고, 찾아내고, 달아나고, 포위하고, 덮치고, 반항하며 필사적인 몸과 머리의 싸움을 벌인다. 고양이는 부드러운 발바닥으로 다가가고, 독수리는 날카로운 발톱으로 낚아채고, 거미는 반투명한 줄로 덫을 놓는다. 인류는 원래 가지고 있던 거대한 치아, 손톱, 근육을 포기했다. 대신 두뇌를 키웠다. 그리고 정교한 사냥 도구의 개발에 집중했다. 처음에는 돌도끼로 육박전을 벌였지만, 점차 창과 활을 이용해 원거리에서 안전하게 사냥감을 맞출 수 있게 되었다. 그런데 그 도구를 잘 쓰기 위해서는 훈련이 필요했다.

　먼저 서 있는 나무 같은 것에 활을 쏘아 봤겠지? 이어 잘린 나무 밑동을 가상의 산돼지로 여기며 연습하게 되었을 것이다. 그러다가 누군가 잘라낸 큰 나무의 나이테를 본다. 중앙을 중심으로 점점 커져가는 동그라미다. 이걸로 활쏘기 연습을 하면 어떨까? 생각해 보라. 사냥감에 화살을 맞춘다고 모두 똑같은 결과를 만들어 내지는 않는다. 귀퉁이를 맞히면 가죽도 뚫지 못하고 튕겨 나간다. 가능한 심장이나 내장이 있는 '가운데'를 맞춰야 한다. 그러니 동심원의 표적판을 세우고 가운데를 맞히는 훈련을 하자. 설사 정가운데를 맞히지 못하더라도 거기에 가까울수록 치명상을 줄 확률이 높아진다.

　이렇게 해서 표적판이 널리 퍼지게 되는데, 거기에는 몇 개의 모델이 있다. 그리고 각각의 형태는 서로 다른 생각법을 담고 있다.

　첫 번째는 국궁의 표적이다. 과녁을 맞추느냐, 못 맞추느냐로 성공과 실패가 나뉜다. 저 표적이 사냥감이라면 죽느냐 사느냐의 두 상황밖에 없다. OX 이분법의 생각법이다.

[표적판]이 없었다면 발렌름텔의 전설도...

어랏!

이밤!

두 번째는 양궁의 표적이다. 동심원이 바깥으로 퍼져 나가고 있고 가운데에 가까울수록 점수가 높다. 표적판의 생각법에서 다루고자 하는 방식은 이것이다.

세 번째는 룰렛이다. 방사선으로 나뉜 영역의 크기에 따라 맞을 확률의 차이가 생긴다. 이는 파이 차트의 생각법에서 다룬다.

표적판은 사냥만이 아니라 갖가지 목표 지향적인 프로젝트에 사용할 수 있다. 화성 탐사선이 착륙해야 할 지점은 잘 정비된 공항이 아니다. 불모의 지형 속에서 착륙 가능한 곳은 매우 제한되어 있다. 탐사선은 최적의 착륙지를 중심으로 반복된 시뮬레이션을 벌인다. 처음에는 예상 영역이 매우 큰 원이 된다. 하지만 계속된 개선으로 중심으로부터의 오차를 줄이는 정확도(accuracy), 실수를 하지 않을 정밀도(precision)를 높여나간다. 동심원의 크기를 점점 줄여 간다는 것이다.

탐사선의 착륙 영역은 바닥에 누운 동심원이다. 그것은 하늘에서 빗방울이 떨어지거나 돌을 호수에 던졌을 때 물이 파동을 일으키며 퍼져 나가는 모양과 비슷하다. 밖으로 갈수록 원은 커지고 힘은 약해진다. 이런 형태를 응용해 표적판의 생각법을 확장시킬 수 있다. 예를 들자면 시야, 사정 거리, 관심권 같은 것들이다. 새

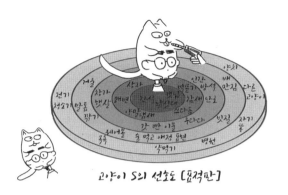

고양이 S의 선호도 [표적판]

로 태어난 길고양이가 점차 영역권의 동그라미를 넓혀 가는 형태도 비슷하다. 종교는 자신의 교리를 중심으로 동심원을 만든다. 밖으로 나갈수록 정통, 관용, 이단이 될 것이다. 한가운데 최고의 목표를 놓고 여러 단계로 계층을 나눈 모습은 피라미드를 위에서 본 모양과 닮았다.

우리는 삶의 갖가지 목표—원하는 대학, 직업, 주거지, 혹은 큐피드의 화살을 쏘아야 할 구애 상대—에 표적판을 세울 수 있다. 그것은 막연한 지향과는 다르다. 표적판은 우리가 더 집중해서 목표에 다가갈 수 있게 해 준다. 브래드 햇필드와 스포츠 심리학 연구자들은 표적판에 집중하는 사람들의 알파파를 측정했다. 그러자 집중력은 물론 인지력이 향상되고 정서적 안정까지 개선되었다고 한다.

인간의 시각 자체가 표적판과 비슷한 구조를 가지고 있다. 우리는 시야 전체를 균형 있게 보는 것 같지만, 한가운데에 초점을 맞춰 색, 형태, 내용을 인식한다. 임의의 트럼프 카드를 시야의 바깥부터 서서히 가운데로 이동시켜 보자. 처음에는 숫자, 색깔, 모양이 거의 드러나지 않다가 점점 또렷해진다. 우리의 관심도도 이와 같은 방식이다. 사람들은 자신을 중심으로 가족, 친구, 지인 같

긍정: Yes/No   양극: 중심/주변   롤렛: 전체/부분

세 가지 [표적판]의 생각법

은 인간관계의 동심원을 만들고 있다. 당연히 가운데에 관심을 더 쏟고 바깥으로 나갈수록 남으로 여긴다.

표적판은 중심/주변, 집중/확산의 생각법과 연결된다. 도시는 번화한 중심가로부터 주변부로 갈수록 건물과 인구의 밀도가 떨어지는 동심원을 만들고 있다. 도시가 처음 생길 때는 도심으로 인구가 몰려들어오는 집중이 이루어지지만, 중심가의 거주 조건이 나빠지면 사람들이 교외로 확산되어 나가고 공동화 현상이 일어나기도 한다. 표적판의 구조 안에서도 다양한 이동과 변화들이 일어난다.

때론 당신 자신이 그 표적판 위에서 움직여야 한다. 사냥꾼이 아니라 사냥감이 되는 거다. 강력한 적이나 위험이 있다면 그의 사정권 바깥으로 벗어나기 위해 애써야 한다. '표적 수사' '본보기 세무 조사'의 표적판이 되어서는 곤란하다. 반대로 내가 누군가의 사랑을 받으려면 표적판의 가운데로 접근하기 위해 노력해야 한다. 깔끔한 차림새, 친절한 말투, 성실한 태도 등을 통해서다.

③ 나의 인간 관계 소시오그램

1930~40년대 북미에서 학생들 사이의 친구 관계를 교육 심리학적으로
연구하는 여러 프로젝트가 있었다. 캐나다의 메리 노스웨이 등은 방사형과
표적판 구조로 이를 시각화한 표적판 소시오그램(Target Sociogram)을
만들었다. 이 아이디어를 활용하여 나의 인간 관계도를 그릴 수 있다.
방사형의 생각법에서 그린 인간 관계도(78쪽)를 참고로 하여, 나를 중심으로
연결되는 사람들을 표적판 위에 그려 보자. 네 단계를 나누는 기준은 아래와
같다. 하지만 개인의 판단에 따라 다른 기준을 적용해도 괜찮다. (드라마
「빅뱅 이론」에서는 '프라이버시 존(Zones of Privacy)'이라며 사적 공간의 허용
여부를 기준으로 삼는 표적판 소시오그램이 나온다.) 사람들을 위치 지은
뒤에 그들 사이에 강한 관계가 있는 경우에는 선으로 링크해 보자.
(혹시라도 당사자가 보고 자신의 등급에 불만을 품을 수도 있다. 작성자만 알
수 있는 이니셜을 쓰는 걸 추천한다.)

1단계	가족, 절친	중대한 일이나 위기 시에 가장 먼저 연락
		비밀 공유
		상시 연락

2단계	친구, 팀 동료	집 위치 등 개인 정보 공유
		경조사 간접 도움
		소규모 채팅 그룹

3단계	우호적 지인	공적인 거리 유지
		SNS에서 가볍게 메시지 주고받음
		대규모 채팅 그룹

4단계	이방인	SNS 그냥 지인
		동네에서 인사하는 사이
		혹시 사적 연락이 오면 경계할 것 같다

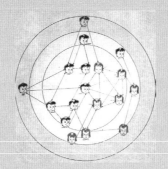

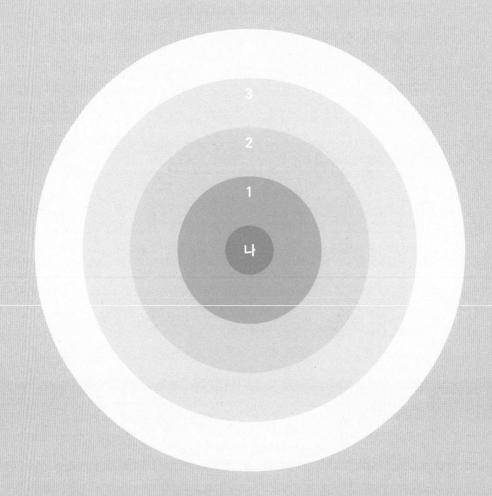

파이 차트 Pie Chart

내 파이는 네 조각으로 나눠 주세요. 여덟 조각은 못 먹겠어요.

야구인 요기 베라

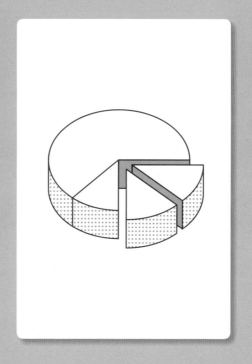

EBS 어린이 프로그램「보니 하니」에는 '돌려돌려 돌림판'이라는
인기 코너가 있다. 진행자들이 "돌~려 돌~려 돌림~판!"이라고
신나게 외치면 판이 빙글빙글 돌아가다가 마침내 멈추어 바늘의
선택을 받는다. 행운의 시청자가 오늘 받을 상품이 거기에 적혀 있
다. 그 안에도 우열이 있다. 학용품 세트, 영어 학습 전집, 어린이
스킨 케어보다는 어린이용 스마트 워치가 훨씬 인기가 많다. 평소
에는 각 상품들이 비슷한 크기의 칸을 차지하지만, 설날이나 아이

돌 가수가 출연한 때에는 스마트 워치의 칸을 전체의 절반으로 키우기도 한다.

　'돌려돌려 돌림판'은 인류가 개발해온 소중한 문화 유산이다. 카지노의 룰렛, 술집 벽의 다트판, "준비하시고, 쏘세요!" 1970년대의 복권 추첨판이 이들 족속이다. 기원을 찾아가면 타로 카드에도 그려져 있는 행운의 바퀴(Wheel of Fortune)로 거슬러간다. 유럽 신화에서 행운의 여신이 사람들에게 운과 불운을 랜덤하게 전해주기 위해 돌리는 거대한 바퀴다.

　돌림판의 원은 '전체'로서의 세계다. 그리고 가운데로부터 뻗어나온 직선에 의해 작은 '가능성의 부분'들로 나뉜다. 우리는 이렇게 쇠뿔 모양으로 잘린 동그라미를 다음과 같은 곳에서도 만난다. 디저트 가게, 수학 교실, 인포그래픽 포스터…… 그 모두는 파이(Pie)라는 이름으로 연결된다. 애플파이의 그 파이다.

　스코틀랜드의 윌리엄 플레이페어는 유명 건축가, 수학자로 명성을 날린 훌륭한 형들을 두었다. 하지만 본인은 주식 브로커, 변변찮은 상인, 보잘것없는 엔지니어 등의 직업을 전전했다. 비열한 협잡꾼이라는 불명예의 기록도 있다. 그러다 출판 사업에 손을 대어 『상업과 정치의 세계 The Commercial and Political Atlas』라는 특이한 책을 냈다. 그는 여러 통계 수치를 선과 막대의 그래프로 비교해서 볼 수 있게 했다. 이 그림은 통계 수치를 직관적이고도 재미있게 이해하게 해 좋은 반응을 이끌어냈다. 그는 자신감을 얻어 1801년에는 원형 그래프에 기초한 파이 차트를 발표했다.

　여러 명이 커다란 파이, 케이크, 피자를 나눠 먹어야 한다. 좋은 방법은 없을까? 윌리엄의 어머니는 잘 알고 있었을 것이다. 칼로 중심점을 지나게 지름으로 자르면 1/2이다. 그걸 다시 반으로 나누면 1/4, 그걸 각각 삼등분하면 1/12이 된다. 파이 차트는 이 원리를 인포그래픽에 활용했다. 칸들의 크기를 달리하면 각각의

[파이 차트]로 그려 본 '노래방 금지곡' 장르 & 스타일

비중이 달라지고, 돌림판에 적용하면 확률이 달라진다. 비율적 사고를 시각적으로 표현하는 멋진 도구인 것이다.

파이 차트는 전쟁터에서 죽어 가는 수많은 생명들을 살리기도 했다. 플로렌스 나이팅게일에 의해서다. 그녀는 순수하고 희생적인 간호사의 상징과도 같은 존재다. 크림 전쟁 당시 유럽의 언론들은 그녀를 밤마다 병상을 돌아다니며 아픈 병사들을 위로해 주는 천사의 이미지로 꾸몄다. 시인 롱펠로는 '램프를 든 여인(Lady with the Lamp)'이라며 찬미했다. 그런데 마크 보스트리지가 쓴 전기에 따르면 그녀의 실제 삶은 사뭇 달랐다. 그녀는 전쟁터에 가기 전에 독일에서 짧게 간호사 수업을 들었을 뿐이고, 전쟁터에서도 실제 간호 활동을 하지 않았다. 그렇다고 모든 간호사들이 우러러 보는 성좌에서 그녀를 끌어내려야 하는가? 아니다. 그 반대다. 그녀는 시대를 앞서간 위대한 혜안으로 공공 병원 체계와 간호학을 개척했다.

나이팅게일은 어릴 때부터 아버지의 특별한 교육으로 여러 언어를 습득했고 특히 수학에 큰 관심을 보였다. 그녀는 야전 병원의 경험을 통해 병원 내 사망률을 줄이기 위해서는 위생 관리를 철저히 해야 한다는 사실을 깨달았다. 그래서 의회와 언론에 병원 환

백 장의 문서보다
한 장의 그림이 효과적이야.

나이팅게일은 간호사라기보다는 인포그래픽 디자이너였다.

경 개선을 요청하며 열정적인 청원을 했다. 이때 사망자 통계를 재해석해 그려낸 아름다운 장미 모양의 파이 차트(Nightingale Rose Diagram)가 큰 역할을 했다. 이 변형된 파이 차트는 극지방에서 지구를 경도로 나눈 것처럼 열두 달을 나누고 있다. 그래서 세 가지 색의 분류로 전체 사망자 수와 주요 원인에 의한 사망자 수를 한눈에 볼 수 있게 했다. 인구 통계학적 사고를 훌륭하게 시각화한 선구적인 인포그래픽인 것이다.

파이 차트는 전체 중에서 여러 요소들이 차지하는 비율을 비교할 때 큰 힘을 발휘한다. 국회의원 의석 분포를 파이 차트로 그리면 제1당의 과반수 여부, 여러 당이 연합했을 때의 세력 대결 등을 또렷이 알 수 있다. 스마트폰 브랜드의 시장 점유율, 맥주 축제에 찾아오는 연령별 비율, 애플파이 한 판에 들어간 영양소의 비율 등도 쉽게 표시할 수 있다. 하루라는 시간을 파이 조각으로 나누어 계획표로 삼기도 한다.

장미 파이로 수많은 생명을 구한 나이팅게일

플로렌스 나이팅게일은 크림 전쟁의 부상 병동에서 병사들의 사인을 분석한 뒤 이를 파이 차트로 만들었다.(각 파이의 각도는 같지만 면적은 다른 형태로 장미(Rose) 다이어그램이라고도 한다.) 이 차트는 사망자들의 사인에 따라 질병은 파란색, 외상은 빨간색(이 책에서는 회색), 기타 요인은 검은색으로 구분해 상대적 비율을 알 수 있게 했다. 1854년 4월부터 1855년 3월까지의 파이(오른쪽)보다 1855년 4월부터의 파이(왼쪽)에서 질병으로 인한 사망자가 크게 준 것을 알 수 있다. 이때부터 병원 내 위생 상태를 크게 개선했기 때문이다.

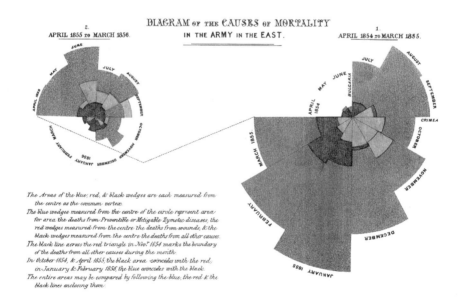

눈금 Gradation

시(詩)란 계량기에 넣은 감정이다. 감정은 당연히 자연스럽게 와야 한다.
그러나 그 계량기는 예술에 의해 얻어낼 수 있다.

소설가 토머스 하디

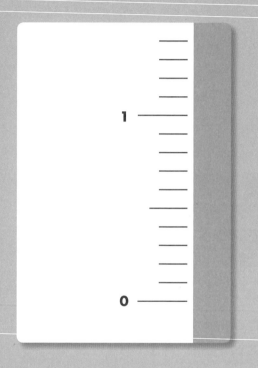

"내일 죽을지도 모르니까, 오늘은 달리자." 술을 마시다 보면 A처럼 억지 부리는 사람이 있다. B가 핀잔을 준다. "헛소리 하지마. 집에 갈래." A가 B를 붙들며 말한다. "야, 잘 들어. 내일 우리가 죽을 수도 있지." "그렇긴 하지만 살 수도 있잖아." "그래, 내일 죽을 수도 있고 살 수도 있어. 그러니까 죽을 확률이 50퍼센트라고. 그런데도 오늘 안 마실 수 있어?"

　　A의 주장은 언뜻 그럴싸해 보인다. 하지만 소위 '잘못된 딜레

마의 오류'를 범하고 있다. 실제는 여러 가능성이 있는데, 단 두 가지 선택밖에 없는 것처럼 상황을 만들어 양자택일을 강요하는 것이다. 광우병의 위험성을 극단적으로 주장하는 것에 찬성하지 않는다고, 미국산 소고기 수입에 찬성하는 것은 아니다. 사드 배치에 찬성하지 않는다고, 북한의 군사적 위험을 방치하자는 건 아니다. 선택 OX의 양자택일은 강력한 생각 도구이지만 세상을 흑백으로만 나누게 하는 위험성이 있다. 우리는 그 사이에 있는 중간지대를 섬세하게 다룰 도구가 필요하다.

다행히도 우리는 눈금의 계량법을 찾아냈다. "내일 비가 올까? 안 올까?" 소풍 가는 유치원생에게 이것은 양자택일의 문제다. 하지만 농부에게는 다르다. 비가 오면 얼마만큼 오는지가 중요하다. 조선 초기에 각 지방에서 강우량을 재어 보고하는 제도가 있었다. 하지만 흙에 고인 빗물 깊이를 재는 식이어서 정확도가 떨어졌다. 세종은 이를 어여삐 여겨 장영실로 하여금 빗물을 정교하게 측량할 수 있는 그릇을 만들게 했다. 이렇게 만들어진 측우기는 보다 정확한 강우량을 알아내 농업 용수의 관리에 큰 도움을 주었다.

눈금은 세상을 보다 정교하게 파악하도록 돕는다. 입사 지원자 중에 누가 더 영어를 잘할까? 토익 점수가 가늠하게 도와준다. 컴퓨터 프로그램의 설치가 어느 정도 진행되었나? 막대 게이지가 알려 준다. 온도계의 눈금, 요리사의 계량컵, 오디오의 볼륨 조절 버튼, 수학의 막대 그래프, 사진 앱의 명암 그라디에이션, 피아노의 건반 …… 눈금의 생각법은 우리 삶 곳곳에서 맹활약하고 있다. 시간 역시 과거-현재-미래와 같은 큰 덩어리의 구분만이 아니라, 년월일시의 세부적인 눈금으로 나누면 더 정확하게 다룰 수 있다.

눈금은 우리에게 적절한 위치를 잡게 도와준다. 피아노나 기타의 줄이 너무 팽팽하거나 느슨하면 원하는 음을 낼 수 없다. 튜너의 눈금을 활용해 적절하게 조여야 한다. 또한 눈금은 극단의 위

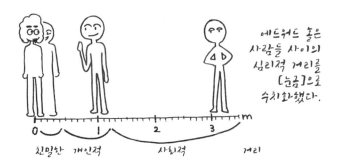

에드워드 홀은
사람들 사이의
심리적 거리를
[눈금]으로
수치화했다.

친밀한 개인적   사회적   거리

험을 피하게 해 준다. 독거인 가정에서 평소보다 전기 사용량이 급증하거나 급감하면 한전에서 연락을 취한다. 누전의 가능성을 경고하거나 거주민의 사고 여부를 파악하기 위해서다. 도시 전체의 전기 사용량 급증으로 블랙 아웃의 위기가 닥치면 80퍼센트 정도에서 경고한다.

인류가 지구상의 다양한 지역에 적응할 수 있었던 것은 육체와 문명 양쪽으로 눈금을 잘 활용해 왔기 때문이다. 인간은 열대에서 한대까지 넓은 지역에 적응해 살면서 피부색의 '톤'을 적절히 바꾸었다. 그리고 불과 옷을 사용해 '체온'을 적정한 수준으로 유지했다.

때론 정확하게 눈금으로 잴 수 없는 문제들도 있다. 그러나 그 상황에서도 가능한 근사치를 찾아내야 한다. 현대의 심리학자들은 마음의 병에 있어서도 양자택일의 극단을 피할 것을 경고한다. 누구든 조금씩 사소한 일에 대한 강박이 있다. 그러나 모두 강박증은 아니다. 누구나 질투와 집착을 가지고 있다. 그러나 모두 스토커가 되는 건 아니다. 누구나 싫어하는 게 있다. 그러나 모두 혐오주의자, 인종차별주의자가 되는 건 아니다.

다시 술 자리로 돌아가 보자. 잠깐 생각하던 B가 말한다. "좋

아. 이렇게 생각해 봐. 오늘 나의 생명이 100이라고 쳐. 내일은 그게 줄어서 99가 될 수도 있지?" A가 답한다. "그건 그렇지." "그러면 98, 97, 96이 될 수도 있지?" "그래. 그렇지만 죽을 수도 있잖아." "그래. 죽을 수도 있어. 하지만 0~99까지 중의 하나야. 그러니 내가 내일 죽을 확률은 100분의 1밖에 안 돼. 그러니까 난 집에 갈 거야." 사실 B의 주장도 궤변이다. 마음만 먹으면 죽을 확률은 1,000분의 1, 10,000분의 1, 이렇게 분모가 무한대가 되어 0에 수렴하게 만들 수도 있다. 사실 죽을 확률에는 너무 많은 변수가 작용해 그걸 측정하는 일은 아주 어렵다. 이런 사안에 '잘못된 딜레마의 오류'가 잘 파고든다. 그렇지만 그것을 가능한 근사치로 측정해야 하는 사람이 있다. 지금 뒤늦게 술자리에 온 C다. 그의 직업은 생명보험 설계사다. 그는 A가 지난번 상담받은 내용, 건강 진단서, 통계를 활용해 그의 생명 게이지를 어느 정도 파악했다. 하지만 그건 숨기기로 한다. "A야. 너는 내일 죽을 확률이 50퍼센트나 된다고 보잖아. 그러니 네 가족을 위해 지금 바로 보험에 가입하는 건 어때?"

xy 그래프 Graph

이야기 역시 그래프 용지 위에 그릴 수 있지.
쓰레기 같은 이야기는 쓰레기 같은 그래프가 된다네.

소설가 커트 보네거트

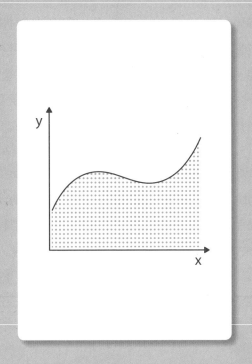

TV 애니메이션「루니툰즈」에서 코요테는 숙명처럼 로드러너의 뒤
를 쫓는다. 로드러너는 날지 못하는 새이지만 발걸음이 너무나 빨
라 그냥 뒤를 쫓아서는 덮칠 수 없다. 코요테는 포기하지 않는다.
자기 명함에 천재(genius)라고 쓸 정도로 두뇌에 자신이 있기에 갖
은 간교를 짜낸다. 한 에피소드에서 코요테는 절벽에서 자신의 몸
을 수평으로 쏜다. 몸은 중력에 의해 포물선을 그리며 아래로 떨어
진다. 그리고 적당한 시점에 가지고 있는 포탄을 떨어뜨려 달려오

는 로드러너를 맞히고자 한다. 과연 작전은 성공할까? xy 그래프를 정확히 활용했다면 가능할 것이다.

우리는 리스트를 2차원의 표로 확장시켰듯이 눈금 역시 x와 y축을 가진 2차원의 그래프로 확장시킬 수 있다. 이 생각법을 고안해낸 것은 "나는 생각한다, 고로 존재한다."고 말한 17세기 프랑스의 철학자 르네 데카르트였다. 그는 인간이 육체와 정신으로 구성되어 있다는 이원론으로 근대 사상에 큰 영향력을 미쳤다. 더불어 수학자로서도 뛰어난 업적들을 남겼다. 류트의 음정을 정확히 맞추는 데 수학을 활용하는 방법을 찾아냈고, 회전하는 팽이가 똑바로 서 있을 수 있는 이유를 알아냈고, 무거운 물체가 물속에 들어갔을 때 수면의 높이 변화를 파악하는 공식을 제안했다. 특히 xy 그래프를 만들어 해석기하학을 개척했다.

xy 그래프는 모든 공간의 위치를 좌표 위에 표시할 수 있게 해 준다. 지구 표면은 경도와 위도라는 두 개의 축으로 깔끔하게 정리된다. 여기에 높이까지 더해 3차원의 그래프로 산과 바다의 형상도 파악할 수 있다. 이는 세계 속에 신과 마술이 개입할 여지를 없앴다. 중세의 신비주의를 벗어나 근대의 수학과 물리학이 마음껏 몸을 펼 수 있는 무대를 펼쳐 주었다고 할 수 있다.

xy 그래프는 직관적인 명료함 때문에 수학자, 경제학자, 과학자, 주식 투자자, 부동산 전문가 등 많은 이들에게 사랑받고 있다. 특히 가로축을 시간으로 삼아, 시간의 변화에 따라 세로축이 달라지는 모습을 보여 주는 방식의 활용도가 높다.

커트 보네거트는 위트와 깊이, 양쪽의 축에서 최고급의 실력을 보인 소설가다. 그는 이 xy 그래프를 활용해 스토리텔링의 비법을 효과적으로 설명하기도 했다. 그는 원래 시카고 대학교에서 이 방식을 사용해 강의하려다 거절당했다고 한다. 너무 단순하고, 너무 재미있어 보인다는 거였다. 그래도 포기하기는 아까웠는지

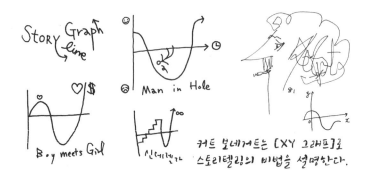

홋날 공개 강의를 통해 이를 시연해 보였다. "근본적인 아이디어는 이야기도 그래프 용지 위에 어떤 형상(shapes of stories)으로 그릴 수 있다는 것이다. 어떤 사회의 전형적인 이야기 형상은 그릇이나 창끝 모양 만큼이나 흥미롭다."

이야기의 그래프에서 가로축은 시간이다. 시작에서 끝으로 이어진다. 세로축은 주인공의 행복지수다. 위로는 행복, 아래로는 불행이다. 시간에 따라 행복의 지수가 변동하는 것이다. 「위험에 빠진 남자Man in Hole」는 남들보다 조금 나은 위치에 있던 주인공이 밑바닥으로 떨어졌다가 극복하고 마지막엔 큰 성취를 얻는다. 「소년 소녀를 만나다Boy Meets Girl」는 평범한 주인공들이 사랑으로 행복해하다가 큰 좌절을 겪으며 아래로 떨어지고, 다시 그걸 이겨내 무한대의 행복으로 올라간다. 그 밖에도 「신데렐라」 등의 전형적인 이야기에서 시간에 따라 주인공의 행복과 불행이 변화하는 선은 우아한 형상을 만들어 낸다. "사람들은 이런 이야기를 아주 좋아해. 실패하는 법이 없지." 보네거트는 만족하며 말한다. "쓰레기 같은 이야기는 쓰레기 같은 그래프가 되지."

내 인생의 xy 그래프는 어떤 모양일까? 지금의 좌표는 어디이고, 다음의 목표는 어디로 삼아야 할까? 내가 직업(컴퓨터 프로그

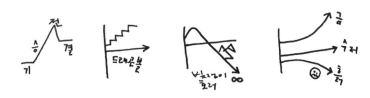

혹은 이런 그래프를 그려볼 수도 있겠다

래머)과 취미(걸그룹 덕후)라는 두 개의 가치를 병행해서 추구해야
한다면, 그래프 위에서 어떻게 조화를 이루게 할까? 우리는 모눈
종이 위에 제법 흥미로운 생각의 형상을 그려 볼 수 있을 것이다.

수 Number

수학을 모르는 이는 자연의 아름다움,
궁극의 아름다움에 도달하는 게 뭔지 느끼기 어렵다.

물리학자 리처드 파인만

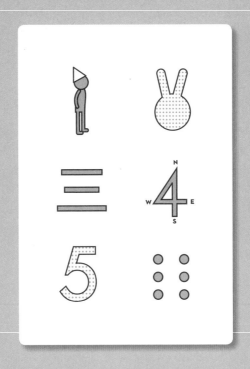

까마귀는 둥지 안에 알이 세 개가 되면 안심한다. 더 많아지면 깜짝 놀란다. 개나 고양이는 자기 새끼가 한 마리 없어지면 열심히 찾아다닌다. 생물학자들은 동물들도 수에 대한 이해가 어느 정도는 있다고 말한다. 그러나 인간이 수를 활용하는 수준에는 비할 바가 아니다. 수는 인간의 생각 능력을 완전히 다른 차원으로 도약시켰다.

수는 인간의 생각법 곳곳에서 놀라운 활약을 벌이고 있다. 처음에는 어제 잡은 물고기나 오늘 빚은 접시의 개수를 세고 기록하는 데 쓰기 시작했을 것이다. 사칙연산을 개발한 뒤에는 논밭의 넓이를 재거나 도둑질한 보물을 나누는 일에도 활용했다. 통계, 확률, 미적분, 수리물리학 등 수와 결합된 학문은 인간의 생각을 끝없이 도약시켰다. 피타고라스 학파는 "만물은 수다"라고 주장하며 수를 통해 세계 전체를 해석하려고까지 했다. 음악, 천문학, 윤리, 철학에 이르기까지 수는 곳곳에서 중대한 역할을 하고 있다.

방대하기 이를 데 없는 수의 생각법 모두를 이 작은 지면에 펼치려는 욕심은 없다. 여기에서는 수학 바깥에서 수를 활용하는 방법, 특히 목표 지향적인 생각법으로 수를 쓸 때의 사용법들을 소개할까 한다. 수학 포기자도 잘만 이해하고 쓰는 것들이다.

1) 분별의 수

수는 흐리멍텅한 세상을 또렷이 분별하게 만든다. 수는 순위와 서열을 보다 정교하게 규정할 수 있다. 늑대는 서열을 알파, 베타, …… 오메가로 느슨하게 늘어놓는다. 하지만 인간은 수학능력 평가의 석차를 전국 1위에서 640,619등까지 도열시킬 수 있다. 눈금의 생각법에 수를 더할 수도 있다. 보행자 신호등이 깜빡거리는 것보다는 남은 시간을 숫자로 표시하는 게 정확한 판단을 내리게해 준다. 온도계 역시 '따뜻한 봄 날씨', '쩌죽을 것 같은 날씨'가 아니라 정확한 섭씨와 화씨로 표시할 수 있다. 요리에서는 '한소끔' '뭉근하게'가 아니라 숫자의 도움을 받아 양과 시간을 지정할 수 있다. 물론 주관적인 표현을 쓰는 게 나을 때도 있다. 하지만 수로 전달하면 판단의 착오를 훨씬 줄일 수 있다.

[수]는 분별, 압축, 각인, 기억의 생각법으로 활용된다.

2) 각인의 수

수가 붙으면 무엇이든 강렬하게 인식하게 된다. '빌보드 톱 10' 등의 차트가 힘을 발휘하는 주요한 이유는 서열의 생각법이 본능적이라는 점도 작용하지만, 그것이 명료한 수로 표시되기 때문이다. 몇 대 과제, 몇 개년 계획, 카드 뉴스에서 즐겨 사용하는 "OO하기 좋은 10가지 방법" 따위도 같은 원리다. 마케팅 방안을 발표할 때 "이 방식을 테스트해 본 결과 판매량이 급증했습니다."보다는 "최대 240퍼센트, 금액으로는 2700만 원 증가했습니다."라고 수치를 동원하면 더 효과적으로 설득할 수 있다.

3) 압축의 수

수는 '압축 → 해제'와 '상징 → 해설'에 아주 용이하다. 우리는 동서고금의 문화에서 수를 활용한 생각의 체계들을 끝도 없이 이야기할 수 있다. 1부터 10까지 하나씩 예를 들어보자. 하나님, 음양, 삼위일체, 동서남북, 오륜, 주사위, 럭키 세븐, 팔불출, 클라우드 나인, 십상시…… 수를 통해 의미를 압축(zip)한 뒤에, 뜻을 풀이하며 해체(unzip)하는 것이다.

4) 기억의 수

수는 세상을 훨씬 잘 기억하게 만든다. 특히 몸의 생각법과 결합하면 더욱 강력한 힘을 발휘한다. 예전 할머니들은 무언가를 셀 때 항상 손가락을 사용하곤 했다. 한 놈, 두시기, 석삼, 너구리······ 사실 우리가 십진법을 활용하게 된 이유도 손가락이 열 개이기 때문이다. 아이들이 학교에 갈 때 챙겨야 할 물건들을 자꾸 잊어 버린다면 이렇게 해 보자. 그 물건들을 리스트로 만든 뒤에 숫자만 기억하게 한다. 그리고 손가락을 활용해 하나씩 수를 상기하며 물건들을 확인하게 한다. 몇 차례 반복하면 자연스럽게 확인의 루틴을 만들 수 있다.

수의 세계 안에서는 거짓말을 못한다. 그래서 모든 생각이 의심스러울 때 짚고 일어설 수 있는 단단한 지지대가 된다.

시간 Time

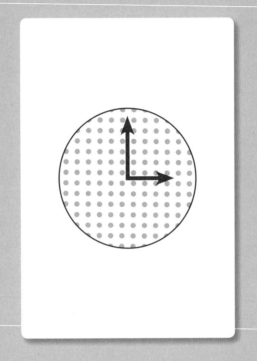

"똑딱 똑딱" 시계 소리가 들리면 『피터팬』의 후크 선장은 두려움에 떨며 어쩔 줄을 모른다. 자신의 한쪽 팔을 시계와 함께 삼킨 악어(Tic Tock Croc)가 다가온다는 신호이기 때문이다. 『이상한 나라의 앨리스』에서는 뒷마당에서 지루한 오후를 보내고 있는 소녀 앞에 토끼가 나타난다. "늦었어. 늦었어." 토끼는 회중시계를 들여다보더니 급히 달려간다. 보이지 않는 시간은 언제나 이렇게 우리를 쫓고 있다.

우리의 생각이 처리해야 할 일들은 거의 언제나 시간과 결부되어 있다. "광고 시안 수정하고 고객 데이터 뽑아오란 거 어떻게 되었나?" "지금 밀린 일이 있어서 그런데요. 내일 오후에 드리면 안 될까요?" "무슨 소리야! 30분 내로 준비해." 천천히 여유를 가지고 검토하면 쉽게 처리할 문제들도 촉박한 시간에 쫓겨 그르치는 일이 적지 않다. 날고 기는 프로 바둑 기사들도 30초에 한 수 씩 두는 초읽기 상황에 이르면 터무니없는 실수를 저지른다. 컴퓨터의 성능은 기본적으로 연산의 속도에 좌우된다.

꼭 '빨리'만이 중요한 것은 아니다. "주유소가 아무래도 안 보이네. 남은 연료로 얼마나 더 버틸 수 있을까?"(지속 시간) "제발 서두르지마. 내가 신호를 줄테니까, 정확히 그때 총을 쏘도록 해." (타이밍) "찬 물도 위아래가 있지."(선후) 등 시간과 연관된 생각법은 아주 다양하다. 이제 시간과 관련된 시각적 기호들을 통해 그 안에 담긴 생각법들을 알아보도록 하자.

1) 선후 1→2→3→4
시간은 마음의 발명품이다. 사이비 종교는 물론 물리학자도 그렇게 말한다. 우리가 속한 세계 속에 거스를 수 없는 시간이 흐르고 있는 건 사실이다. 해는 떴다 지고, 밤은 새벽으로 바뀐다. 그러나 농부와 회사원과 백수건달이 느끼는 하루는 서로 다르다. 같은 사람이라도 잔소리를 들을 때, 꿈을 꿀 때, 친구와 놀 때 느끼는 시간의 길이는 서로 다르다. 그것을 시분초로 나누고, 모두의 시계를 똑같이 맞추게 한 것은 문화가 만들어 낸 임의의 선택이다.

허나 이런 발명 이전에도 원초적인 시간의 생각법이 있었다. 화살표로 표시할 수 있는 선후다. 비둘기에게 모이를 던져주면 서로 '먼저' 먹으려고 우다다다 날아온다. 우리가 밥을 먹기 위해서는, 쌀을 씻고 냄비에 앉히고 불을 켜고 뜸을 들이는 '순서'를 지켜

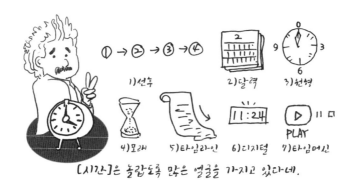

[시간]은 놀라도록 많은 얼굴을 가지고 있다네.

야 한다. 역사는 이런 형태의 시간을 주로 다룬다. "다음 사건들을 시간순으로 배열하세요."

2) 달력

손가락으로 셀 수 있는 한 줌의 사건들은 선후로만 처리해도 큰 상관이 없다. 하지만 우리는 그보다 훨씬 긴 단위의 손에 잡히지 않는 시간을 다루어야 한다. 시간의 눈금과 규칙이 필요한 것이다.

여러 문명은 천체의 움직임을 관찰해 연월일을 구분해냈고, 기독교 문명을 중심으로 7일을 한 단위로 만드는 약속을 보편화시켰다. 우리나라와 같은 온대 지방의 농경 사회는 1년을 크게 네 계절로 나눈다. 그리고 농사를 체계적으로 짓고 추운 날을 대비하기 위해 절기를 정해 둔다. 이런 달력의 시간은 계획적으로 일과 휴식을 분배할 수 있게 해 준다. 공동체가 시간을 공유해 서로 약속하고 협업하는 바탕이 되기도 한다.

여러 프로젝트를 운용하기 위해 자체적인 스케줄 달력을 만드는 경우도 많다. 중요한 이벤트, 업무 계획 등을 표로 만들어 관리한다.

3) 원형 시계

하루는 크게 밤과 낮으로 나눌 수 있다. 그러나 이 정도 구분으로는 그 안의 시간을 효율적으로 사용할 수 없다. 임의적이지만 하루를 잘게 나눌 필요가 있다. 5천 년 전부터 사용된 해시계, 그로부터 유래한 원형의 시계는 우리가 하루의 어디쯤에 와 있는지를 직관적으로 알게 해준다. 하루 전체를 원으로 표시하고, 그 안의 시간을 적당히 나누어 일과표로 삼을 수도 있다. (파이 차트)

음악의 리듬도 악보가 아니라 원형의 시계로 표현할 수 있다. 플라멩코 음악에서는 솔레아(Soleá), 알레그리아(Alegría) 등 리듬 구성에 따라 한 서클 안에서 강세가 오는 위치가 다르다. 이때 강세 위치를 표시하는 원형 시계를 콤파스(Compás)라고 부른다. 시간의 중요한 속성은 타이밍이다. 우리는 언제 박수를 치고, 언제 고백을 해야 하는지를 알려 주는 시계를 가지고 있어야 한다.

4) 모래시계

모래시계 속의 시간은 한정되어 있고 점차 소멸되어 간다. 요리에 사용하는 타이머, 신호등에서 줄어드는 초록색 칸, D-데이를 알리는 숫자 등이 이런 종류의 시간을 표현한다. 모래시계 속 모래알 하나하나는 사라져 가는 생명처럼 여겨지기도 한다. 영어로 마감을 데드라인(deadline)이라 일컫는 이유도 이와 같다. 제한된 시간, 그 안에 주어진 일들을 해야 한다.

5) 타임라인

우리는 시간을 강물에 비유하기도 한다. 한쪽으로 흘러가기만 할 뿐 되돌아오지는 못하기 때문이다. 이런 불가역성에 기초해서 시간을 표현하는 방법이 있다. 이집트의 벽화, 두루마리 연대기, 역사책의 타임라인 같은 것들이다. 시간의 줄기를 본류만이 아니라 여러 지류로 갈라지는 강처럼 그릴 수도 있다. 왕조의 변천, 문예 사조의 분화, 산업 시스템의 변화처럼 시간과 연관시켜 다루어야 할 여러 지식들을 표현하기에 좋다.

6) 디지털(숫자) 시계

눈대중의 어림짐작이 아니라, 수로 정확히 계량되는 시간이다. 아날로그 시계가 하루라는 원 안에서 현재 시각의 위치를 표현한다면, 디지털 시계는 시분초의 정확성에 보다 초점을 맞춘다. 요리, 화학 실험 등에서 정밀한 시간의 기준을 세우게 도와주고, 육상, 수영 등의 게임에서 정확한 시간 기록을 알려 준다. 원형 시계가 비율적 사고를 제공해 시간의 관리에 용이하다면, 디지털 시계는 계량적 사고를 제공해 시간의 정밀도를 높여 준다.

7) 타임머신 = 플레이/멈춤/리와인드/슬로/패스트

때론 새로운 발명품이 새로운 생각법을 선사한다. 카메라 렌즈가 시점을 다채롭게 확장했다면 레코드 플레이어는 타임머신처럼 시간을 자유롭게 조종하게 해 주었다. 우리는 시간을 그냥 플레이하며 흘러가게 할 수도 있고 잠시 멈춤 시킬 수도 있다. 때론 뒤로 리와인드 시켜 다시 보기도 하고, 슬로나 패스트로 속도를 조절할 수도 있다.

우리는 여기에서 시간의 상대성을 배운다. 영화 「매트릭스」에서 주인공은 총알이 자신에게 날아오는 모습을 보고 아주 편하게 피할 수 있다. 자신의 감각과 행동을 훨씬 빠른 속도로 처리하면, 총알의 상대적인 속도를 아주 느리게 만들 수 있기 때문이다. 점점 성능이 향상되어 가는 도로 교통망, 통신수단, IT 기기 등의 도움으로 우리는 시간을 줄이는 많은 방법을 찾아내고 있다. 때론 빠르게, 때론 느리게 시간의 강약을 조절하는 법도 익혀야 한다.

**지금은
인류 절멸
몇 분 전?**

운명의 날 시계(Doomsday Clock)는 핵무기, 기후변화 등의 원인으로 지구가 멸망하는 시점을 알리는 장치다. 미국 핵무기 개발계획에 참여했던 시카고 대학 과학자들이 1947년부터 회보(BAS: The Bulletin of the Atomic Scientists)의 표지에 이 시계를 싣기 시작했고 운명의 분침은 계속 바뀌고 있다. 1947년 오후 11시 53분로 시작해 1953년 미국 수소폭탄 실험 후엔 11시 58분이 되어 자정에 가장 가까워졌다. 그리고 2017년엔 23시 57분 30초로 1953년 이후 가장 위험한 상태가 되었다.

프로젝트 Project

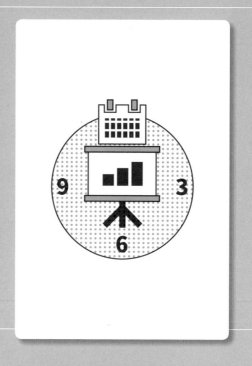

다큐멘터리「꿈과 광기의 왕국」에서 미야자키 하야오 감독이 지친
표정으로 담배를 피운다. 그 앞에 고양이가 뒹굴거리며 하릴없이
시간을 보내고 있다. 감독이 말한다. "너는 스케줄이란 게 없어 좋
겠구나." 고양이도 나름 먹이나 쓰다듬을 얻기 위해 작전을 짜고
계획을 실행하기도 한다. 그러나 사람처럼 미래의 큰 결실을 위해
순간을 희생하고 작은 일들을 촘촘히 배치해 큰 계획을 만들지 않
는다. 감독은 그런 고양이를 부러워하다가 다시 일터로 돌아간다.

사회생물학자 에드워드 윌슨은『인간 존재의 의미』에서 인간 특유의 능력에 대해 이렇게 말한다. "가장 중요한 것은 가능성 있는 미래들을 상상하고, 계획을 세워 그 미래들 가운데서 선택하는 능력이다." 우리는 크게 의식하지 않으면서도 짧은 계획을 수립하고 실행하곤 한다. "나가서 야식이라도 먹고 오죠?" 사무실 동료가 말하면, 몇 군데 식당을 떠올리곤 적당히 선택한다. 상당 부분 루틴에 기대기 때문에 깊이 생각할 필요는 없다. 하지만 이런 경우는 어떨까? 비밀 사내 연애에 들어간 커플이 야근을 핑계로 심야 데이트를 해야 한다면? 보다 섬세한 계획과 설계가 필요할 것이다. "나는 약국에 들른다고 빠져 나올게. 일곱시 반에 A에서 만나." "긴급. 옆 팀 직원 생일파티를 거기서 한대. B플랜으로 변경."

우리는 큰 단위의 일들—학업, 업무, 관혼상제 등도 계획하고 실행해야 한다. 이런 일들을 독립적인 단위로 계획을 세워 진행하는 것을 프로젝트라 부른다. 중국어 회화 3개월 코스도 프로젝트이고, 영화 한 편의 제작 과정도 프로젝트이고, 상견례로 시작하는 결혼식의 일정도 프로젝트다.

프로젝트는 분명한 목표를 가진 제한된 시간 속의 계획이다. 막연히 "생각카드를 활용하는 책을 만들거야."가 아니라, '생각카드 책 집필을 위한 3단계 계획' 같은 걸 만들어야 한다. 프로젝트의 계획을 구체적으로 수립하면 집중력을 높이고 능력도 배가시킬 수 있다.

허나 우리는 이들을 능동적으로 이끌어 가지 못하고, 일정에 쫓겨 마지못해 이어 간 경험을 적지 않게 가지고 있다. 학생들이 공부에 지치는 큰 이유는 뭘까? 중간고사가 끝나면 기말고사가 있고, 대학입시가 끝나면 학점 경쟁이 있고, 그다음엔 취업 전쟁이 있다. 프로젝트의 단위가 너무 길고 자신이 그것을 통제하지 못하기 때문에 의미와 동기를 얻지 못한다.

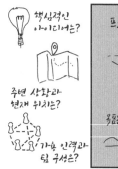

최근 프로젝트에 기반한 학습법(Project-Based Learning: PBL)
이 큰 관심을 모으고 있다. 문제 풀이 중심이 아니라, 어떤 단위의
프로젝트를 수행하는 전 과정에서 총체적인 배움을 얻게 하는 것이
이다. 생물 시간에 양서류의 종류를 외우고 문제를 맞히는 방식이
아니다. 축제에서 양서류를 더 잘 알리기 위한 행사를 준비하고 그
프로젝트를 수행하도록 한다. 이를 통해 학생들은 지식만이 아니
라 일을 수행하는 방식을 배운다. 문제의 답을 맞히는 것도 두뇌에
보상을 주지만(혹은 성적을 높여 부모에게 물질적 보상을 받을 수
도 있지만), 자신이 계획한 일을 수행해 결과물을 만들어내는 보
상에 비할 바는 아니다.

단기 프로젝트는 목표가 작고 다루는 시간이 짧다. 그래서 좀
더 쉽기도 하지만, 우리 뇌가 일을 완수하면 부여하는 화학적 보
상(쾌감)을 빨리 얻을 수 있는 점도 좋다. 그러나 분명히 우리는 몇
개월, 몇 년 이상 걸리는 프로젝트도 수행해야 한다. 이 문제를 어
떻게 해결할까? 분해와 조립을 이용해 장기 프로젝트를 작은 단위
로 나누어 보자. 월간, 주간, 일간 단위로 계획과 목표를 나눠서 진
행하는 것이다. 이때 각각을 물고기 구조로 만들고, 전체를 큰 물

고기로 만들 수도 있다.

연재 만화나 TV 연속극을 생각해 보자. 보통 주간 단위로 에피소드들이 끊어진다. 창작자는 제작에 부담이 적고, 시청자도 집중력을 유지하기에 좋다. 그런데 각각의 에피소드를 적절한 프로젝트로 만들기 위해서는 그 안에 작은 완결을 통한 보상을 담아야 한다. 그리고 에피소드 사이에 상상력을 자극하는 링크—다음 주에 계속(to be continued)—를 걸어두면 매우 다이나믹하게 프로젝트를 이어 갈 수 있다. 그러면 프로젝트는 유기적인 연속체가 된다.

여러 프로젝트를 동시에 진행하는 문제는 어떻게 보아야 할까? 뇌의 부담을 줄이기 위해서는 한 번에 하나의 프로젝트를 하는 것이 좋을 것이다. 그러나 어떤 이들은 서로 다른 성격의 두 프로젝트를 병행하는 방식을 선호한다. 에디슨은 '작은 발명은 열흘에 한 개, 큰 발명은 반 년에 한 개'라는 방식을 운영했다. 만화가 데즈카 오사무는 의도적으로 서로 상반되는 성격의 작품들을 동시에 연재했다. "왁자지껄한 만화를 그리면서 동시에 어두운 만화를 그려 보고, 소년 만화를 그리면서 한편으로는 성인 만화에 손을 대고, SF 만화를 그리는 도중에 역사 만화를 그립니다." 그의 영향 때문인지 일본에는 이와 비슷한 방식으로 작업하는 만화가들이 많다. 우라사와 나오키 역시 『야와라』+『마스터 키튼』, 『해피!』+『몬스터』, 『20세기 소년』+『플루토』식으로 두 시리즈 동시 연재 방식을 운영한다. 하나는 주간, 다른 하나는 격주간 또는 월간으로 서로 다른 템포를 가진다. 한 쪽이 소프트하다면 다른 쪽은 하드하다. 이렇게 하면 하나의 프로젝트에 고정되었을 때 생각이 경직되는 것을 해소시키는 효과도 있다. 소설가 무라카미 하루키는 다르다. 장편 소설을 쓸 때는 에세이 등 짧은 글에 관련된 작업은 전혀 하지 않는다고 한다.

공동체에 있어 가장 극적이고 거대한 규모의 프로젝트는 전쟁과 혁명이다. 집단의 생과 사를 다투는 사건이기에 모든 자원을 총

209

동원하고, 생각의 활용 역시 극대화시킨다. 최고의 물리학자와 엔지니어들이 폭격기와 폭탄을 만들고, 최고의 수학자가 암호 해독을 담당하고, 최고의 작가들이 연설문을 쓴다. 앨런 튜링의 컴퓨터 과학, 맨해튼 프로젝트의 핵물리학, 아폴로의 달 탐험이 세계대전의 와중에, 혹은 그 연장선상에서 이루어졌다. 우리의 생각은 제한된 시간에 필사적인 목표를 가질 때 더욱 빛이 난다. 그것을 우리는 마감이라고 부른다. 마감은 미야자키 하야오도 우리도 전쟁에 뛰어들게 한다.

욕구와 가치 Value

인생, 돈, 사랑, 지식.
모든 것에 대한 탐욕이 인류를 보다 높은 곳으로 끌어올려 주었어.

영화 「월 스트리트」

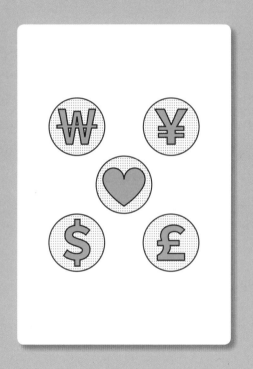

중국인 관광객들이 제주도에서 식당 주인을 폭행한 사건이 있었
다. 밖에서 사온 술을 식당 안에서 마시려다 이를 제지하는 식당
측과 다투게 된 것이다. 중국 생활을 오래 한 이가 이렇게 해설한
다. "중국에는 식당에서 가짜 술을 파는 경우가 많다. 그래서 직접
사서 가기도 한다. 대신 음식은 남길 정도로 많이 시키니, 식당에
서도 대체로 양해한다." 다른 이가 이런 의견을 더한다. "중국인은
체면을 아주 중요시한다. 공공장소에서 누군가와 시비가 붙었을

211

때, 상대가 논리적으로 따져 잘못을 납득시키려 하면 체면이 상했다고 여긴다. 그리고 그에 복수하는 것이 당연하다고 여긴다." 영화「곡성」의 대사가 떠오른다. "뭣이 중헌디?" 식대와 술값(경제), 체면과 복수(감정), 체포와 추방(법)…… 여러 욕구와 가치들이 이 사건 속에서 충돌하고 있다.

우리는 목표에 도달하기 위한 다양한 생각법을 이야기했다. 그런데 그 표적판은 과연 무엇을 가리키고 있는가? 생명체의 기본적인 욕망인 생존, 번식, 건강, 짝짓기일 수도 있다. 높은 서열, 명성, 남들의 칭찬을 바랄 수도 있다. 종교나 도덕적인 완성, 사회의 정의 같은 숭고한 가치를 우선시할 수도 있다. 가족의 행복이라는 작지만 어려운 목표를 위해 애쓰고 있는 것일지도 모른다. 혹은 모든 관심사를 일단 돈에 집중하는 방법도 있다. 실로 다양한 욕구와 가치들이 우리 삶의 크고 작은 목표가 된다. 이들은 다양하게 힘을 발휘하며 생각의 방향을 이끈다.

매슬로의 '욕구의 피라미드'는 우리가 추구하는 욕구와 가치가 계층을 이루고 있다고 이야기한다. 당장 배가 고파 쓰러질 것 같은 상황이라면 사회적 체면은 뒤로 미룰 수밖에 없다. 우리는 기본적인 욕구들로 아래를 채운 뒤에야 고상하고 인간적인 가치의 탑을 쌓게 된다. 배부름, 안전함이 우선이고 옳음, 착함, 아름다움, 자존감 같은 것은 그다음이다.

스탠퍼드대 역사학과 교수인 이언 모리스는 『가치관의 탄생』에서 10만 년 전쯤 인간적 가치의 기본 형태들이 등장했다고 말한다. 이때는 인간이 진화의 새로운 단계에 들어가 크고 빠른 뇌를 확보하는 시점이다. 발달된 생각 장치는 무기나 그릇 같은 물질적 도구를 개발하는 데 그치지 않고, 동물적인 욕구와는 다른 차원의 정신적 가치를 추구하기 시작했다. 그 가치란 "공평, 공정, 사랑과 증오, 위해 방지, 신성한 것에 대한 합의" 같은 것들이다. 그중 핵

A.H. Maslow

매슬로의 〈욕구의 피라미드〉

심적인 관심사는 모든 문화에서 반복되고 있다. 그러나 시대에 따라 가치 체계가 변화를 겪기도 한다. 수렵 채집의 시대에는 욕망을 추구하는 폭력에 너그러웠다. 그러나 농경 시대에 들어서자 위계를 중요시하고 폭력을 제어하기 시작했다. 이후에도 다양한 기술 혁신과 지리적 여건의 변화가 우리의 정신적 목표를 변화시켰다.

종교나 도덕이 특별한 장악력을 지닌 사회도 있다. 중국의 공자는 유교라는 도덕 중심의 가치관을 정립했다. 그는 지도자가 도덕적인 카리스마를 만들어야 사회가 제대로 돌아간다고 여겼다. 가족 사이의 존경과 사랑도 매우 중요했다. 예를 들면 아버지가 양을 훔친 것을 아들이 고발하면 안 된다. 이는 현대의 법적 가치와는 마찰을 빚을 수 있다. 어떤 사회에서는 가치를 지키기 위해 목숨까지 버리기를 강요하기도 한다. 강간을 당한 여성에게 자결하라고 강요하고, 스스로 하지 않으면 명예 살인을 감행한다. 오늘날에도 종교와 신의 이름으로 벌어지는 폭력, 테러, 전쟁은 세계의 문젯거리가 되고 있다.

자본주의와 물질 문명이 세계를 뒤덮으며 화폐를 모든 가치의 척도로 삼는 경향도 커지고 있다. 영화 「월 스트리트」에서 마이클 더글러스는 내부자 거래, 회계부정, 탈세 등 모든 수단을 동원해 돈

213

을 벌어들이는 금융가로 나온다. 그리고 자신의 행동에 대해 다음과 같이 설명한다. "신사 숙녀 여러분, 요점은 탐욕이 선하다는 거요. 탐욕은 올바르지. 탐욕은 제대로 먹혀. 탐욕은 진화적 정신의 본질을 명확히 하고, 관통하고, 포착하지. 인생, 돈, 사랑, 지식. 모든 것에 대한 탐욕이 인류를 보다 높은 곳으로 끌어올려 줬어."

우리는 때론 공자가 되고, 때론 금융가가 된다. 욕구와 가치는 우리를 딜레마로 이끄는 걸 즐기기 때문이다. "사랑을 따르자니 돈이 울고, 돈을 따르자니 사랑이 우네." 하나의 가치를 추구하면 다른 쪽을 포기해야 한다. 또한 상황에 따라 같은 물건의 가치가 달라지기도 한다. 만약 똑같은 질량의 금괴와 생수 한 병 중에 하나를 가지라면 무엇을 선택할 것인가? 대부분이 황금을 택할 것이다. 그러나 사막에서 사흘 동안 헤맨 자에게 똑같은 제안을 한다면 그 선택은 달라질 것이다.

그럼에도 인간을 움직이게 만드는 근본적인 표적판이 있을까? 여러 욕구와 가치가 부딪힐 때 가장 우선시해야 하는 것 말이다. 학자들은 겹과 층의 생각법을 통해 우리의 행동을 실질적으로 이끄는 심층의 욕구와 가치를 파헤치기도 한다. 마르크스는 경제적 동기, 프로이트는 성적 욕망, 생물학자는 유전자의 복제 본능이 핵심이라고 말한다. 물론 그 하나로 세계 전체를 설명하는 것을 경계하는 견해도 적지 않다. 나는 우리 속에 있는 다양한 생물학적 욕구와 인간적 가치들이 때론 다투고 때론 손을 잡으며 우리의 행동을 이끈다고 본다.

알라딘의 요술 램프에서 튀어나온 요정은 사실 인간을 조롱하고 있다. '너는 자신에게 가장 중요한 가치가 무엇인지 몰라.' 우리는 각자 그 무엇을 찾아야 한다. 그래야만 중요한 생각의 갈림길에서 갈팡질팡하지 않을 수 있다.

생각이 꽉 막혀 꼼짝도 못할 때

여러분은 땅밑의 하수도를 탐험한 적이 있습니까? 우리가 내버린
오물들이 놀라운 화학 작용으로 기상천외한 악취를 풍기며
바퀴벌레 가족들과 헤엄치는 모습을 본 적이 있습니까?
잠깐이지만 저는 해 보았습니다. '오픈하우스 서울' 건축 투어에서
20세기 초반에 만든 서울의 하수도를 탐험해 보았는데요. 우주인
같은 특수 의상과 장화로 무장하고 을지로 입구의 지하 하수도로
사다리를 타고 들어가 시청 옆의 구멍으로 나왔습니다. 한번쯤은
해 볼 만하더군요. 두 번은 절대 아니고요.
우리의 생각 역시 반짝이는 햇빛을 받는 일만 하는 건 아닙니다.
끊임없이 생겨나는 폐수와 쓰레기들을 제대로 처리해야만
쾌적한 문명의 삶이 가능하죠. 저는 생각카드를 들고 여러 직업의
성인들과 청소년들을 만나 '생각놀이 워크숍'을 진행했습니다.
때론 집중적인 개인 면담을 하기도 했죠. 그렇게 해서 그들 생각이
막혀 있는 문제적 지점, 고민거리를 찾아보았습니다. 가장 빈번한
두 패턴은 이랬습니다.

1) 뭘 해야 하는지 아는데, 왜 안 할까요? – 마감 못해 증후군
학생이나 취업 준비생은 이런 고민이 많았습니다. "시험 공부에

집중을 못하겠어요. 게임이나 SNS에 빠지면 나오질 못해요."
직업인, 특히 프리랜서는 시간에 맞춰 일을 끝내지 못하는 경우가
많았습니다. 문학상을 연거푸 수상한, 어느 촉망받는 소설가는
말했습니다. "데뷔하고 마감을 지켜본 적이 없어요." 다이어트,
운동, 독서 등을 계획하고 실행하지 못하는 이들이 부지기수죠.

2) 누가 대신 결정해주면 안 될까요? – 결정 장애 핑계증

어느 고등학생의 고민은 이랬습니다. "교사가 될 꿈을 가지고
사범대를 준비 중인데요. 막상 남들 앞에서 목소리 높여
이야기하는 나를 생각하니 막막해 죽겠어요." 이혼을 결심하고
절차를 진행 중인 이는 물었습니다. "변호사와 상담하고 진행할
때는 그냥 정신이 없었어요. 그런데 한 달 뒤면 확정인데 너무
두려워요. 이대로 이혼 열차를 그냥 달려도 괜찮을까요?" 이런
거창한 고민만이 아니죠. OX는 항상 어렵습니다.

첫 번째 타입은 일을 계획하고 실행하는 데서 생겨나는
생각거리들이죠. 4장에서는 이 문제를 다룰 여러 생각법을
제안했습니다. 기본적인 아이디어는 이렇습니다. 내게 닥친
일—정체불명의 거대한 덩어리를 작은 조각으로 분해해 한 입
사이즈로 만들자. 그리고 계단을 만들어 한 단계씩 목표에
다가가자. 더불어 행동에 박차를 가할 목표 실행법들도
소개했습니다.
두 번째 타입은 소위 '결정 장애'입니다. 전공학과를 선택하거나
직장을 옮기는 등 큰 문제만이 아닙니다. 인터넷 쇼핑몰에서
고양이 사료를 고르고, 목적지의 경로를 찾고, 여행지의 숙소를
고르는 등 온갖 상황들이 우리를 괴롭히죠. 5장에서는 이런
사람들에게 특히 도움을 줄 수 있는 카드들을 소개합니다.

5장 결정의 생각법

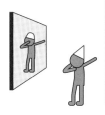

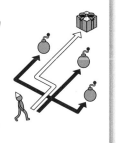

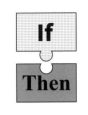

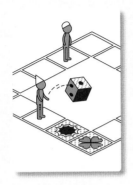

잘만 고르면
인생은 꽤나 즐겁다

'결정 장애.' 전공학과를 선택하거나 직장을 옮기는 등
큰 문제만이 아니다. 인터넷 쇼핑몰에서 고양이 사료를 고르고,
거래처를 찾아갈 교통 경로를 찾고, 여행지의 숙소를 고르는 등
온갖 상황들이 우리를 괴롭힌다. '결정의 생각법'은
이런 사람들에게 특히 도움을 줄 수 있는 카드들이다.

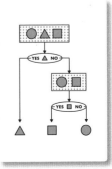

따라하기 Copy

1953년 일본 고지마 섬에서 원숭이 집단을 연구하던 학자들이 바닷가 모래밭에 고구마를 던져두었다. 원숭이들은 모래 범벅인 고구마를 앞에 두고 곤란해했다. 그때 이모라는 암컷이 고구마를 바닷물에 씻어 오작오작 먹는 게 아닌가? 그러자 주변의 원숭이들이 하나둘 따라서 고구마를 씻어 먹기 시작했다. 우리는 이모의 창의적인 아이디어에 놀라지만, 그걸 따라하는 원숭이들에게도 박수를 보낸다. 선천적으로 타고나지 않은 기술을 모방한다는 것은 학습이 가능하다는 말이기 때문이다.

반면에 인간의 따라하기는 제대로 대접받지 못한다. 남들을 무조건 따라하면 '넌 줏대도 없냐'고 욕먹는다. 남들과 다른 생각을 하거나 새로운 방법을 찾는 것을 훨씬 우수한 생각법으로 여기기 때문이다. 그러나 따라하기가 아니면 우리의 생각은 한 걸음도 앞으로 나아가지 못한다.

아이가 태어나서 익혀 가는 놀이들은 연령대별로 고유의 역할을 가진다. 가장 먼저 배우는 것은 엄마 앞에서 짝짜꿍, 도리도리 잼잼 같은 놀이다. 아이가 엄마 아빠의 움직임에 눈을 맞추고 그대로 따라하기만 하면 어른들은 대견해한다. 아이는 이제 인간으로 살아갈 수 있는 결정적 문턱을 넘어섰다. 모방과 그를 통한 학습이 가능하다는 걸 증명했기 때문이다.

따라하기는 우리 몸에 장착되어 있는 아주 유용한 기능이다. 목이 마르면 물을 마신다. 뱀을 보면 소리를 지르고 도망간다. 유전자에 그렇게 하라고 적혀 있기 때문이다. 본능이란 조상을 따라하기다. 사람들은 기본적으로 늘 자던 곳, 늘 만나는 사람, 늘 먹던 것을 선호하고 안심한다. 습관이란 어제의 나를 따라하기다. 유치원에 갔는데 신발 주머니를 어디에 두어야 할지 모르겠다. "선생님이 하는 걸 보고 잘 따라하세요." 카페 알바 첫날, 선배가 에스프레소 머신을 쓰는 걸 시범 보인다. "자 이제 똑같이 해 봐요." 학습이란 다른 이를 따라하기다.

판단의 기초 역시 집단을 따라하기다. 횡단보도에서 스마트폰을 들여다보다가 누군가 길을 건너면 신호등을 확인도 않고 따라 움직인다. 홈쇼핑에서 사과를 주문할 때는 '가장 많이 팔린 상품' 코너를 눌러 본다. 베스트셀러는 계속 베스트셀러가 되고, 대박 맛집은 계속 붐빈다. 따라하기는 경제적이고도 안전한 행위다. 사업가는 그것을 역이용해 물건을 판다.

댄스의 기초는 [따라하기]다. 동물, 사물, 강사, 친구를 따라한다.

1976년 리처드 도킨스는 『이기적 유전자』에서 밈(Meme)이라는 개념을 내놓았다. 문화 역시 유전자(gene)처럼 복제되어 번식하는 본성이 있다는 것이다. 미니스커트가 유행하면 밈의 복제에 의해 너도나도 미니스커트를 입고 싶어한다.

프랑스 혁명 이후 유럽 전역은 자유, 평등, 박애라는 이념을 따라하기 시작했다. 변호사와 검사가 대결하는 재판제도, 비밀 평등 보통 선거 역시 따라하기를 통해 세계 곳곳에 퍼져 나갔다. 문자, 인쇄술, 레코드 플레이어, TV, 인터넷, 스마트폰 등의 발명은 점점 지식, 정보, 오락을 따라하기 좋게 만든다. 따라하기 혹은 따라하도록 만들기는 정말 강렬한 욕구다. 사람들은 소셜미디어와 포털 사이트에 접속하고 인기 검색어를 체크한 뒤 밈에 감염된다. 그리고 RT와 공유를 통해 타인들을 감염시키고 싶어 한다. 그런데 항상 더 좋고 훌륭한 것을 따라하는 건 아니라는 점에 유의해야 한다. 거짓 정보와 엉터리 생각도 놀라운 속도로 따라하기의 네트워크에 퍼진다.

우리는 낯선 숲을 지나가야 할 때 어떻게 방향을 잡나? 길을 따라하기 한다. 길은 먼저 간 많은 이들이 만들어 놓은 최적의 경로일 것이다. 우리는 여러 판단의 기로에서 이런 길을 찾는다. 대학 입시에서 어떤 학과를 지원할까? 썸남의 데이트 신청을 받아들일까 말까? 그 길이 눈에 보이지 않으면 누군가가 결정해 주기를 바라기도 한다. 엄마 아빠가 알려 주는 대로 한다. 상관의 지시대로 한다. 신의 말씀을 따른다. 롤모델을 찾아 그가 간 길을 따라간다. 그 결정이 현명할 수도 있다. 더 많은 경험을 가진 자가 올바른 길로 안내할 수도 있다. 그러나 인생의 경로는 지하철 노선도처럼 반듯하지 않다. 수많은 변수로 뒤얽혀 있다. 가장 중요한 점은 나 자신이 다른 누구와도 같지 않다는 사실이다.

따라하기의 편리함에 감염되면 결정력 자체를 잃어 간다. 신경경제학자 그레고리 번스는 전문가에게 자문받는 사람들의 뇌를 연구한 결과, 비판력을 주관하는 영역이 절전 모드가 되는 경향이 있다고 발표했다. 카리스마 넘치는 종교 지도자, 정치인, 부모, 멘토, 혹은 이데올로기를 따르는 것은 편안하다. 그러나 거기에 기대면 우리 스스로 적극적으로 판단하는 능력을 상실하게 된다.

따라하기는 분명 우리 삶의 기초가 되어야 할 생각법이다. 바둑을 배울 때는 고수들이 닦아 놓은 포석과 수 싸움, 소위 정석을 따라하기 해 봐야 한다. 그러나 그것이 모든 판단에 해답을 줄 수는 없다. 실전에 임할 때 직면하는 상황을 스스로 분석해 새로운 수를 찾아내야 한다.

**[따라하기]는
우리 삶의
굳건한 기초**

아이들은 놀이하고 춤추며 자연스럽게 부모와
친구의 행동을 흉내 낸다. 이것은 모든 배움의
기초다. 또한 따라하기는 한 집단이 체험과 감정을
공유하는 좋은 방법이 된다. 우리는 본능적으로
웃음, 울음, 하품을 따라하는 경향이 있다.

어림짐작과 시행착오 Heuristics

발명이란 계속 시도하며 한번에 하나씩 변수를 바꿔 가는 과정,
시행착오입니다.

발명 사업가 제임스 다이슨

여러분도 자라면서 몇 개의 별명을 얻었을 것이다. 외모, 이름, 습
관, 그리고 흔히 사건 사고가 계기가 된다. 나는 대학생 때 마이콜
이라는 별명을 얻었다. 만화 「아기 공룡 둘리」에 나오는 멀대같이
키 크고 뽀글뽀글 머리를 한 캐릭터다. 대학교 1학년 겨울방학 때
설악산 여행을 가기로 했다. 그 전날 나는 이미지 변신을 해 볼까
고심하다 누나의 추천으로 파마를 하기로 했다. 부리나케 가까운
동네 미용실에 갔다. 그리고 눈을 떠 보니 나의 머리는 검소한 시

장 아주머니들이 애용하는 강력한 파마액으로 뽀글뽀글 볶아져 있었다. 얼마 동안 나는 친구들의 놀림에 수치의 나날을 보내야 했고 마이콜이라는 별명을 받아들여야만 했다. 당연히 결심했다. 머리가 조금만 길면 잘라버려야지. 그런데 머리가 길고 파마가 풀리면서 부드러운 웨이브가 만들어지니 제법 나에게 어울리는 모양이 나왔다.

'소 뒷발에 쥐를 잡았다'는 말이 있다. 엄밀히 따지지 않고 적당히 판단을 내리는 것을 어림짐작이라고 하는데, 그것이 우연히 아주 좋은 결과를 가져왔을 때를 말한다. 그런데 이런 행운이 단번에 찾아오지는 않는다. 수없는 시행착오를 거친 뒤에야 겨우 적당한 답을 찾게 된다. 마이콜 헤어 이전 이후에 나는 여러 스타일을 시도해 보았다. 그러나 결국 이런저런 실패를 거친 끝에 나의 특이한 체형과 머리통엔 그것이 최선이라는 걸 깨달았다. 지금 내 머리도 그와 비슷한 스타일을 하고 있다.

어림짐작은 시간이나 정보가 불충분하여 합리적인 판단을 할 수 없거나, 굳이 복잡한 판단을 할 필요가 없는 상황에서 신속하게 결정을 내리는 생각법이다. 따라하기 만큼이나 게으른 생각법이라 할 수 있다. 그러나 우리의 뇌는 여기에 익숙하다. 매 순간 만나는 정보를 받아들이고 평가하고 처리할 때 재빨리 필터를 통해 걸러내고 패턴에 따라 판단해 버린다. 우리는 그렇게 태어났다. 자연 상태에서 인간은 항상 쫓거나 쫓기는 상태다. 모든 정보를 세심히 고려할 시간도 없고 거기에 뇌의 에너지를 투자하는 것도 비경제적이다.

낯선 상대를 별 정보 없이 만났을 때, 우리는 어느 정도 어림짐작에 의존할 수밖에 없다. 먼저 감정 휴리스틱(Affect Heuristic) 방식이 있다. 쉽게 말해 '느끼는 대로 생각한다'는 말이다. 제약 관련 학회에 참가한 연구원 A(42세, 남)가 리셉션 홀에서 키가 작고 동

누구나 적지 않은 [시행착오]를 겪는다. 특히 헤어스타일은...

안에 수수한 차림의 여성 P를 만난다. 금세 호감을 느끼게 되어 마음을 열고 먼저 말을 건넨다. (P가 제약 관련 로비를 염탐하러 온 기자이거나, 기밀 정보를 빼돌리려는 산업 스파이라고 의심하지 않는다.) A가 P와 대화하는 걸 본 A의 동료 B가 와서 넌지시 말한다. "왜 처음 보는 여자랑 말을 섞는 거야? 발표 전엔 보안에 유의하라고." 그러자 이번엔 가용성 휴리스틱(Availability Heuristic)을 사용한다. 어떤 문제를 처리할 때 의미 있는 정보를 알아보려고 하기보다는, 당장 머릿속에 떠오르는 것에 의존하는 경향을 말한다. "내가 학교 때 알던 후배랑 되게 닮았어. 걔가 정말 싹싹하고 순진했거든. 저 여자도 딱 그런 스타일이야."

우리는 아직 A가 옳다 그르다 말할 수 없다. A가 적극적인 자세로 P와 가까워져 긍정적인 업무 협조를 이룰 수도 있다. B는 너무 신중하기만 해서 업계 내에 자신의 링크를 늘릴 기회를 잃었을 수도 있다. 혹은 P가 알고 보면 불법 의료 도구를 거래하는 중개상이었는데 A가 잘못 연결되어 곤욕을 치를 수도 있다. 이런 딜레마에서는 어떻게 해야 하나? 피라미드의 생각법을 동원한다. 단순한 사교적 대화라면 A가 어림짐작으로 P를 편안히 대해도 괜찮다. 그러나 만약 업무에 관련된 이야기로 옮겨 가면, 상대에 대해

227

보다 신중히 판단해야 할 것이다.

2억 년 전 초기 포유류, 오늘날의 쥐와 닮은 동물의 뇌에 처음 신피질이 등장했다. 그 이전의 생명체들은 고정된 행동 양식에 따르는 경향이 강했지만 이 쥐는 달랐다. 고양이에게 쫓겨 벽에 부딪히면 성공하든 말든 다른 행동을 했다. 격렬하게 저항하기도 했고, 미치거나 병든 것처럼 행동했다. 그 도박이 성공하면 살아남았고 뇌에 강하게 기억되었다. 그걸 본 다른 쥐들도 빠르게 따라하기 했다. 만약 실패하면 다른 쥐들은 새로운 방법을 찾았다. 이런 과정을 잘해나가는 집단은 극심한 환경 변화에도 살아남았고, 오늘날 포유류의 번성을 가져왔다.

인간은 어림짐작과 시행착오를 더욱 빈번하고 정밀하게 해 나간다. 다른 종은 여러 대에 걸쳐 진화를 통해 변화해 가지만, 인간은 개체의 삶 속에서도 수없이 시도하고 변화하고 배운다. 다른 인간들이 저지른 실수를 통해서도 깨닫고, 지난 세대의 삶을 기록한 역사를 통해서도 시행착오를 극복할 수 있다. 때론 적극적으로 시행착오에 뛰어들기도 한다. 젊은 연인들은 「카마수트라」나 「색계」를 보며 침대 위에서 엎치락 뒤치락 다양한 체위를 시도해 본다. 그러면서 점차 몸에 큰 무리를 주는 체위는 포기하고 서로의 몸과 취향에 맞는 체위를 찾는다.

물론 어림짐작은 편한 만큼 위험성을 안고 있다. 나는 언제부턴가 잠들 때와 자고 일어났을 때 자세가 상당히 달라져 있다는 걸 알게 되었다. 생각해보니 비염 때문에 코가 막혀 밤새 엎치락뒤치락 했던 것 같다. 나는 무의식 중에 어림짐작으로 이 자세가 좋을까 저 자세가 좋을까 움직여 보았고, 결국 시행착오를 거쳐 특정의 자세를 선택해 그대로 잠을 자게 되었던 것이다. 어떤 날은 괜찮다. 그러나 어떤 날은 아침에 일어나면 목과 어깨가 뻐근하고 온몸이 저리다. 어림짐작이 나를 잘못된 답으로 이끌어버린 것이다. 우리는 시행착오를 거치면서 항상 진정한 인과를 찾기 위해 노력해야 한다. 근본적으로 비염을 치료하거나 침구를 적당한 것으로 바꾸지 않으면 나는 잘못된 수면 습관을 반복해 또다른 병을 얻을 것이다.

혁신적인 집진 진공청소기를 만들어 낸 제임스 다이슨은 말한다. "발명이란 어떤 일을 계속 시도하며 한번에 하나씩 사소한 변수를 바꿔 가는 과정, 시행착오입니다." 그는 먼지봉투가 꽉 차면 흡입력을 잃는 진공청소기에 화가 나서 새로운 청소기를 만들기 위해 애썼다. 테스트한 시제품은 수천 개였다. "나는 실수를 5,126번이나 저지른 엄청난 실패자입니다." 허나 단순한 착오들을 누적시킨다고 해결책을 얻는 건 아니다. 그는 계속 문제의 원인을 따졌고 새로운 대안을 찾기 위해 노력했다. 그 과정 덕분에 지금 나는 가볍고 강력한 청소기로 집안 곳곳의 고양이 털을 처리할 수 있게 되었다. 사실 다이슨 씨가 조금 더 실패를 이어 가 주기를 바란다. 아직 이 청소기는 털 뿜는 기계인 고양이의 상대가 못 된다.

**인공지능도
부러워하는
어림짐작**

우리는 높이 떠서 날아오는 공을 잡기 위해
어떤 생각법을 사용할까? 인공지능이라면 공과
나 사이의 최초 거리, 포물선의 각도, 공기 저항에
의해 변화하는 속도 등을 계산해야 할 것이다.
하지만 훈련된 선수는 시선을 공에 고정하고
속도와 각도를 맞추는 일종의 어림짐작(Gaze
Heuristic)으로 이 문제를 해결한다.

확률 Probability

세계 종말이 임박했는지 그 확률을 실제 측정하긴 어렵다.
하지만 제정신인 사람이 평정심을 가지고 심사숙고하면
그건 지나치게 높게 책정되어 있다.

언어학자 놈 촘스키

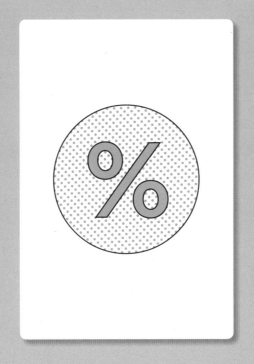

한국시리즈 7차전 9회말에 1:0으로 지고 있는 홈팀에게 드디어 기
회가 왔다. 1사에 주자는 2, 3루. 희생타 하나로 동점, 안타면 역
전 우승까지 가능하다. 당신이 감독이라면 어떤 기준에 따라 다음
타자를 결정할 것인가? 어떤 감독은 중요한 순간일수록 감(感)을
믿는다고 한다. 타자의 눈빛을 보면 알 수 있다고 한다. 다른 감독
은 통계를 뽑아 본다. 상대 마무리 투수와 대결했을 때의 타율, 득
점권 타율, 끝내기 찬스에서의 과거 데이터…… 어느 쪽이든 결과

231

가 좋으면, 누구도 감독을 탓하지 않을 것이다. 그러나 상당한 성공 확률을 가진 타자를 쓰지 않고 감에 의존해 결정한 뒤 실패했을 때, 언론과 팬들을 그 감독을 맹렬히 비난할 것이다.

확률은 파이 차트를 이용한 '비율'의 생각법을 확장하고 정교하게 만든 생각법이다. 어떤 가능성이 더 클까를 수치를 동원해 예측하는 것이다. 확률은 야구의 타율, 방어율, 승률만이 아니라 우리 실생활 곳곳에서 위력을 발휘하고 있다. 오늘 우산을 들고 나갈지 말지는 기상청에서 발표하는 강수 확률을 보고 결정한다. 프로 포커 게이머는 이미 나온 카드를 보고 내게 어떤 카드가 올 확률이 높을지, 그것으로 족보를 만들 확률은 어떨지 계산한다. 수술을 해야 하는데 성공 확률에 비해 부작용의 확률이 아주 높다면 의사는 그 방법을 선택하지 않을 것이다. 당을 대표할 대선 후보를 뽑으려면 여론 조사에서 높은 지지율을 확보한 쪽을 골라야 한다. 충분히 많은 양의 데이터를 동원한 통계는 확률의 정확도를 높여 준다.

오바마 전 미국 대통령은 2012년 인터뷰에서 말했다. "완벽한 해결이 가능한 일은 나한테까지 올라오지 않아요. 그런 일은 누군가가 해결했겠죠." 그렇다면 분명한 해결책이 없는 문제들은 어떻게 다루어야 하나? 서로 다른 생각들이 자신이 옳다고 주장하는 문제는 어떻게 결정해야 하나? 소위 정치인의 동물적인 감각을 따라야 하나? 전 영부인 낸시 레이건처럼 주술적인 영매의 의견을 들어야 하나? 오바마는 이렇게 덧붙였다. "결국은 확률 싸움입니다. 어떤 결정을 내리든 간에 결국 뜻대로 되지 않을 확률을 30~40퍼센트 정도는 안고 가야 하죠." 달리 말하면 문제를 신중하게 저울질해서 60~70퍼센트의 확률로 기울어지는 쪽이 있다면 그쪽을 선택해야 한다는 것이다.

232　　과거에는 어림짐작에 의존해야 했던 많은 선택들이 점점 확률

이라는 세련된 도구의 도움을 받게 되었다. 그러나 여전한 어려움은 있다. 확률은 어디까지 가능성이고, 확률이 낮은 쪽도 언제든지 일어날 수 있기 때문이다. 특히 기상청의 날씨 예보에 대한 불신은 팽배해 있다. 천문학적인 예산으로 슈퍼컴퓨터를 갖춰 두고도 장마가 언제 시작하는지를 맞추지 못하니 불만을 터뜨릴 만도 하다. 그러나 사람들은 날씨를 맞혔을 때보다는 틀렸을 때를 더 강하게 인식한다. 확률을 동원했으니 당연히 맞아야 한다고 여기는 것이다. 반면에 점괘는 틀렸을 때보다 얼추 맞았을 때 훨씬 강하게 기억한다. 그 기대가 훨씬 적기 때문이다.

또한 통계나 수에 대한 맹신을 이용한 지적인 사기도 적지 않다. 19세기 영국의 정치가 벤저민 디즈레일리는 다음과 같이 말했다. "세 가지 거짓말이 있다. 거짓말, 빌어먹을 거짓말, 그리고 통계." 단적인 예로 우리가 다음과 같은 정보를 알았다고 하자. '미국에서 호흡기 질환 사망자 수가 가장 많은 주는 애리조나다.' 자연스럽게 우리는 애리조나의 대기 오염이 미국에서 가장 나쁜 수준이라고 추정할 수 있다. 그러나 사실은 다르다. 애리조나는 미국에서 공기가 가장 좋은 주의 하나이기 때문에 전국의 심각한 호흡기 질환자가 이주해서 살다가 죽은 것이다. 또한 설문이나 여론 조사 같은 경우, 질문에 편향된 생각을 심어 넣을 수도 있다. 어떤 후보에 대해 부정적인 뉴스를 소개한 뒤에 지지 여부를 말하라는 식이다. 성장률, 판매율 같은 경우에도 조건을 구체적으로 밝히지 않은 채 과장해서 내놓는 경우가 많다. 2007년 『블랙 스완』이라는 저술을 통해 월스트리트의 위기와 서브프라임 모기지 사태를 예견한 나심 탈레브는 주장한다. 통계적 방법을 악용해 사회를 위험에 빠뜨리는 돌팔이 과학자는 의사가 환자에게 병을 옮기는 것과 같다고.

이런 위험성에도 불구하고 우리는 점점 적극적으로 확률과 통

빅데이터 시대에 [확률과 통계]는 더욱 주목받는 생각법

계를 활용하고 있다. 공정한 잣대에 기댄다면 그만큼 위력적인 무기가 없기 때문이다. "야구 몰라요. 진짜 몰라요." 수십 년 야구 해설자로 이름을 떨쳤던 하일성의 말이다. 야구는 변수가 많은 스포츠다. 승부를 예측하는 것은 도박에 가깝다고도 한다. 이런 게임에서 이기려면 어떻게 해야 하나? 거액을 들여 압도적인 실력을 가진 선수들을 모으는 방법이 있다. 뉴욕 양키스나 LA 다저스 같은 부자 구단의 이야기다. 그러나 영화「머니볼Moneyball」의 모델이 된 오클랜드 어슬레틱스의 빌리 빈 단장은 달랐다. 그는 판돈 대신 통계를 믿었다. 야구 속에 숨은 수학, 경제학을 연구해 월스트리트의 투자 기법처럼 야구단을 운영했다. 한물 간 퇴물, 검증되지 않은 초짜로 여겨진 선수들을 싼값에 모았다. 그 결과 메이저리그 최하위권의 연봉으로 20연승이라는 대기록을 세웠다. 그러자 다른 구단들이 더욱 세련된 통계 기법으로 그에 대항하고 있다.

이제 우리는 빅데이터라는 거대한 통계 자료를 손에 쥘 수 있게 되었다. 전염병에 관한 정보가 쌓이고 그것을 처리할 수 있는 기술이 만들어지면, 그동안 어림짐작으로 추측만 하던 전염의 패턴을 훨씬 정확히 드러낼 수 있다. 동일본 대지진 이후의 상황을 빅데이터를 이용해 분석하는 연구도 주목할 만하다. 스마트폰

GPS로 파악한 사람들의 이동 경로, 1억 건이 넘는 트위터 내용, 혼다 자동차가 제공한 자동차 내비게이션 정보 등의 데이터를 통해 다음과 같은 것을 알 수 있게 되었다. 당시 어느 지역에 얼마나 많은 사람들이 남아 있었나? 대피하는 사람들의 이동 속도는 어떠했나? 방사능 요오드-131의 확산 속도 및 방향과 비교해 보면 방사능에 유출된 사람의 숫자와 심각도는 어느 정도일까? 그리고 대피 도중 특정 도로가 유난히 막힌 이유를 알아내, 다리의 폭을 넓히는 등의 대책에 적용하기도 한다.

스마트폰 등 스마트 장비를 통해 얻어 낸 개인의 데이터를 스스로 활용할 방법도 곧 열릴 것이다. 나의 건강, 대인 관계, 여가 생활의 문제 등도 어림짐작이 아니라 구체적인 통계를 통해 파악할 수 있다. 인공지능은 내가 어떤 TV 프로그램을 선호하는지, 운전 중에 어떤 실수를 잘하는지, 먹고 나서 특히 혈당치가 나빠지는 음식은 무엇인지를 파악할 것이다. 그리고 내가 결정을 고민할 때, 믿을 만한 수치 정보를 제공할 것이다. 그러니 우리는 점점 더 확률과 가까이 지내야 한다.

경쟁과 대결 VS.

친구를 가까이 하되 라이벌은 더 가까이 하라.

정치인 넬슨 만델라

피아니스트 쇼팽과 리스트, 탐험가 아문젠과 스코트, 발명가 에디
슨과 테슬라…… 세상은 그들의 다툼을 부추겨 희대의 라이벌로
만들었다. 상대에 대한 경쟁 의식으로 밤잠을 설치고 마지막 한 방
울의 재능까지 토해내게 했다.

경쟁과 대결은 생명체 본연의 생각법이다. 네덜란드의 사상가
에라스무스가 말했다. "나무 한 그루가 울새 두 마리를 감당할 수
없다." 나무를 차지하기 위해 울새는 싸워야 한다. 땅과 보석과 영

광을 차지하기 위해 인간들 역시 싸워왔다. 인류의 역사는 부족, 지역, 국가 간의 끝없는 전투의 기록이다. 피 흘리는 대결은 분명 적지 않은 희생과 손실을 초래했다. 하지만 상대를 이기기 위해 힘과 지혜를 키우는 과정은 놀라운 혁신을 가져오기도 했다.

경쟁과 대결은 여러 영역에서 다양한 방식으로 이루어진다. 공주의 신랑감이 되고자 하는 후보들에게는 누구든 먼저 용의 머리를 베어 오라 했다. 이를 통해 집단 내 남성들의 힘과 용기를 증진시켜보자는 것이다. 혹은 공주를 웃겨 보라고도 했다. 마음을 녹이는 자가 진정한 능력자라는 것이다. 정치인을 뽑을 때는 선거를 통해 공약과 능력을 다투게 한다. 평소에는 허튼짓을 하던 자들도 이때만큼은 유권자들의 목소리에 귀를 기울일 수밖에 없다. 다른 집단과의 싸움을 앞두고 먼저 무리 안의 후보들 사이에서 경쟁과 대결을 부추기기도 한다. "더 빨리! 더 높이! 더 멀리!" 전투 연습을 목적으로 시작된 활쏘기, 레슬링, 투석 등은 서서히 스포츠라는 규칙 안의 다툼으로 변신하게 된다. 차전 놀이, 줄다리기 등은 공동체 사이의 경쟁을 문화적 의식으로 변모시킨 것이다.

스포츠와 게임은 경쟁과 대결을 양식화하면서 승자를 정하는 대표적인 방법들을 발명하기도 했다. 육상, 수영, 골프 등은 여러 경쟁자들이 한꺼번에 실력을 겨뤄, 선착순이나 기록으로 순위 정하기를 한다. 레슬링, 복싱, 축구처럼 두 상대가 맞붙어 승리와 패배, OX의 양자택일을 하는 경우도 많다. 그런데 이런 경기에서 여러 후보들이 한꺼번에 맞상대할 수는 없다. 그때는 토너먼트라는 방법을 사용한다. 둘씩 짝지어 대결시키고 승자끼리 맞붙어 최종 우승자를 골라내는 방식이다. 전체적으로 나무의 모양이고 승자가 제일 위에 자리잡은 피라미드 구조를 만든다. 최근에는 양궁 같은 기록 경기도 승부의 재미를 위해 이런 방식을 도입하고 있다. '이상형 월드컵' 등 후보군을 차례로 줄여나가 최선의 안을 골라낼

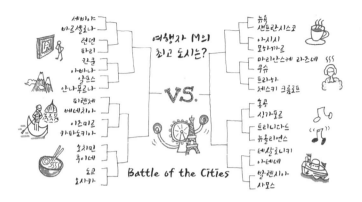

때도 활용할 수 있다. 판단해야 할 대상이 둘로 압축될 때, 양쪽의 장단점을 훨씬 섬세하게 비교해서 저울질하고 판단할 수 있기 때문이다.

경쟁과 대결은 생각을 겨루는 방법으로도 많이 활용된다. 오늘날엔 법정에서 변호사와 검사가 법리를 다투는 방식이 당연해 보인다. 하지만 이것은 비교적 최근에 정착된 판결 방식이다. 과거에는 「솔로몬의 선택」이나 「판관 포청천」처럼 왕이나 재판관 한 사람이 판결을 내리는 경우가 대부분이었다. 그런데 영국에서 마치 게임처럼 양 쪽으로 나뉘어 치열하게 증거와 논리를 다투었을 때 훨씬 현명한 결정을 할 수 있다는 사실을 알아냈고 이를 제도화했다. 보수 vs. 진보, 당근 vs. 채찍, 긴축 vs. 성장…… 어떤 사안에 대한 태도를 정할 때, 대립되는 두 입장을 두고 신중하게 생각의 맞대결을 전개해 보는 것도 큰 도움이 된다. 정당 제도에 있어서 양당 제도, 선거에서 결선 투표 등의 방식이 선호되는 이유도 여기에 있다.

경쟁과 대결을 중심으로 다른 생각법들을 결합시킬 수도 있다. 「슈퍼스타 K」 같은 대규모의 오디션에서는 어떻게 우승자를 가려낼까? 먼저 서류, 비디오 테스트, 면접 테스트로 잘라내기를 한다. 그다음엔 피라미드의 생각법으로 도전 레벨을 계단식으로 올려 후보군을 차례로 줄인다. 그리고 마지막 단계에서 두 개의 최종 선택지를 남기고 맞대결시키는 경우가 많다. 어디로 이사를 가야 할까? 어떤 대학, 직장을 택해야 할까? 이런 문제도 앞의 과정처럼 진행시킬 수 있다. 마지막엔 후보를 둘로 축약한 뒤 각각의 장점과 단점을 리스트로 적고 각 항목을 대조해서 우열을 가리면 좋다.

정치나 군사의 맞대결은 한쪽의 비참한 패배로 막을 내리는 경우가 많다. 때론 서로의 가슴에 비수를 꽂고 함께 벼랑 밑으로 떨어지기도 한다. 하지만 과학, 예술, 스포츠의 경쟁과 대결은 그 양상이 다르다. 가수 오디션이나 스포츠 토너먼트에서 떨어진 사람이 다음 대회에서 놀라울 정도로 성장해서 나타나는 경우들이 적지 않다. 경쟁과 대결은 저비용의 실패를 빨리 경험하게 만드는 시스템이기도 하다.

④ VS. 생각 배틀 카드

중요한 결정을 내릴 때,
최종 후보를 둘로 줄인 뒤 다음 표를 활용해 보세요.

예시) 어디로 이사 갈까?
이사를 앞두고 전셋집을 구하고 있다.
후보는 두 개로 좁혔다. '전철 앞 원룸' VS. '마을버스 종점 빌라'.
장점과 단점 리스트에 점수를 매겨 고득점자를 가려 보자.

후보 1 전철 앞 원룸	점수 ±3	후보 2 마을버스 종점 빌라	점수 ±3
전철 도보로 4분 거리	+3	트리플 역세권 but 도보 15분	-2
주변 밥집, 카페 많음	+1	재래시장	+2
옵션(에어컨, 세탁기)	+2	공간 1.5배	+2
주변 상가 소음(야간)	-2	채광 좋음(고양이 좋아할 듯)	+2
피트니스 센터 가까움	+1	고갯길 빡셈, 걸어도 운동(?)	-1
관리비 5만 원	-1	청소비 1만, 겨울 가스비 15만	-1
무인 택배 보관함	+1	도서관 7분 거리	+2
총평 전세자금대출 확인	총점 5	총평 스쿠터 따로 사면 괜찮을 듯	총점 4

후보 1	점수 ±3	후보 2	점수 ±3
총평	총점	총평	총점

If 시뮬레이션 If → Then

보통 가장 흥미로운 상황은
만약에(What-if)의 물음으로 표현할 수 있다.

소설가 스티븐 킹

어느날 잠을 자고 일어났는데 좀비들이 창궐하여 도시를 뒤덮었
다. 전화, 인터넷 등 모든 통신 수단은 끊어졌고, 경찰력과 의료 기
관도 마비되었다. 당신은 어디로 대피해야 할까? 가방에는 무엇
을 꼭 챙겨야 할까? 사랑하는 사람들과는 어떻게 연락해야 할까?
　　소설, 만화, 영화 속의 이야기들은 우리를 '만약 ~라면(What
if…?)'이라는 가정 속으로 이끈다. 만약 혼자 무인도에 표류한다
면(로빈슨 크루소), 만약 소원을 이루어 주는 램프를 얻는다면(알

라딘의 램프), 만약 시간 여행을 할 수 있다면(타임머신), 만약 초고속 열차 안에서 좀비 떼의 습격을 받는다면(부산행), 만약 짝사랑하던 여성이 '라면 먹고 갈래'라고 한다면(봄날은 간다)? 이들 이야기는 가정(If)이라는 올가미로 우리를 묶어 문제적 상황에 떨어뜨린다. 그리고 거기에서 적극적으로 해결책을 궁리하게 만든다. 스토리텔링이라는 시뮬레이션은 매우 흥미로운 방식으로 우리의 생각법을 훈련시킨다.

지능의 주요한 기능은 미래를 예측하고 닥쳐올 상황에 대응하는 것이다. '아무래도 미국의 영향으로 조만간 금리가 올라갈 것 같다면 → 지금 대출을 받아서 집을 사는 건 자제해야 한다.' '일본보다는 중국 시장이 중요해질 것 같다면 → 일어보다는 중국어 학원을 다녀야 한다.' '이번 주말에 성적표가 집으로 날아갈 예정이라면 → 노발대발할 엄마아빠를 달랠 핑계거리를 만들어 둬야 한다.' 막연히 일이 벌어지기를 기다리는 사람보다는 미리 상황을 예측해 보는 사람이 미래를 더 잘 대비할 것이다.

If 시뮬레이션은 If 가정 → Then 대응책이라는 두 단계로 나뉘어진다. If에서는 더 높은 가능성, 더 위험한 가능성을 상상하는 것이 중요하다. 먼저 어떤 일이 벌어질까를 다각도로 연상한 뒤 이를 리스트로 만든다. 그다음엔 각각의 확률을 따져 발생 가능성을 순위로 만든다. 이제 확률이 높은 순위부터 차례로 검토한다. 특별히 대비하지 않아도 괜찮은 상황은 넘어간다. 그렇지만 위험하거나 조치가 필요한 상황에서는 그에 상응하는 행동을 결정해두어야 한다. 때론 그 행동이 유발한 또다른 상황까지 If 시뮬레이션 해야 한다.

당신은 If의 날개를 잘 펼치는 편인가? 어떤 이는 즐거운 상황은 열심히 상상하지만, 문제적 상황은 예상해 보는 것조차 꺼린다. 반대로 가능성이 별로 없는 위험까지 꼼꼼히 따지며 시간과 감

정을 소모하는 사람도 있다. If 시뮬레이션에서도 적절한 표적판 다루기와 잘라내기가 필요하다. 이를 위해서는 자신의 상황을 객관화시키는 훈련이 중요하다.

사실 우리는 의식적인 계획에서만이 아니라 일상의 모든 판단에서 If 시뮬레이션을 사용한다. 하버드 대학교의 크리스 아지리스 교수는 다음과 같이 '추론의 사다리(Ladder of Inference)'라는 모형을 제안한다. 우리가 일상에서 어떤 사건을 만나 행동에 이를 때의 상황을 7단계의 루틴으로 만든 것이다.

관찰(Data) → 필터(Select Data) → 의미부여(Meaning) → 가정(Assumption) → 결론:감정적 반응(Conclusion) → 조정(Adopt Belief) → 행동(Action)

언젠가 동네 지인이 마을버스 운전사의 행동을 꼬집는 글을 보았다. 나는 그 운전사의 머릿속으로 들어가 '추론의 사다리'를 재구성해 볼까 한다.

중년 남성 운전사 A가 마을버스를 운전하고 있다. 그는 눈과 귀에 들어오는 주변 정보를 1) 관찰한다. 마치 블랙박스가 녹화하

추론의 사다리
(Ladder of Inference)

행동(Action)
↑
조정(Adopt Belief)
↑
결론(Conclusion)
↑
가정(Assumption)
↑
의미부여(Meaning)
↑
필터(Select Data)
↑
관찰(Data)

하버드 대학의 크리스 아지리스 교수는 우리 일상의 생각법을 일곱 단계의 사다리로 설명한다.

듯이 있는 그대로의 정보를 받아들이는 과정이다. 2) 필터를 통해 그 정보를 걸러낸다. 운전과 관계 없거나, 평소와 다르지 않은 내용은 신경쓰지 않는다. 그러다 어떤 승용차가 버스 앞으로 갑자기 끼어드는 장면을 본다. 반사적으로 브레이크를 밟는다. 3) 의미부여. 미숙한 운전자 때문에 위험할 뻔 했다. 그런데 자세히 보니 운전석에 앉은 사람이 여자다. (다시 빠르게 관찰→필터→의미부여 했다) 4) 가정. 여자이기 때문에 위험하게 운전한 것이다. (여기에 평소의 편견이 개입한다.) 5) 결론: 왜 여자가 차를 몰고 다니는 거야? 화난다. 6) 조정: 가만 있으면 안 되겠어. 저 여자에게 교훈을 주어야 되겠어. 7) 행동: 클락션을 울리며 욕을 한다. "야 이 여편네야. 집에서 솥뚜껑이나 운전해."

이때 여성 승객 B가 운전사에게 화를 낸다. "아니, 지금 여자는 운전하면 안 된다는 거예요?" 승객은 1)부터 3)까지의 과정에는 불만이 없다. 4)의 가정부터 7)의 행동까지(여자이기 때문에 운전 미숙에 화를 낸다)를 문제 제기한다. 여자는 옆에 있는 덩치 큰 남편을 가리킨다. "이 사람이 운전했어도 욕 했을 거예요?"(운전 사에게 If 시뮬레이션을 하라고 한다.) 운전사는 남자를 슬쩍 보고선 머리를 빨리 굴린다. 확 화를 내버릴까? 아니야, 남편이 가만 안 있을 거야. 가만 보니 버스 회사에 민원을 넣을 수도 있겠네. "그게…… 미안합니다. 내가 생각이 짧았네요."

우리는 If 시뮬레이션을 다양한 방식으로 활용한다. If 뒤에는 다음과 같은 것들이 올 수 있다. 1) 상황: 옆 차가 갑자기 끼어든다면. 2) 주체: 내가 마을버스 운전사라면. 3) 시점: 승객의 항의를 미리 예상했다면. 우리는 이를 통해 무궁무진한 상황에 대처할 수 있다. 특히 누군가와 경쟁과 대결할 때 이를 적극적으로 사용해야 한다. 상대가 어떤 If 시뮬레이션을 할 것인가까지 예측해 작전을 세우고 함정을 파놓을 수도 있다. 어쩌면 뼈아픈 실패 직후가 가장 If 시뮬레이션을 많이 하는 상황일 수도 있다. 우리는 과거를 복기하며 실패의 원인을 찾아내고 반복하지 않기 위해 노력한다.

디시전 트리 Decision Tree

무엇도 이보다 어려울 수 없다. 그러므로 이보다 값질 수 없다.
그것은 결정하는 능력이다.

정치인 나폴레옹 보나파르트

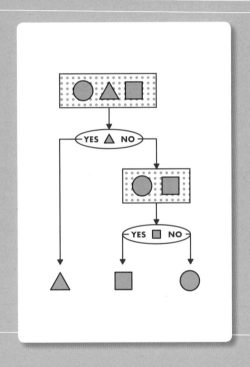

나는 '의혹 가득한 여행사'라는 사적인 여행 상담일을 하고 있다.
고객은 일중독의 지인들로 휴가철이 가까워지면 여행 코스를 추
천해달라는 연락이 온다. 나는 여행과 지리에 대한 책을 몇 권 내
기도 했고 평소에도 여행 관련 뉴스를 즐겨 찾아본다. 친구들의 성
향도 어느 정도 파악하고 있으니 제법 적당한 여행지를 추천해 준
다고 자부한다. 그런데 이 과정이 결코 단순하지는 않다. 여행 기
간은 얼마 동안인가? 몇 명이 함께 움직이나? 성향은 오지파인가,

246

도시파인가? 휴식을 위한 건가, 새로운 체험을 위한 건가? 도보 산책, 버스 가이드 투어, 렌터카 중에서 선호하는 것은? 장시간의 비행기나 기차 이동은 잘 견디는 편인가? 여행자의 조건과 취향에 따라 추천 여행지는 굉장히 다양한 가지로 뻗어 갈 수 있다.

그때그때 여행지를 찾아주는 일을 반복하다 보니, 나는 이 선택의 과정을 일관된 프로세스로 만들면 좋겠다는 생각이 들었다. 의뢰인은 내가 제안하는 질문들에 OX 또는 VS 형태로 답을 해 나간다. 각 결과에 따라 가지가 갈라지고 또다른 질문을 만나면 또 답을 한다. 이렇게 몇 단계 과정을 거치고 나면 각자에게 추천하는 여행 코스에 도달한다.

이런 방법을 디시전 트리, 혹은 플로차트(flow chart)라고 한다. 제한된 변수가 얽혀 있는 상황에서, 여러 단계의 작은 결정을 통해 큰 결정을 만들어 내는 방식이다. 이렇게 하면 그때그때 다양한 가능성을 새롭게 생각하고 판단하는 에너지를 아낄 수 있다. 복잡한 단계의 상황들을 머릿속에서만 처리하려다가 혼란을 일으키는 것도 방지할 수 있다. 한번 프로세스를 잘 만들어 두면 누구든 스스로 질문하고 답할 수 있다.

이 생각법은 많은 곳에서 활용되고 있다. 중고 전문점에서 새로 들어온 물건을 어떻게 처리할 것인가? 매입 가능 여부, 훼손 여부, 등급 판정 등을 디시전 트리로 만들어 분류한다. 인터넷 쇼핑몰에서 전화 상담원들이 고객 업무를 일관되고 능률적으로 처리하게 할 때도 좋다. 취미 동아리를 고르는 사람들이 그 선택을 시뮬레이션하는 용도로도 쓸 수 있다. 단편 영화를 찍어 보려는 영화과 학생들에게 영화 제작의 처음부터 끝까지 부딪히는 문제들을 유기적인 프로세스로 설명하는 데도 활용 가능하다.

컴퓨터와 인공지능이 명령을 수행하거나 판단과 결정을 내리는 방식도 이와 기본 원리가 같다. 디시전 트리를 유기적으로 잘

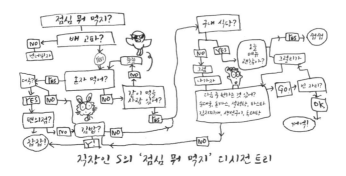

직장인 S의 '점심 뭐 먹지' 디시전 트리

설계해 두면 학습도 가능하다. 사실 생명체의 기본 단위인 유전자가 작동하는 방식도 이와 유사하다. 유전자란 어떤 상황이 닥치면 어떤 일을 하라는 명령어가 가득한 사전으로 볼 수 있다. 'If: 도마뱀의 꼬리가 잘리면 → Then 엉덩이는 새 꼬리를 만들어라.' 'If: 비버가 독립할 시기가 오면 → Then 나무를 모아 댐을 지어라.' 거북이의 알은 암수가 결정되지 않은 상태로 자란다. 그러다 성장 기간의 절반쯤이 지났을 때 주변 온도에 의해 성이 결정된다. 특정 온도 이상이면 암컷, 이하면 수컷. 매트 리들리는 『본성과 양육』에서 이런 작동 방식이 컴퓨터의 소프트웨어가 서브루틴을 불러와 실행시키는 것과 닮았다고 한다.

여기에 유의할 점이 있다. 생명체나 알파고 같은 고성능의 인공지능은 수많은 시행착오를 거치며 디시전 트리를 정교하게 만들어 두었다. 그러나 단지 디시전 트리의 모양을 하고 있다고 해서 그것이 믿을 만한 생각법인 것은 아니다. 요즘 인터넷에서 몇 번의 클릭으로 '나와 어울리는 10년 뒤의 직업'을 찾거나 성격유형을 검사하는 어플리케이션을 쉽게 볼 수 있다. 일종의 디시전 트리로 구성된 프로그램인 셈이다. 그런데 문항 하나하나를 정교하게 설계하고 통계에 기초해 개연성 있는 결과를 보여 주는 게 아니라, 편의적으로 문항을 던진 뒤 적당히 리스트된 결과 중의 하나를 보여주는 때가 많다. 사람들은 어떤 복잡한 과정을 거친 뒤에 결과를 얻으면, 그것이 사려 깊은 고민 끝에 내린 것이라고 착각하는 경향이 있다. 주술사도 그냥 운세가 적힌 카드를 뽑아 주는 게 아니라, 생년월일시를 물어보는 등 여러 복잡한 절차를 거쳐 점괘를 뽑아내면 더 그럴싸해 보인다.

각각의 디시전 트리가 얼마만큼 믿을 만한가를 판정하기란 쉬운 일이 아니다. 그러나 만약 그것이 세심하게 설계되었다면 그 질문에 하나하나 대답하는 과정 자체만으로도 큰 의미가 있다. 그러니 디시전 트리가 주는 최종 결과에 꼭 따르지 않아도 된다. 각각의 문제에 답을 하는 과정을 통해 생각의 단초를 얻는 정도로 활용할 수 있다. 나에게 여행 코스를 의뢰한 지인 중에는 K처럼 질문에 성의 없이 대답하다가, 갑자기 "맞아. 쌀국수 먹고 싶다. 베트남 가야 되겠다." 같은 식으로 결정해 버리는 경우도 꽤 있다. 그렇다고 K가 나와 나눈 문답이 무의미한 건 아니었다고 생각하고 싶다. 그러니 의뢰 비용으로 정해져 있는 작은 동물 인형을 사오는 걸 잊어버려서는 곤란하다.

운의 주사위 Luck

그는 답을 찾기 위해 카드를 돌리지. 우연의 신성한 기하학.

스팅의 노래 「Shape of My Heart」

매년 국공립 유치원에 지원하는 아이들의 숫자가 넘쳐난다. 사립 유치원에 비하자면 월 교육비가 1/10 수준이기 때문이다. 그런데 어떤 방법으로 아이들을 뽑아야 할까? 대학 입시처럼 시험을 칠 수는 없는 노릇이다. 당장 곳곳에 유치원 입시 학원이 생겨날 것이다. 한때는 선착순으로 모집을 받았다. 그랬더니 전날 밤부터 긴 줄을 서는 등 과열과 부작용이 적지 않았다. 그래서 2013년부터 추첨제로 전환했다. 번호가 적힌 탁구공이나 이름이 적힌 종이를 함에 넣고 임의로 뽑는 것이다. 결정의 방법은 운이다.

고대 문명부터 인류는 운의 생각법을 애용해 왔다. 어떻게 보면 가장 게으른 생각법인 것 같다. 하지만 다른 방법으로 결정하기 곤란한 상황, 궁지에 몰린 인간에게는 유일한 판단의 방법이기도 하다.

너클본(knucklebone)은 양, 소, 말처럼 발굽이 있는 동물의 관절 부위에 있는 작은 뼈다. 작고 가벼워 손으로 가지고 놀기에 아주 좋다. 많은 원시 부족들이 이것을 던지며 공기 놀이 같은 게임을 했다. 그런데 이 뼈의 앞뒤에 표시를 해서 어느 쪽으로 떨어지냐에 따라 OX의 생각법으로 점을 칠 수 있었다. 동전 던지기의 원형인 셈이다. 이어 동물의 뼈를 정육면체로 다듬은 주사위가 만들어진다. 이집트 왕조 시대인 BC 3천년경에 이미 현대와 비슷한 주사위를 사용했는데, 게임만이 아니라 점을 치는 도구로도 많이 활용했다. 주사위 둘을 한꺼번에 던져 상황을 36가지로 늘리기도 했다.

고대 중국에서는 대나무 패를 사용해 더욱 정교한 점괘의 체계를 만들었다. 규칙에 따라 패를 남겨 홀수이면 양(陽 -), 짝수이면 음(陰 --)이 되는데, 세 번 반복하여 8괘의 조합을 얻는다. 이를 둘씩 조합하면 64괘가 된다. 이 점괘를 설명하기 위한 사상의 체계가 『역경易經』인데, 주대(周代)에 정리되었다고 해서 『주역周易』이라고도 부른다. 유럽에서는 천체의 움직임을 열두 별자리를 중심으로 파악해 점성술이라는 체계를 만들었다. 역시 삶을 설명하고 미래를 예측하는 도구로 널리 사용되고 있다.

과학적 생각법이 널리 퍼져 있는 현대에도 운의 생각법은 사라지지 않고 있다. 사람들은 새의 움직임, 찻잎의 흔적, 타로 카드 등을 통해 점을 친다. 잡지나 신문에 나오는 '오늘의 운세' 란을 흘깃거리기도 한다. 제한된 정보와 무한한 변수 속에 흔들리는 인간 미물의 행로를 거대한 우주의 보이지 않는 규칙으로 안내받을 수

우리는 스스로 결정할 수 없는
[운]을 다룰 줄도 알아야 한다.

있다면 그것은 참으로 다행인 일이리라. 만약 그 점괘들이 절대적으로 맞다고 신뢰하는 사람은 이 책을 읽는 것보다는 좋은 주술사를 찾는 것이 좋겠다. 나는 그런 점괘의 결정을 믿지 않는다. 그러나 그 방법의 유용성이 전혀 없다고 말하지는 않겠다.

"주사위는 던져졌다." 기원전 49년에 율리우스 카이사르는 이렇게 말하며 루비콘 강을 건너 로마로 진격했다. 나는 주사위가 알려준 점괘가 맞았나 틀렸나의 여부를 검증하지 않겠다. 그러나 그 주사위는 역할을 했다고 본다. 누구든 운명의 갈림길에 서면 먼저 최선을 다해 확률, 대결, If 시뮬레이션으로 답을 찾기 위해 애써야 한다. 그래도 판단이 서지 않는 경우들이 분명히 있다. 가장 안 좋은 방법은 아무 길도 택하지 않고 주저앉는 것이다. 이때는 주사위를 던져야 한다. 그리고 시행착오를 겪어야 한다.

어떤 이는 점괘를 강하게 믿지는 않지만 카운슬링의 방법으로 사용한다고 한다. 타로 카드의 그림은 직설적인 해답을 주지 않는다. 느슨하게 상상력을 자극하며 자신의 문제를 여러 각도로 고려해 보게 된다. 알렉산더 조도로프스키 감독은 타로 카드를 뽑아 영감을 얻는다고 한다. 그러면 "세상은 당신 주변에서 춤을 추고 당신이 찾던 것을 건네준다."고 말한다.

"당신은 지금부터 5년 동안 정부 보조금과 기업체 투자를 받지 못합니다."

BLACK LIST

파이 차트에서 말한 행운의 바퀴(Wheel of Fortune)는 빙글빙글 돌아간다. 여신조차 누구에게 어떤 운이 갈지 모른다. 아파트 당첨, 로또 복권, 쇼핑몰 행운권 추첨 등이 그와 유사한 방법으로 누군가에게 특별히 큰 운을 준다. 떨어진 사람은 아쉬워하지만 그것이 순수한 우연의 결과라고 여기면 납득할 수 있다. 운은 아이러니컬하다. 공평한 방법으로 공평하지 않은 행운과 불운을 나누어준다.

그러나 기억하자. 로마의 우화작가 파이드루스는 말했다. "경험자가 점쟁이보다 훨씬 더 잘 안다." 춘추전국시대의 병법가 손자도 말했다. "병법에는 요행이 결코 없으니 재주를 부리다가 넘어지면 크게 다치거나 죽을 수도 있다." 나도 그들의 편이다. 가능한 주사위를 굴려 결정을 내리고 싶지 않다. 그러나 세상이라는 주사위가 내가 통제할 수 없는 운들을 전해준다는 사실은 인정한다. 그러니까 어쩔 수 없이 내게 찾아오는 운을 현명하게 다루는 생각법들을 단련시키고자 한다. 그런 면에서 보드게임에서 주사위를 던지는 것은 좋아한다. 똑같이 랜덤하게 주사위의 운을 만나더라도, 훌륭한 생각법을 갖춘 자가 게임에서 이기기 때문이다.

우리는 왜 셜록의 추리에 열광할까?

하루 종일 곤란한 일을 처리하던 사람들은 집에 돌아오면 TV를
켭니다. 인기 드라마에는 섹시한 뇌를 자랑하는 주인공들이
등장합니다. 런던의 명탐정 셜록 홈즈, 「CSI 과학수사대」의
길 그리섬 반장, 「시그널」의 미제 사건 수사관들…… 천재적인
두뇌와 노련한 수사법을 가진 주인공들은 도무지 풀리지 않을
것 같은 수수께끼를 해결하고 범인을 잡아냅니다. 미스터리는
21세기의 가장 인기 있는 장르가 되었습니다. 그런데 이상하지
않나요? 우리는 그렇지 않아도 골치 아픈 일에 둘러싸여
있잖아요. 그런데 왜 머리를 쉬어야 할 시간에 복잡한 문제를
풀이하는 드라마를 즐기는 걸까요?
나는 어떤 사건을 통해 나름의 답을 얻었습니다. 중학교 1학년
겨울방학 때의 일입니다. 서울에 신혼 살림을 차린 누나의 집으로
혼자 놀러 갔습니다. 큰 기대를 한 건 아니었습니다. 어린이
대공원 같은 건 꿈도 꾸지 않았지만 일주일 동안 봉천동 달동네의
단칸방에 갇혀 있는 신세는 너무 했습니다. 출판사 영업사원이던
매형은 얼굴 보기조차 힘들었고, 누나는 갓난 조카를 내게 맡기고
바깥일을 보러 다녔어요. 나는 조카의 기저귀를 갈며 돌아갈
날만 기다리게 되었죠. 그러다 매형이 미안했던지 큼지막한

지폐 한 장을 주었습니다. 들뜬 나는 혼자라도 서울 구경을
나가보기로 했죠. 코가 빨개질 정도의 찬 바람을 견디고 낯선
동네를 돌아다녔습니다. 그러다 어느 골목에 들어서자 뭔가
꺼림칙한 기분이 들었습니다. 번쩍하고 주먹부터 날아오더니
불량 학생들이 내 주머니를 털어갔습니다. 누나에겐 말도 못하고
밤새 씩씩대기만 했죠. 나쁜 놈들에 대한 미움보다 스스로를 향한
자책이 컸습니다.

다음날 나는 아침도 제대로 못 넘기고 집으로 돌아갈 가방을
싸고 있었습니다. 그때 띵똥! 하고 초인종이 울렸습니다. 누나가
벽시계를 보고 씽긋 웃더니 나가보라고 하더군요. 현관문을 삐걱
열고 나가보니 아무도 없었습니다. 장난인가 싶어 돌아서는 순간,
문 앞에 책 꾸러미가 보였습니다. 매형이 다니던 출판사에서
나온 추리문고전집이었습니다. 나는 그 책들을 들고 낑낑대며
기차에 올라탔습니다. 판다 그림이 그려진 표지를 넘기자마자
그 속으로 쑤욱 빠져 버렸고, 전날의 상처가 스르르 사라지는 걸
느꼈습니다. 단지 재미있었기 때문이 아닙니다. 명탐정들은 나의
뇌를 새로운 모드, '탐정 뇌'로 조정했습니다.

명탐정의 섹시한 뇌는 어디서 사나요?

1) 추리물은 우리가 만날 수 있는 최악의 문제, 온 신경을
집중해야 할 사건들을 다룹니다. 소리 없이 다가와 목을 따는
연쇄살인마, 누명을 쓰고 사형대로 갈 희생자, 인생을 뒤바꿀 수
있는 거액의 현금…… 이런 사건을 보고 있노라면 우리 일상의
문제는 사소해 보이죠.

2) 명탐정은 아무리 정교하게 짜낸 범죄도 결국 해결합니다. 간혹
실수를 하더라도 마지막엔 복잡하게 얽힌 수수께끼를 명쾌하게
해설합니다. 반면 우리가 일상에서 부딪히는 문제들은 깔끔하게

해결되는 일이 별로 없습니다. 우여곡절 끝에 일을 처리해도, 과연 제대로 해낸 건지 모를 때도 많습니다. 추리물의 명료하고 논리적인 세계는 우리의 뇌를 잘 정돈된 공간에서 쉬게 해 줍니다. 3) 이 과정을 통해 명탐정은 아주 효과적인 생각의 방법을 가르쳐줍니다. 감정을 배제하고 냉철한 이성으로 함정을 피해 증거를 수집하고 합리적으로 추리해내라, 그러면 답을 얻을지니. 이는 우리가 현실로 돌아가서도 아주 요긴하게 쓸 수 있는 생각의 도구입니다.

6장의 생각카드들은 합리적인 철학자, 탐정, 의사들이 복잡한 문제를 풀 때 쓰는 열쇠들입니다. 우리는 소크라테스처럼 꼬치꼬치 묻고, 코끼리처럼 막대한 기억을 다루고, 족집게로 오류들을 솎아내고, 악마가 되어 모든 생각에 딴지를 걸어볼 수 있습니다. 이 과정들을 유기적으로 결합시키면 머릿속에 생각의 특급 엔진을 장착할 수 있죠.

6장   문제 해결의 생각법

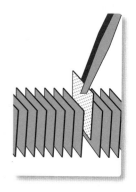

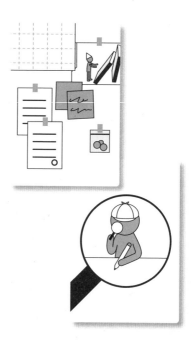

문제의 물음표 Problem

조사의 돋보기 Investigation

기억의 궁전 Memory

거짓말 Lie

솎아내기 핀셋 Get Rid of

추론의 테이블 Reasoning

악마의 변호인 Devil's Advocate

묻지도 따지지도 않고
살 수는 없다

합리적인 철학자, 탐정, 의사들이 복잡한 문제를 푸는 열쇠들이 있다.
우리는 소크라테스처럼 꼬치꼬치 묻고, 코끼리처럼 막대한 기억을
다루고, 족집게로 오류들을 솎아내고, 악마가 되어 모든 생각에
딴지를 걸어 볼 수 있다. 이 과정들을 유기적으로 결합시키면 머릿속에
생각의 특급 엔진을 장착할 수 있다.

문제의 물음표 Problem

문제는 절대 단독으로 존재하지 않는다.
그것은 시간과 공간 속에서 다른 문제들에 둘러싸여 있다.

조직이론가 러셀 애코프

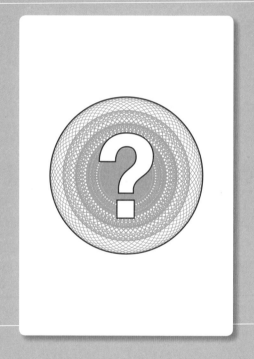

어떤 청년이 자동차에서 갑자기 피를 쏟으며 기침을 한다. 3주 동안 이 병원 저 병원을 다녔지만 원인이 무엇인지 밝혀내지 못한다. 청년은 결국 그레고리 하우스 박사의 진단 팀을 찾아온다. 드라마 「하우스」의 주인공은 진단의학과의 천재 의사다. 그는 치료를 하지 않는다. 그러니까 해답을 주지 않는다. 그의 역할은 문제를 분명히 밝히는 것이다.

청년의 증상은 특이하다. 하우스의 진단 팀에서도 쉽게 원인을 찾을 수 없다. 마약도 감염도 암도 아니다. 그러다 환자가 갑자기 환각 증세를 보인다. 팀은 면역 체계의 질환인 루프스로 진단한다. 하우스만이 반대하는데 루프스 치고는 병의 진행이 너무 빠르다는 것이다. 그럼에도 촌각을 다투는 순간이라 팀은 청년의 아버지를 설득해 간 이식 수술의 절차를 밟는다. 그때 하우스가 환자의 고양이가 한 달 전에 죽었다는 사실을 알게 된다. "죽은 반려동물이 있는데 이야기를 안 했다는 겁니까?" 하우스는 고양이가 나프탈렌 중독으로 죽었다는 걸 밝히고 환자 집의 벽을 부수게 한다. 문제는 거기에 있었다. 흰 개미가 둥지를 지키려고 방출한 나프탈렌에 고양이와 청년이 중독되었던 거다.

어림짐작은 간편하다. 그를 통해 적당히 해결책을 얻을 수 있다면 좋은 일이다. 그러나 우리가 맞닥뜨리는 많은 문제들은 이런 얄팍한 판단으로는 진짜 해답을 얻을 수 없다. 그러니 겉보기의 문제가 아니라 밑바닥의 진짜 문제를 찾아내야 한다. 이 문제를 둘러싼 시간의 앞과 뒤, 피라미드의 위와 아래, 겹과 층의 속을 탐색해야 한다. 그 과정은 물음표의 연속이다. 이 문제가 더 큰 문제의 전조는 아닐까? 겉으로 드러난 작은 증상이 사실 심층의 중대한 결함에서 유래한 게 아닐까? 무언가 강력한 힘이 이 상황을 조종하고 있는 건 아닐까? 그것을 알아내는 일은 쉽지 않다. 때론 하우스처럼 딱딱하게 언 땅에 삽을 꽂아 한 달 전에 묻은 고양이 사체를 꺼내야 한다.

혹은 이와 같은 방법들을 동원할 수 있다.

1) 깨어진 패턴
"어제까지는 괜찮았는데." 문제의 상당수는 '문제 없던' 패턴이 깨어지는 상황이다. 잘 작동되던 스마트폰의 전원이 켜지지 않는다. 그런데 왜 하필 전철역에서 중고 거래 약속을 잡았을 때 이런 일이

소크라테스는 아테네 곳곳을 돌아다니며 숨겨진 [문제]를 들추어냈다

벌어질까? 그때야 떠오른다. 작년에도 날씨가 추워지면 배터리가 쉽게 닳고, 갑자기 꺼지기도 했다는 사실을.

우리는 깨어진 패턴에 본능적으로 민감하다. 아기나 반려동물이 갑자기 먹지 않거나 잠을 많이 자면 겁이 덜컥 난다. 몸에 이상이 있는 걸까? 짠돌이 친구가 갑자기 저녁을 사겠다고 만나자면 의심을 한다. 빚 보증을 서 달라는 게 아닐까? 때론 게슈탈트의 생각법으로 "어쩐지 께름칙한데."라며 위화감을 느끼기도 한다. 이런 감각은 문제를 미리 파악하는 데 중요한 역할을 한다.

크고 복잡한 문제를 다룰 때에도 작지만 깨어진 패턴에 주목할 필요가 있다. 탐정은 피살자 혹은 그 주변인들이 사건 전후에 보인 행동들을 유심히 점검한다. "피해자는 항상 집에 들어가기 전에 PC방에서 1~2시간 게임을 했는데 그날은 하지 않았다." "피해자의 어머니가 사건 다음날 아침 일찍 은행에 가서 현금을 모두 찾았다."

'다른 그림 찾기' 등의 퍼즐 게임이나 '방 탈출 게임' 같은 두뇌 퀴즈도 이런 점에 주목한다. 균일한 패턴 속에서 특별히 달라지는 부분이 열쇠가 되는 경우가 많다.

2) 잠수함의 토끼

"냄비 안에 개구리를 넣고 물을 끓이면 서서히 올라가는 온도에 적응해 천천히 죽고 만다." 19세기의 몇몇 실험을 반영한 '끓는 물속의 개구리' 이론은 현대에 와서는 부정당하고 있다. 개구리도 온도가 높아지면 도망쳐 나온다고 한다. 그러나 그 교훈은 새겨 둘 만하다. 생명체는 점진적 변화에 적응하게 되어 있다. 패턴의 변화가 부드럽게 이어지면 인식하지 못한다. 이것 때문에 문제적 지점에 다가가도 위험을 모르게 된다.

잠수함 속의 토끼는 이를 극복하기 위한 방법이다. 초창기 잠수함에서는 물밑 항해가 길어져 산소가 부족해지는 상황을 측정할 장비가 없었다. 그래서 토끼를 함께 싣고 갔다. 이 가련한 동물에게 이상이 생기면 6~7시간 뒤에는 인간에게도 위험한 상황이 온다는 사실을 이용했던 것이다.

우리는 이제 토끼 대신 다양한 방식으로 눈금을 활용한다. 건강검진에서 몸무게, 허리 둘레, 혈당 수치 등이 특정 수치를 넘어가면 건강의 적신호로 여긴다. 현관문의 도어록은 건전지가 거의 닳으면 특별한 멜로디를 내보내 경고한다. 한국전력은 '지능형 전력계량 인프라(AMI)'를 이용해 치매/독거 노인의 전력 사용 패턴을 분석하고 급격한 변화가 있을 경우 보호자나 사회 복지기관에 통보한다.

이는 매우 효과적인 경보 시스템이지만, 문제를 계량할 수 있는 곳에서만 사용할 수 있다는 제한이 있다. 일상의 상황에서 우리는 '좀 더 예민한 사람' 같은 가상의 토끼를 두기도 한다. "저렇게 점잖은 분이 화를 낼 정도면 정말 나쁜 사람이야. 가까이 하지 말아야지."라며 어림짐작하는 식이다.

3) 야경꾼

조선 시대에는 해가 진 뒤에 궁궐과 도성 안팎을 순찰하는 순라군을 두었다. 조명 시설이 거의 없었던 과거에는 야음을 틈탄 범죄가 많았기 때문이다. 그리스, 이집트, 투르크 문명에서도 이와 비슷한 감시 체계를 운영했다. 어둠과 안개의 도시이자 높은 범죄율로 악명 높았던 런던은 13세기부터 와치맨(watchman) 제도를 이어 왔는데, 셰익스피어는 "졸거나 지껄이는 것 외에는 하는 일이 없다"고 꼬집기도 했다.

개인이나 조직의 문제를 조기에 발견하기 위해서도 야경꾼을 두어야 한다. 경찰, 경비원, 감사, 감찰관, 주치의 등은 전문적인 문제 발견자이다. 이들은 순찰, 점검, 검진을 통해 범죄, 사고, 질병의 요소를 미리 발견해 조치한다. 소크라테스 같은 훌륭한 사상가와 비평가들은 누구도 의식하지 못하는 문제를 과감히 들추어 내기도 한다.

4) 사전 부검

심리학자 개리 클라인(Gary Klein)은 소방관, 과학자 등 어려운 문제를 탁월하게 해결한 사람들을 연구한 결과, 그들이 자신의 실수를 머릿속에서 계속 재연한다는 사실을 알아냈다. 작은 실수에도 신경을 쓰며 상황을 어떻게 하면 개선할 수 있을지 지속적으로 궁리한다는 것이다. 그는 프로젝트의 실패를 방지하는 방법으로 사전 부검(Premortem)을 제안한다. 누군가 죽어 사후에 부검하는 게 아니라, 그가 죽은 것을 상정해 미리 부검하는 것이다. 리더가 말한다. "우리의 프로젝트는 완전히 실패했습니다." 팀원들은 왜 그렇게 되었을까, 골똘히 분석해 원인을 끄집어낸다. 이는 프로젝트를 실행할 때 '성공'의 가능성에 눈이 머는 상황을 방지해 준다. "내 그럴 줄 알았지."라고 나중에 말하는 것이 아니라, 미리 말하게 한다.

5) 생각카드

어떤 문제가 생겼을 때, 다음의 생각카드들을 훑어보는 것도 도움
이 될 것이다.

- 이 문제를 통해 이익을 얻는 자들은 누구인가? 그들 사이의
  링크는 어떻게 되는가?
- 애인의 무신경에 화를 냈지만, 정말 문제를 초래한 것은 내
  가 아닐까? 시점을 바꿔 보자. 그동안 애인이 나에 대해 잔
  소리하는 것에 내가 신경질적으로 반응했다. 그 반작용으로
  아예 무관심해진 것 같다.
- 동네에 괜찮은 식당이 있었는데 점점 재료도 나빠지고 서비
  스가 안 좋아진다. 돈 맛을 보더니 사람이 바뀌었나? 겉과
  층을 들춰보니 임대료가 두 배로 뛰었다고 한다.
- 때론 패턴 자체를 문제 삼아야 한다. 지금까지는 당연한 듯
  여겨져왔던 일들이 사실은 큰 문제였을 수 있다. "왜 성인만
  선거권이 있고, 청소년은 선거권이 없는 거지?"
- 문제가 원을 그리며 순환하는 경우도 있다. 악순환이다. 임
  금 정체 → 구매 감소 → 기업 구조 조정 → 세수 감소 → 정
  부 사업 축소 → 실업 증가. 이럴 때는 고리 전반을 끊을 근본
  적인 해결책을 찾아야 한다.

12명의 문제: 그렇다면 이해가 되는군

아이삭 그루생크의 카툰 「그렇다면 이해가 되는군That Accounts for It」. 그림 속 12명은 제각각 처한 문제를 푸념한다. 그러고선 모두 "그렇다면 이해가 되는군."이라고 맺는다. "작년보다 상황이 좋지 않아. 수입 지출이 전혀 균형이 맞지 않잖아. 맞아, 마게이트 휴양지에 가서 한 달을 보냈지. 제기랄. 그렇다면 이해가 되는군." 이런 식이다. 해답을 얻으려면 먼저 문제를 이해해야 한다.

조사의 돋보기 Investigation

나는 무엇이든 관찰하는 습관이 몸에 배어 있다네.

탐정 셜록 홈즈

생각의 방법에 있어 홈즈가 맞서야 할 상대는 누구일까? 모리어티 교수 같은 희대의 범죄자들일까? 절대 아니다. 그들은 사실 홈즈와 동류의 인간들이다. 비슷한 생각법을 가지고 서로 역할을 나눠 게임을 벌일 뿐이다. 어쩌면 범죄자 쪽이 더 뛰어날지도 모른다. 브라운 신부는 말한다. "범죄자가 창조적인 예술가라면, 탐정은 비평가에 지나지 않지."「한니발」과 「덱스터」는 천재적인 탐정과 범인이 거울을 보고 마주앉은 존재임을 잘 보여준다.

그렇다면 홈즈의 맞상대는 누구인가? 왓슨이다. 홈즈의 독설에 질린 고객을 달래주고, 기상천외한 사건을 정리해 사람들에게 알려 주는 것도 매우 중요한 역할이다. 그러나 그의 진정한 임무는 어떤 생각의 방식을 대표하는 것이다. 지극히 평범하지만 방만한, 고정관념에 사로잡힌, 그래서 실수하기 좋은, 우리 같은 일반인의 생각법이다. 왓슨은 홈즈와 거의 같은 정보를 보고서도 장님처럼 헤맨다. 홈즈는 그의 잘못을 지적하며 자신의 뛰어난 생각법을 자랑한다.

출발점은 조사와 관찰이다. 우리가 문제를 해결하려면 그와 연관된 정보를 충분히 얻어야 한다. 살인범을 잡아내기 위해서는 범행 현장과 피살자 주변에 대한 정보를 확보해야 한다. 새로운 가게를 차리려면 주변의 시장 조사를 진행해야 한다. 포커 게임을 할 때, 남들보다 카드 한 장을 더 본다는 것은 이길 확률을 엄청나게 끌어올리는 길이다. 이런 과정이 조사다. 그러나 단순히 지켜보는 것만으로는 부족하다.

홈즈는 남들과 똑같은 상황이 주어져도 중요한 단서들을 훨씬 빠르고 정확하게 파악한다. 상대의 억양과 단어, 셔츠에 묻은 얼룩, 창 밖의 말발굽 소리…… 사람들이 지나쳐버리는 것들로부터 중요한 퍼즐 조각들을 찾아낸다. "나는 무엇이든 관찰하는 습관이 몸에 배어 있다네. 내가 자네를 처음 봤을때 아프가니스탄에서 돌아왔느냐고 물었더니 무척 놀라더군." 홈즈는 낯선 이를 만나자마자 초능력이나 마술처럼 상대에 대한 정보를 추측해 낸다. "누군가에게서 들었겠지." "천만에! 관찰의 힘으로 알았을 뿐이네."

관찰은 단순히 눈과 귀로 들어오는 정보를 수동적으로 받아들이는 게 아니다. 주의 집중을 통해 의미 있는 정보를 능동적으로 확보하는 것이다. 검찰이 뇌물 비리 혐의가 있는 게임 회사를 압수수색한다고 생각해 보자. 장부와 컴퓨터 하드디스크를 확보해야지,

"USB 안에 증요 자료가 있어요."

탐문, 취재, 인터뷰, 검색… 치밀한 [조사]가 진실을 밝힌다.

모니터나 여직원 주소록을 압수할 필요는 없다. 아이의 학교 때문에 이사할 집을 알아본다고 생각해 보자. 집과 학교와의 거리에만 관심을 두면 곤란하다. 등굣길은 안전한지, 향락 위해시설은 없는지, 주변 놀이 공간은 충분한지 등을 꼼꼼히 파악해야 한다.

　때로는 지금 바로 눈에 보이는 것에 만족하지 않고 정보가 있을 만한 곳을 적극적으로 찾아가야 한다. 형사들의 탐문 수사, 기자들의 현장 취재와 인터뷰도 같은 속성의 것들이다. 『십오 소년 표류기』에서 무인도에 표류한 아이들은 정찰조를 보내 주변을 파악한다. 이들은 전반적인 지형을 파악한 뒤에 생존에 필요한 핵심적인 정보를 찾아내 기록한다. 식수원, 위험한 늪지대, 경비초소 후보지…… 그런데 문명 사회에 있는 우리는 인터넷과 같은 정보와 지식망도 적극적으로 사용해야 한다. 빠르고도 정확한 검색 능력은 문제 해결에 큰 도움이 된다.

　조사는 때론 지난한 시간과의 싸움이 되기도 한다. 홈즈는 사건이 터지면 어디론가 사라져 왓슨이 속이 터질 정도가 되어서야 나타나곤 한다. 지친 행색으로 보아 먼 곳을 다녀왔거나 밤새 실험을 했던 것도 같다. 수사 드라마에서는 이런 상황들을 빠른 속도로 넘겨서 보여 준다. 길고도 지루하기 때문이다. 그러나 꼭 필요한 과정이다. 홈즈는 『그리스어 통역관』에서 자신의 형 마이크로 프트에 대해 말한다. "관찰력이나 추리에 있어 형이 나보다 한 수 위라는 건 틀림없는 사실이야." …… "하지만 사건을 재판관이나 배심원에게 넘기기 전에 실제적인 증거를 끌어모아야 하는데, 절대로 그런 수고를 할 수 없는 사람이 나의 형이지." 홈즈는 '베이커 가 특공대'라 불리는 거리의 아이들을 정보 수집원으로 사용하는 등 이 부분에서 특별한 공을 들인다.

영화 「살인의 추억」에서 시골 형사 박두만(송강호)과 서울에서 파견온 서태윤(김상경)은 대조적인 수사법을 보여준다. 박두만은 집념 어린 탐문으로 주변을 샅샅이 뒤지지만, '무당눈깔'이라며 어림짐작에 의존하고 고문으로 자백을 강요한다. 서태윤은 프로파일링과 과학 수사를 주장하지만 DNA 분석조차 할 수 없는 한계에 발목을 잡힌다. 조사는 여러 생각법을 종합적으로 동원해야 하는 과정이다. 되도록 많은 자료를 확보해야 하지만, 동시에 현명하게 잘라내기하고, 합리적으로 오류를 솎아내기하고 검증해야 한다.

프로페셔널은 똑같은 시간을 들이더라도 유용한 정보를 더 많이 확보한다. 그들은 꾸준하고 의미 있는 관찰을 통해 많은 패턴의 데이터베이스를 가지고 있다. 홈즈는 옷소매가 닳은 여성을 보고 그녀가 평소 타자기를 많이 쓸 것이라고 추측한다. 타자기를 쓰는 직업으로 제한하면 조사의 범위가 훨씬 좁아진다. 우리는 각자의 영역에서 경험과 연습을 통해 이 능력을 키울 수 있다. 피아노, 검도, 서핑 등 무언가를 배워 본 사람은 예전에는 보거나 듣지 못했던 것들을 훨씬 예민하게 발견하게 된 경험이 있을 것이다. 화가라면 색, 연주자라면 음, 요리사라면 맛과 향에서 남들은 알아채지 못하는 것을 찾아내야 한다. 그 섬세함이 실력을 좌우한다.

기억의 궁전 Memory

가장 흐린 먹이 좋은 기억력보다 낫다.

중국 속담

영어 단어나 역사 연표를 잘 외운다고 머리가 좋아지는 것은 아니
다. 그리고 두뇌의 능력이 반드시 암기력과 일치하는 것도 아니다.
하지만 기억이 우리 생각의 능력에 매우 중요한 부분을 차지하는
건 사실이다. 우리는 비유적으로 '코끼리 같은 기억력'이라고 이야
기하는데, 실제 코끼리들은 기억력이 뛰어나고 그걸 잘 활용한다.
아프리카 초원을 돌아다니는 코끼리 무리에서는 나이 든 할머니
가 리더인 경우가 많다. 할머니는 번식 가능 연령을 한참이나 지난

뒤에도 생존 여행을 이끄는 리더로 중요한 역할을 한다. 특히 수십 년의 경험으로 축적해둔 초원에 대한 정보가 중요한 역할을 한다. 덕분에 코끼리 무리는 행군에 큰 어려움을 주는 진흙탕을 피하고, 가뭄 속에서도 식수를 더 쉽게 찾는다. 때론 무리를 공격했던 이를 기억하고 있다가, 몇 년 뒤에 보면 복수하기도 한다. 할머니의 기억력이 무리의 집단 생존률을 높이는 것은 분명하다.

인간의 지적 능력에서도 기억은 결정적 역할을 한다. 기억의 체계는 단기 기억과 장기 기억으로 나뉜다. 단기 기억은 우리가 주의 집중할 때 사용하며 컴퓨터의 RAM과 같은 기능이다. 작업 기억이라고도 한다. 단기 기억의 일부는 장기 기억(컴퓨터라면 하드 디스크)으로 저장된다. 애니메이션 「인사이드 아웃」을 보면 라일라의 중요한 체험들이 구슬처럼 만들어져 긴 통로를 통해 기억 보관소로 보내지는 장면이 나온다. 우리는 수시로 이런 기억들을 끄집어내 활용한다.

기억에는 여러 종류의 모듈이 있는 것 같다. 눈으로 본 사물을 그대로 기억하는 '사진 기억'이 특별히 뛰어난 사람들도 있다. 『서울대에서는 누가 A⁺를 받는가』를 쓴 이혜정 교수는 서울대의 성적우수자들이 사진 기억을 통한 암기력이 뛰어나다고 말한다. (그러나 창의적인 토론 능력은 떨어진다고 한다.) 런던의 복잡한 도로를 운전하는 택시 기사들은 '공간 기억'을 관장하는 해마가 특별히 커진다고 한다. 숫놈 카나리아는 봄이 되면 노래를 배우는 중추가 두 배로 커진다. 그리고 교미기가 끝난 뒤에는 중추가 수축해 노래를 다 잊어버리고, 다음해 봄에 다시 중추가 커져 새 노래를 배운다. 말하자면 '노래 기억'에 특화되어 있는 것이다. '머리는 잊어버려도 몸이 기억한다'는 말도 있다. 춤이나 자전거 타기 같은 몸 기술을 배우고 유지하는 방식은 영어 단어를 외우는 것과는 다른 방식으로 작동한다.

"할머니, 못 말려."

늙은 암컷 코끼리의 기억력은 무리의 생존을 좌우한다.

기억이 생각과 활동의 다방면에서 맹활약하는 건 잘 알겠다. 그렇다면 어떻게 하면 기억을 더 많이, 그리고 효과적으로 해낼까? 툭하면 할 일을 잊어버리고, 지난 주에 본 영화 제목도 떠오르지 않는 건망증은 어떻게 극복할까?

단기 기억은 작업 테이블로 생각해 보자. 그 테이블은 크기가 제한되어 있다. 그러니 멀티 태스킹의 유혹에서 벗어나야 한다. 집중해야 할 주제 이외에 정신을 산만하게 하는 요소를 없애야 한다. 그러지 않으면 연상의 그물을 통해 잡생각들이 끝도 없이 테이블 위로 기어 오른다. 그리고 테이블 가까운 곳에 생각의 연장들을 갖춰 두면 효과적으로 생각거리들을 처리할 수 있을 것이다. 실제 머리 속에 연장들을 걸어둘 공간은 없다. 대신 우리는 외부에서 그와 유사한 환경을 만들 수 있다. 이 책에서 소개하는 생각카드들을 가까운 곳에 갖춰 두고 필요할 때마다 꺼내 보는 것을 권한다.

장기 기억을 잘 다루기 위해서는 어떻게 해야 할까? 홈즈는 문제를 맞닥뜨리면 다방면의 심도 깊은 지식을 끄집어내서 해결한다. 그리고 그게 탐정의 기본이라고 뻐긴다. "향수는 75가지 종류가 있는데, 범죄 전문가라면 각각의 냄새를 구별해야 하지." 그렇다면 그는 왓슨 같은 이는 범접할 수 없을 정도로 어마어마한 기

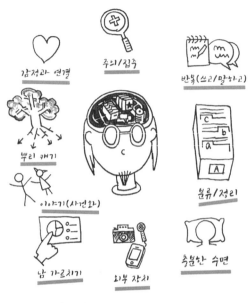

감정과 연결　　주의/집중　　반복(쓰고/말하고)

뿌리 캐기

이야기(사건화)

블류/정리

남 가르치기　　외부 장치　　충분한 수면

효과적으로 기억하는 9가지 방법

억 용량을 가지고 있을까? 그건 아닌 것 같다. 홈즈는 천문학에는 특별히 무지하여 지구가 태양 주위를 돈다는 사실도 모른다.(혹은 모른 척 한다) 그리고 그 점에 대해서 이렇게 말한다. "바보는 눈에 보이는 온갖 종류의 잡동사니를 닥치는 대로 받아들이지. 그래서 정작 쓸모 있는 지식은 밀려나고, 기껏 남게 되더라도 다른 지식들과 뒤죽박죽 섞여 손을 대기가 쉽지 않아. 하지만 솜씨 좋은 장인은 머릿속 다락방에 넣을 것을 아주 신중하게 고르지."

홈즈는 『주홍색 연구』에서 두뇌를 머릿속 다락방에 비유하고 있다. 현대 인지과학의 입장에서 보자면 '다락방'은 너무 좁아 보인다. 그래서 BBC 드라마 「셜록」에서는 기억의 궁전(Mind Palace)이라는 기억법을 사용한다. 크기는 다르지만 방법의 기초는 같다. 머릿속에 가상의 공간 구조를 세워 두는 것이다. 실제 자신이 잘 알고 있는 건물을 머릿속에 옮겨 심어도 된다. 건물 안에는 여러 방이 있고, 방 안에는 옷장, 서랍, 사물함 같은 것들이 있다. 중층화된 분류 상자 같은 방식이다. 자신이 무언가를 꼭 기억해야 하겠다고 생각하면 분류의 기준에 따라 '3층 다락방의 선반' 같은 곳에 넣는다. 나중에 그걸 떠올려야 하면 그곳을 찾아들어가 끄집어낸다. 「셜록」 시즌 3에서 향수 냄새를 맡은 홈즈는 '향수 → 샤넬 → 클레르 드 라 룬' 식으로 큰 상자에서 작은 상자를 꺼내가며 기억을 구체화시킨다.

기억의 궁전과 같은 기억술을 잘 사용한다고 주장하는 사람들도 있다. 그러나 시스템을 갖추고 훈련하는 데는 만만찮은 시간이 필요하다. 나의 견해로는 '효과적인 기억의 분류 체계를 갖추어야 한다' 정도로 이해하는 게 좋을 것 같다. 우리는 머릿속에 기억의 작은 다락방, 혹은 거대한 궁전을 지을 수도 있다. 그런데 우리는 머리 바깥에 그 수만 배의 저장 공간을 만들 수 있다. 노트, 메모 앱, 하드디스크 같은 것들이다. 우리 두뇌의 부담을 줄여 창의적인 사고 작용에 집중하기 위해서는 오히려 기억을 바깥으로 내보내는 것이 좋을 수도 있다. 메모나 노트로 나의 기억을 이전하고 책과 인터넷을 검색해 인류의 집단 기억을 수시로 참조하는 것이다. 세계의 지식 정보가 점점 쉽게 연결되고, 검색 시스템은 점점 효율적으로 바뀌고 있다. 머리 안의 기억보다 바깥의 기억을 적절히 활용하는 기술이 더욱 중요해지고 있다.

⑤ A. 내 머릿속의 방

내 머릿속에 기억의 방들을 만들 수 있다면, 어떻게 나눠 어떤 이름표를 달아
줄까? 우선 리스트로 만들어 보자.

방 이름	용도

BBC 드라마 「셜록」에서
탐정 셜록은 기억의
궁전에 저장해 둔
정보들을 소환해 추리에
활용한다.

B. 내 기억의 궁전

다음과 같은 건물이 머릿속에 있다면 어떤 기억을 어떤 방에 담아두고
싶은가? A의 리스트에 쓴 것들로 채워 보자.(혹은 당신이 잘 알고 있는
건물을 이용해도 좋다.)

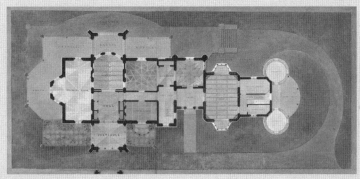

알렉산더 데이비스가 가상으로 설계한 뉴저지의 저택 건축 지도(1865년)

다음의 몇 가지 방법을 참고하라.
- 실제로 건물 속을 걸어 움직이는 것처럼 기억의 방에 들어가라.
  어떤 방 옆에 어떤 방이 있다는 식으로 기억하라.
- 하나의 방 안에도 여러 가구를 놓아 세부의 기억들을 나눠 담아도 된다.
  방의 향기, 가구의 촉감, 서랍 여닫는 소리 같은 다양한 감각으로
  연상의 끈을 만들어라.
- 조각상, 거울, 액자, 피아노 건반, 정원의 화분 같은 것에도 기억을
  담을 수 있다. 계단은 숫자에 맞춰 기억해야 하는 것에 이용해 보라.
- 가장 빈번히 기억해야 하는 것은 쉽게 찾아갈 수 있는 곳에 둔다.
  꼭꼭 숨겨 둬야 할 기억은 당연히 깊숙한 곳에 둔다. 쉽게 들어갈 수 없는
  비밀의 방을 만들어도 좋다.
- 가까운 친구를 초대하라. 평면도를 보면서 안내하라. 누군가에게
  기억의 궁전을 설명하면 더 또렷이 기억할 수 있다.
- 종이 위의 궁전을 머릿속으로 옮기고 수시로 탐험하라.
  눈을 감고 돌아다니며 방의 구조를 바꾸어 보라. 때론 기억의 일부를
  통째로 내다버릴 수도 있다.

거짓말 Lie

독을 파는 자가 꽃으로 장식한 간판을 내건다.

헝가리 속담

나는 적대국에 잠입한 스파이다. 지금 호텔 방에서 열쇠를 들고 고민에 빠져 있다. 우리 조직의 비밀 금고가 적의 손에 넘어간 것이다. 금고 안에는 우리 조직의 명단이 통째로 들어 있다. 그런데 이 열쇠 없이 금고를 해체하려고 하면 내용물이 폭발하도록 되어 있다.

호텔방 주변은 경찰 병력이 완전히 포위했다. 그들은 금속 탐지기까지 확보하고 있어, 내가 열쇠를 들고 나가거나 방 안에 숨기거나 금세 찾아낼 것이다. 창 밖을 내다보니 골목 여기저기에 경찰들이 잠복해 있다. 섣불리 열쇠를 던져버리기도 어렵다. 열쇠는 워낙 단단한 금속이라 훼손할 수도 없다. 이미 조직에 연락해 대피하라고는 했지만 가능한 시간을 지체해야 한다. 어떻게 해야 할까?

그때 어떤 생각이 떠올랐다. 나는 협력자에게 전화를 했다.

얼마 뒤 대규모 병력이 호텔 방문을 부수고 들어왔다. 때마침 협력자의 트럭이 창 아래에 도착했다. 나는 열쇠를 트럭 짐칸 위로 던졌다. 트럭은 곧바로 경찰에게 제지당했다. 하지만 우리 조직원들은 충분히 도망갈 만한 시간을 벌었다. 나는 어떻게 했을까?

나는 협력자와의 통화에서 이렇게 말했다. "빨리 큰 열쇠방이나 열쇠 공장을 찾아. 가능한 많은 열쇠를 확보해 트럭 뒤에 싣고 오라고." 무언가를 숨기기에 가장 좋은 장소는 어디인가? 진실과 닮은 거짓들 속이다.

우리는 조사하고 기억해낸 수많은 정보들을 조합해 문제의 답을 찾아내야 한다. 만약 우리가 확보한 정보들 모두가 참이라면 더 많은 조각들을 얻을수록 문제는 쉽게 해결된다. 그러나 세상은 호락호락하지 않다. 참인 척 하는 거짓, 참인 줄 알았던 오류와 착각들이 우리를 현혹한다.

인류의 두뇌가 이토록 발전한 데는 거짓말이 지대한 역할을 했을 것으로 보인다. 한 집단이 공동의 노력으로 식량을 얻고 각자의 몫을 나눌 때, 약삭빠르게 남의 물건을 훔치고 모른 척 입 닫는 것은 매우 효과적인 생존법이다. 누군가에 대한 거짓 비방으로 서열을 떨어뜨리려는 시도도 빈번하게 이루어진다. 다행히도 진화심리학자들은 말한다. 우리 두뇌에서 '사기꾼을 찾는' 모듈이 특히 발달해 있다고. 누군가 부당한 이익을 얻으려고 할 때 그것을 밝혀내는 문제에 특별히 정답률이 높다. 미국의 명문 대학원생과 남아메리카 원주민의 실력이 비슷하다. '거짓말쟁이는 용납 못해'라는 가치에 기반한 집단적 감시도 치밀하다.

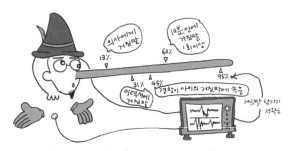

당신은 이런 [거짓말]들을 걸러낼 여과장치를 갖추고 있는가?

그럼에도 '나는 거짓에 흔들리지 않아.'라는 지나친 자기 확신은 위험하다. 가장 큰 거짓말쟁이는 사실 우리 안에 있는 경우가 많다. 인간은 자신의 이해 관계 때문에 진실을 구부러뜨리는 일도 서슴지 않는다. 체면과 부끄러움 때문에 입을 닫기도 한다. "모든 인간은 거짓말을 한다." 수많은 범죄자들을 만나온 경찰이 할 법한 말이다. 그러나 이 대사의 주인공은 의학 드라마의 주인공 하우스다. 살인범이나 경제사범이 작정하고 증거를 조작하는 것은 이상하지 않다. 그러나 환자나 보호자가 병을 치료해 줄, 그러니까 최대한의 진실한 정보를 전해 주어야 할 의사에게 거짓말을 한다는 것이다.

우리가 즐겨 사용하는 생각법들도 이런 함정에 빠지게 한다. 우리는 너무 쉽게 패턴을 찾아낸다. 없으면 만들어 낸다. 하늘의 구름을 보고 강아지나 스머프 얼굴을 떠올리는 건 해롭지 않지만 부인의 SNS 사진에 우연히 들어온 남자 넥타이를 보며 가상의 불륜 상대를 창조해내면 곤란하다. 그릇된 인과 관계를 만들어 내는 습성도 위험하다. 자신이 거짓말을 했거나 거짓을 믿었다는 걸 쉽게 인정하지 않는 경향도 상황을 악화시킨다.

우리가 하우스의 독설에 박수를 치는 이유는 이런 거짓말을 감

가짜 뉴스의 범람으로 '팩트 체크'는 너무나 중요한 일이 되었다.

싸 주지 않고 진실을 위해 맹렬히 돌진하는 그 능력 때문이다. 거짓을 발견하면 통렬하게 폭로하고 망신을 주는 자신만만함 때문이다. 그런데 어떻게 거짓을 가려낼 것인가? 우리가 얻은 정보, 누군가의 증언이 얼마만큼 믿을 수 있는지 어떻게 판단할 수 있을까?

수사 드라마 「멘탈리스트」의 주인공은 상대의 거짓말을 기막히게 알아내는 능력을 가지고 있다. 손가락을 꼼지락대거나 입술을 삐죽대는 등 거짓말할 때의 신체 패턴을 통해서다. 게슈탈트의 생각법으로 상황 속에서 어떤 '위화감'을 발견하는 방법도 있다. 그러나 어림짐작만으로는 부족하다. 좀 더 단단한 도구가 없을까?

홈즈는 사사로운 감정을 배제하고 객관적인 증거만을 믿는다. 하우스는 철저한 의학적 데이터에 따라서만 병을 판단한다. 이들은 생물학자 에드워드 윌슨의 말처럼 '과학의 칼'을 중요한 도구로 삼고 있다. 그것은 "인간 존재의 음침한 늪을 가로지르는 지름길을 만든다." 이밖에도 수학, 논리학, 통계의 단단한 칼들이 있다. 법학에서의 증거 제일주의도 이와 통한다. 가해자나 피해자의 진술 백 마디보다는 블랙박스 영상이 더 큰 역할을 한다. 21세기에 와서 CSI 등의 과학수사물이 큰 인기를 모은 것은, 불확실한 정보와 거짓에 뒤엉켜 있는 시대에 부정할 수 없는 참의 지지대를 확인하고 싶은 것이리라.

도그마에 빠지지 않도록 집단적인 비판 기능을 갖추는 것도 중요하다. 과학에도 논쟁적인 이론들이 여전히 존재한다. 그러나 그것의 의미를 충분히 파악하고 있는 전문가 집단의 검증을 통해 더 우세한 이론이 받아들여지고, 또 계속된 실험과 적용을 통해 검증을 이어 간다. 19세기의 홈즈는 무소불위의 천재성, 틀리지 않는 만능의 지능을 자랑한다. 반면 21세기의 하우스는 전문가 집단 속에서 끝없이 비판하고 비판받는다. 그래서 때로는 틀리기도 한다. 경쟁과 대결의 생각법을 잘 활용하고 있는 것이다.

이제 뒤집어 보자. 우리가 의사나 탐정이 아니라 도둑이나 스파이가 될 수도 있다. 누군가와 싸워 이기려면 능수능란하게 거짓말을 해 상대를 속이는 능력도 필요하다. 도박에서는 자신의 패를 감추고 블러핑을 해 상대를 현혹시켜야 한다. 『손자병법』이 가르쳐 주는 방법들의 상당수는 상대를 속이는 수법들이다. "공격하려고 할 때는 무기력하고 공격 능력이 없는 것처럼 보여야 한다. 적과 가까이 있을 때는 멀리 있는 것처럼, 멀리 있으면 가까이 있는 것처럼 해야 한다." 탐정은 도둑의 마음처럼 생각해 보아야 한다. 도둑 역시 경찰의 입장에서 자신의 속임수를 밝히려고 애써 봐야 한다.

솎아내기 핀셋 Get Rid Of

비결은 소박한 목표를 세워서 하나씩 지워나가는 겁니다.

생존 전문가 베어 그릴스

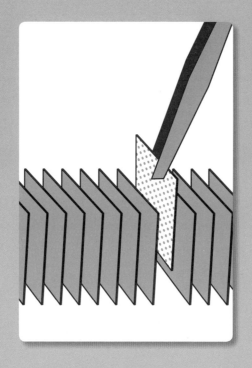

솎아내기는 잘라내기의 확장판 도구들이다. 가치 없는 정보, 거짓된 주장에 혹사당하기 전에 다음과 같은 기술들을 사용해 효과적으로 제거하자.

1) 소거법

추리 장르는 산장, 섬, 열차처럼 고립된 장소를 좋아한다. 제한된 숫자의 용의자를 그 안에 가두어 두면 효과적인 추리 게임을 할 수 있기 때문이다. 『소년 탐정 김전일』은 "범인은 이 안에 있습니다." 라고 외치기 전에 용의자들을 리스트로 만든다. 그리고 용의자 중에 범행을 절대 저지를 수 없는 사람들을 솎아낸다. 이미 죽은 자, 칼로 찌를 만큼 힘이 없는 자, 범행 시간에 현장에 없었던 자…… 아무리 범인이라는 심증이 깊어도 알리바이가 명확하면 용의 선상에서 제외시켜야 한다. 이런 방식을 소거법이라고 한다. 용의자의 수를 줄여 가다 보면 범인에 가까워지게 된다. 홈즈는 말했다. "불가능한 일을 제외한 다음 남은 것은 아무리 불가능해 보일지라도 반드시 진실이다."

하우스의 진단팀도 기본적으로 이 방식을 사용한다. 우선 환자의 증상을 리스트로 만든 뒤에 의료팀을 소집한다. 팀원들이 이런 증상을 가능하게 하는 원인의 리스트를 제안하면 양쪽을 대조하며 소거법을 적용한다. 어떤 진단은 가능성이 없다는 이유로 배제한다.(환자는 그 병이 발병된 지역에 간 적이 없어.) 어떤 진단은 증상과 일치하지 않는다는 이유로 배제한다.(만약 그 진단이라면 고열이 생겨야 하는데, 체온은 정상이라고.) 이렇게 틀릴 가능성을 줄여가며 진짜 원인에 접근한다.

생존 전문가 베어 그릴스도 이 방식을 좋아한다. 그는 폭우로 범람한 계곡을 위태하게 지나가며 이렇게 말한다. "비결은 소박한 목표를 세워서 하나씩 지워나가는 겁니다." 지금 당장 가능한 일의 체크리스트를 만든다는 것이다. '이럴 줄 알았으면 텐트나 핫팩을 챙겨 올 걸.' 따위의 미련들은 빨리 없앤다. 지금 할 수 있는 일들만 리스트로 추린다. 그리고 용의자들을 솎아내듯이 그 리스트들을 하나씩 처리한다. 그러면 어느새 생존에 가까이 다가갈 수 있다.

2) 쓰레기 정보 걸러내기

의미 있는 정보만을 가지고 퍼즐을 맞추기도 버거운데, 문제를 혼

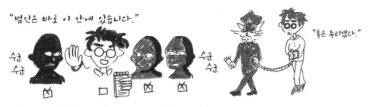

"범인은 바로 이 안에 있습니다."

수군수군

수군수군

"좋은 추리였다."

불가능한 일을 차례대로 제외하면 진실만이 남는다.

란시키는 불순물이 있으면 그 어려움은 몇 배가 된다. 추리물에서도 해당 사건과 관련 없는 돈 가방, 시체, 증언 같은 것들이 주인공을 혼란스럽게 만든다. 그런데 이는 독자들에게 수수께끼를 푸는 재미를 주려고 적당히 제공되는 불순물이다. 실제의 삶에서는 훨씬 다양한 쓰레기들이 우리를 괴롭힌다. 생각카드를 활용해 이들을 효과적으로 걸러내 보자.

ㅇ 표적판 먼저 사건의 핵심과 가까운 것들 위주로 정보를 관리해야 한다. 제한된 시간과 인력으로 문제를 처리해야 할 때, 중요성이 낮은 것은 과감히 뒤로 미루어 둔다.

ㅇ 물고기 복잡한 인물들이 얽힌 다단계 사기 사건을 생각해 보자. 온갖 이해 관계들이 뒤엉켜 있다. 모두가 나쁜 놈이다. 하지만 범행의 몸통이 제일 중요하다. 그 뼈대를 중심으로 사건을 재구성해 본다.

ㅇ 피라미드 정보의 신뢰도에 위계를 만들어 둔다. 수많은 정보 중에 '더 솔깃한 것'이 있을 수 있다. 그러나 중요한 것은 정보가 얼마나 사실에 가까운가에 있다.

– 수학적 공리(1+1=2)나 선험적으로 참인 진술(나의 매형은 남자다)은 최상위를 차지할 것이다.

285

- 내가 직접 경험한 사실 역시 높은 순위이겠지만, 그것 역시 기억의 착오 등 의심의 가능성이 없는 것은 아니다.
- 과학 논문이나 공신력 있는 매체의 기사는 상위권이다. 해당 정보가 시간을 거치며 여러 과학자, 매체에 의해 검증되었다면 더욱 신뢰가 높아질 것이다. 악마의 변호인들에게 두드려 맞은 뒤에도 살아남은 것이니까.
- 인터넷 '카더라 통신' 등은 흥미도가 높지만 신뢰도는 하위에 있을 것이다. 이런 정보는 여러 미디어가 관심을 가지고 검증할 것이다. 그것을 기다리는 것도 좋다.
- 타인의 증언, 주장은 여러 필터를 거쳐서 받아들여야 한다. (사건의 이해당사자인가? 상대의 감정이나 가치 체계가 정보를 왜곡시킬 가능성은 없는가?)

3) 논리적 오류 가려내기

때론 그럴듯한 논증 형식을 취하고 있지만 거짓으로 이끄는 주장들도 적지 않다. 논리학자들은 이런 오류들의 패턴을 찾아 '성급한 일반화의 오류' '권위에의 호소' 같은 이름을 붙여 리스트로 보여준다. 그런데 논리학 시험을 칠 게 아니면 그 이름을 외우려고 애쓸 필요는 없다. 오류의 패턴들을 이해하고 숙지해두면 된다.

나는 생각카드를 활용해 여러 오류의 가능성을 검토해 보기를 권유한다. 어떤 주장이 뭔가 이상하게 느껴지면, 다음의 오류 점검표를 훑어보며 비슷한 형식을 찾아보자.

⑥ 생각카드로 오류 숨아내기

망치는 못을 박는 도구이지만 살인의 도구도 될 수 있다. 우리가 쓰는
생각법은 세상의 참을 밝히는 도구여야 하지만, 때론 거짓을 은폐하기 위한
도구로 이용된다. 이제 흔히 걸려들기 쉬운 오류의 함정들을 생각카드에 비춰
검토해 보자. 논리학에서 비형식적 오류라 불리는 것들을 중심으로 주요한
오류의 패턴들을 소개한다.

표적판　허수아비 공격
상대방의 주장을 왜곡해 약한 허수아비로 만든 뒤 비판하거나,
논점을 일탈해 주의를 돌린다. (사냥개에게 엉뚱하고 강한
냄새를 맡게 하는 방법과 비슷하다고 '훈제 청어'라고도 한다.)
"주한미군의 범죄가 심각해 소파 협정을 개정해야 한다고?
그냥 북한한테 쳐들어오라고 하지 그래?"

힘　힘에 의지하기
강한 힘을 가진 존재나 다수의 의견을 무조건적으로 따른다.
피리 부는 사나이를 따라간 아이들처럼 유행을 추종하는
경향도 이와 통한다.
"올림픽 금메달리스트가 보는 신문이라니 믿을 만하겠네요."
"될 사람을 밀어줘야지."

파이　성급한 일반화
일부분에 불과한 의견이나 사실을 전체의 것으로 여긴다.
눈금과 확률의 생각법으로 교정해야 한다.
"내가 트위터에서 아는 사람들은 전부 허경영 찍었어.
대통령 꼭 될 거야."

인과　인과의 환상
우연히 동시에 일어난 일을 인과로 보거나(우연의 일치),
어떤 주장을 뒷받침하는 증거를 댄다며 원래 주장을
되풀이하거나(순환 논증), 여러 원인이 복합적으로 작용한
일을 하나의 원인으로 축소한다.
"사회의 요직에 올라 있는 사람의 90퍼센트가 남성이야.
그러니 남자의 능력이 더 뛰어난 건 사실이지."

프레임　선입관과 원천봉쇄
상대방의 주장을 선입관과 편견에 기대 비판한다. 상대의
반론을 원천봉쇄(우물에 독 풀기)하거나 싸움의 원인을
상대에게 돌린다.
"미야자키 하야오가 전쟁 비판 애니메이션을 만든다고?
일본인은 결국 자신들의 침략을 미화하게 되어 있어."

감정　감정에 호소하기
상대방의 동정이나 연민에 호소해 주장을 받아들여달라고
한다. 반대하는 입장에 대해 인신 공격으로 감정적인 반응을
이끌어낸다.
"제가 부모를 죽였다고 감옥에 보낸다고요? 고아인 제가
불쌍하지 않으십니까? 검사는 애가 없어서 이 사건을 이해할
수 없어요."

게슈탈트　맥락 일탈, 강조
전체적인 맥락을 읽지 않고 논리의 형식적인 면만
바라본다(맥락 일탈). 특정 부분을 의도적으로
강조한다.(강조의 오류)
"국민의 80퍼센트가 병원에서 죽습니다. 그러니 병원이 가장
위험한 겁니다."

선택 OX　거짓 딜레마

다양한 선택지가 있는 상황을 양자택일의 상황으로 몰아간다. 거짓 딜레마 혹은 양자택일의 오류라고 한다.

"너 한 대 맞고 할래? 그냥 할래? 5초 안에 대답 안 하면, 명령불복종으로 간주한다."

유추　과도한 비유

복잡한 사안을 단순하고 명쾌한 사안으로 비유해 설명하는 것은 수사학의 중요한 기술이다. 하지만 지나친 비약으로 나아갈 경우가 많다.

"너는 인생은 마라톤과 같다고 했잖아. 그러면 제일 빨리 죽는 사람이 우승자겠네."

분해/조립　아기 버리기

목욕물을 버리면서 아기까지 버리듯이, 사소한 오류를 빌미로 논증 전체를 가치 없는 것으로 여긴다. 분해/조립을 통해 취할 것과 버릴 것을 분별해야 한다.

"청와대 행정관을 내사한 문건은 '불법'으로 언론에 유출됐죠? 그러니 그 안의 내용은 전혀 고려할 가치가 없습니다."

확률　갬블러의 오류

완전히 독립적인 상황인데, 앞의 상황과 연관시켜 확률을 잘못 판단하는 경우다. 주사위, 도박, 복권 등 확률에 관련된 사안에서 많이 저지른다.

"전 항상 여기서 로또를 사요. 1등이 세 번 나온 명당 자리거든요."
"그럴수록 딴 데서 사야죠. 한번도 안 나온 데가 더 가능성이 높죠."

시점　피장파장의 오류
사실을 바로 보기 위해 우리는 다양한 시점을 검토해야 한다.
그러나 이를 남용해 어떤 비판도 할 수 없게 만든다.(양비론)
"저쪽 당은 얼마나 깨끗해서 대통령이 뇌물받았다고 욕을
해요?" "술 먹고 호텔 방에 같이 들어간 네가 잘못이야."

화살표　미끄러운 경사면
일단 시작되면 연속적으로 어떤 일들이 벌어질 거라 주장한다.
화살표 중 하나만 문제가 있어도 잘못된 주장이 된다.
"엄마, 내가 아이돌 콘서트를 못 가면 너무 우울할 거야.
수면부족으로 공부도 못 하고, 기말고사도 망치겠지. 대학도
못 가고 낙오자가 되고……".

이야기　내러티브의 오류
인간은 복잡한 사건을 설명하려고 그럴듯한 이야기를
지어내고 믿곤 한다. 사안을 풍성하게 이해하는 방법일 수도
있지만, 여러 억측을 개입시킨다.
"그 모든 사태가 최순실과 고영태의 불륜에서 비롯된 거예요."

거짓말　무지에의 호소
누군가 어떤 주장을 펼친다면, 그것을 입증할 책임은
주장을 편 사람에게 있다. 어떤 것이 참인지 모른다고 해서
바로 거짓이 되는 건 아니다. 참인지 거짓인지 결정할 수
없을 뿐이다.
"신이 없다는 걸 증명 못 하지. 그러면 신은 있는 거야."
"피의자는 자신이 범행 현장에 없었다는 증거를 제출하지
못했습니다. 그러니 그가 범인임에 틀림 없습니다."

추론의 테이블 Reasoning

가추법의 예측이 꼭 성공하리란 보장은 없다.
허나 우리의 미래를 이성적으로 다룰 수 있는 유일한 가능성을 제공한다.

논리학자 찰스 퍼스

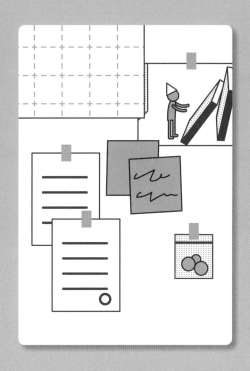

신경과학에서는 지능을 이렇게 정의한다. '추리에 의해 새로운 변
화들을 조정, 해결하고 새로운 형태의 값진 행동과 표현을 창조하
는 능력.' 그렇다면 '추리'란 무엇인가? '알고 있는 것을 바탕으로
알지 못하는 것을 미루어서 생각하는 것'이다. 같은 정보를 확보
했더라도 남들은 모르는 걸 알아내는 사람은 추리를 잘하는 사람
이다. 그런데 추리력은 도둑이나 살인범을 잡는 데만 쓰는 게 아니
다. 비 맞은 가련한 개를 위해서도 그 능력을 쓸 수 있다.

291

문제: 진순이 케이스

「TV 동물농장」에 이런 사연이 나왔다. 진순이라는 개가 비 오는 날이면 개집 지붕 위에 올라간다. 비를 맞으며 웅크리고 앉아 졸기까지 한다. 도대체 왜 그럴까? 몸이 축축해 기분도 안 좋고 체온이 떨어져 건강에도 안 좋을텐데.

홈즈라면 이 문제를 어떻게 해결할까? 그는 『네 사람의 서명』에서 뛰어난 탐정이 되기 위해 갖춰야 할 조건 세 가지를 들고 있다. 관찰력, 지식, 그리고 연역이다. 그런데 본인은 '연역'이라고 말하지만 후세의 논리학자들은 그 정의가 잘못되었다고 한다. 실제는 여러 논증법을 혼용해서 사용하면서 그걸 연역이라고 불렀다는 것이다. 그 논증법은 크게 세 가지다.

1) 연역법: 참된 전제를 알 때 참된 결론을 이끌어낸다.
누군가 타자를 많이 치면 소매가 반들반들해진다.
그는 타자를 많이 쳤다.
그러므로 그의 소매는 반들반들할 것이다.
⇒ 100퍼센트 정답. 홈즈처럼 많은 법칙을 알면 여러 문제를 잘 설명할 수 있다. 그러나 새로운 지식을 주지는 못한다.

2) 귀납법: 많은 사실을 확인한 뒤에 어떤 법칙을 이끌어낸다.
누군가 타자를 많이 쳤다.
그의 소매가 반들반들해졌다.
(충분히 많은 사례를 반복해서 검토해 보니 예외가 없었다.)
누군가 타자를 많이 치면 소매가 반들반들해진다.
⇒ 자연과학은 이렇게 새로운 법칙을 발견한다. 그런데 '충분

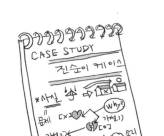

진순이는 왜 비가 오면 울적한 표정으로 개집 위에 올라갈까?

히 많은 사례'를 검토할 때까지 시간이 많이 걸린다는 단점이 있다. 적당히 결론을 내리면 '성급한 일반화의 오류'에 빠질 수 있다.

3) 가추법: 가정을 통해 새로운 지식을 알아낸다.

누군가 타자를 많이 치면 소매가 반들반들해진다.

그 여자의 소매가 반들반들하다.

그 여자는 타자를 많이 쳤다.

⇒ 100퍼센트 확실하지는 않다. 다른 방법으로 소매가 반들반들해졌을 수도 있다. 남의 옷을 빌려 입었을 수도 있다. 그러나 이 방법은 추리의 속도와 생산성 면에서 탁월하다. 여기에 적절한 검증의 과정을 더하면, 효과적으로 문제를 해결할 수 있다.

20세기 초반, 코난 도일의 『셜록 홈즈』 시리즈가 큰 인기를 모으고 있었다. 그리고 비슷한 시기에 논리학자 찰스 퍼스가 가추법이라는 생각법을 발표했다. 당시에는 둘을 연결하지 못했다. 그러다 1978년 인디애나 대학교의 토머스 세벅이 볼로냐 대학의 움베르토 에코에게 자신이 퍼스와 홈즈의 생각법에 대해 연구하고 있다고 이야기했다. 에코는 놀랐다. 자신도 그 문제를 다루고 있었던 거다. 퍼스가 제안하고 이들이 재발견한 가추법은 과학의 창조성을 설명하는 논리학이다. 케플러, 뉴턴, 아인슈타인은 단지 운이 좋아 위대한 과학적 발견을 한 것이 아니다. 이들은 우연한 발견을 필연적 이론으로 연결시키는 생각법을 가지고 있었다. 이 방법을 우리 역시 일상의 문제를 해결하는 데 써먹을 수 있다.

다시 진순이 케이스로 돌아가자. 세 논증법, 특히 가추법을 활용해 문제를 해결해 보자.

우선 '사실 1: 진순이가 비 오는 날이면 개집에 안 들어가고 지붕 위로 올라간다.'는 개 주인의 오랜 관찰(귀납법)로 확증되었다. 우리는 이 사실의 원인을 밝혀야 한다. 먼저 하나의 가설을 던져보자.(가추법) '가설 1: 진순이는 비 맞는 걸 좋아한다.' 이제 이 가설이 맞는지 알아내기 위해 개의 표정이나 행동을 자세히 조사해 보자. 진순이는 비가 올 기색이 보이면 안절부절못한다. 비를 싫어하는 것 같지만, 아마추어의 섯부른 판단일 수 있다. 좀 더 엄격하게 검증해 보자. 동물 의사에게 진순이의 영상을 보여 주었다. 비가 오면 진순이는 심하게 귀를 접는다. 꼬리도 내려가 있다. "딱 보여요. 이건 뭐냐면 '전 비가 싫어요.'거든요."(동물 의사는 과거에 귀납법으로 '개의 이런 표정이 싫다는 표시다'라는 걸 알아냈을 것이다. 그리고 연역법으로 진순이의 케이스에 적용시켰다.)

이제 '가설 1'이 틀렸다는 걸 알게 되고, 반대의 사실을 얻었다. '사실 2: 진순이는 비 맞는 걸 싫어한다.'

그렇다면 비를 맞기 싫으면 집에 들어가면 될텐데, 왜 집에 안 들어갈까? 비가 새지 않게 튼튼히 지어줬는데? 여기에 감정 이입의 생각법을 동원해 보자. 개의 마음이 되어 비가 올 때 개집에 들어가면 어떤 일이 벌어질지 생각해 본다. 비가 오면 어떤 변화가 생기나? 비의 형체, 냄새, 소리…… 형체나 냄새가 싫다면 집안에 들어가면 피할 수 있다. 그런데 소리는? 여기에서 새로운 가설을 던

진다. '가설 2: 비가 오면 개집에 소리가 울려 싫어한다.'

눈금의 생각법을 동원해서 객관적으로 측정해 보자. 음향 전문가를 데려와 소음을 측정해 보았다. 평소에는 40~50데시벨, 보통 사무실 정도의 크기다. 그런데 비가 오면 70데시벨 이상으로 커졌다. 음향 전문가는 또한 이런 사실도 알려준다. "(개의 청각은) 보통 사람보다 6배 이상 민감합니다." 개집의 구조가 스피커 울림통을 만들어 놓은 것이나 다름없었다.

이제 '가설 2'를 검증하는데, 실험 겸 해결법을 적용시킬 수 있다. '가설 3: 방음 시설을 해 비가 와도 소리가 커지지 않게 하면, 진순이는 개집에 들어가 비를 피할 것이다.' 그래서 방음 자재로 집 안팎을 꼼꼼히 덮었다. 비가 오는 것과 유사하게 물을 뿌리며 소음 측정을 했더니 평소 데시벨 정도로 유지되었다. 그런데 진순이는 이 상황에서도 비를 피하기 위해 집으로 들어가지 않는다.

다시 감정 이입을 해 보자. '가설 4: 진순이는 비가 와도 개집 안이 시끄럽지 않다는 걸 모를 것이다.' 별도의 조치가 필요하다. 빗소리를 스피커로 크게 틀어 놓은 상태에서 집에 간식을 넣어 주며 행동 교정을 했다. 결국 비 오는 날에 진순이가 자발적으로 집 안으로 들어갔다.

추론의 테이블을 단순화시키면 이렇다. 1) 문제에 부딪히면 '원인 → 결과'라는 형식으로 정리해 보자. 이때 결과가 문제가 되는 상황일 것이다. 2) 원인이 될 수 있는 것들을 리스트해 본다. 가능성이 없는 것은 솎아내기한다. 3) 가능성이 가장 높은 것, 혹은 쉽게 검증할 수 있는 것부터 확인해 본다. 4) 이렇게 얻은 사실과 이미 아는 사실을 더해 새로운 가설로 나아간다. 그 과정을 반복해 문제를 해결한다.

새로운 학교, 모임, 동호회에 들어갔다. 우리는 그 안에 있는 사람들을 어떤
기준, 어떤 생각법을 통해 판단한 뒤 가까운 친구로 삼거나 거리를 둘 것이다.
이때 연역, 귀납, 가추, 변증의 방법을 적용한다면 다음과 같은 방식이 된다.
엄격한 논증법은 아니지만 우리의 일상에서도 이와 같은 형태의 추론은
빈번히 일어난다.

연역법

내 친구는 이렇고 이렇고 이래야 해. 오늘부터 너는 내 친구야.
그러니까 옷은 이런 거, 가방 브랜드는 이런 거, 좋아하는
아이돌은 누구여야 해.

귀납법

누가 나의 친구가 되면 좋을까? 오래오래 관찰할 거야.
쟤는 저런 점이 좋네. 쟤는 저런 점이 싫네. 그런데 저런 점은 또
나와 맞네. 그래, 결심했어. 너는 이제 내 친구야.

가추법

일단 한번 스캔해 보자. 오, 쟤 느낌 괜찮아. 쟤도 좀 괜찮은가?
아, 쟤가 제일 가깝네. 1번을 일단 내 친구로 삼자. 그런데 막상
같이 다니니 얘 짜증난다. 2번으로 옮기자. 그런데 얘는 약속을
너무 안 지키네. 그럼 3번. 얘 괜찮네.

변증법

"너 내 친구 할래?" "우리 영 안 맞는 것 같은데?" "그래도 일단
친구 해보자." 그렇게 한동안 같이 어울려 다닌다. "야 너 그
옷 입지 마." "뭐 어때서?" "머리 커 보여." "그럼 같이 옷 사러
가자." "이런, 네 옷 사려다 내 거까지 샀네. 평소 내 스타일
아닌데."

악마의 변호인 Devil's Advocate

우리들의 부싯돌은 부딪혀야 빛이 난다.

사상가 볼테르

영화 「데블스 에드버킷」에서 키아누 리브스는 재판의 승리를 위해 수단과 방법을 가리지 않는 변호사로 나온다. 의뢰인이 파렴치한 성범죄자든 가족을 죽인 살인범이든 가리지 않는다. 그는 64번의 재판에서 의뢰인들 모두에게 승리를 안겼다. 덕분에 뉴욕의 투자 회사가 그를 스카우트한다. 호화로운 아파트, 번듯한 집무실, 선정적인 파티, 카메라 세례…… 꿈에나 그리던 기회가 그를 찾아온 것이다. 그러나 고용주 알 파치노는 서서히 정체를 드러내며 그를 사악하게 물들여 간다. 급기야 상황을 막으려던 그의 아내까지 신경쇠약으로 자살하게 만든다. 그는 문자 그대로 악마의 변호인이 된다.

로마 카톨릭 교회는 누군가 성인(聖人) 후보에 오르면 그를 검증하기 위해 부정적인 증거와 의견만 모아서 보고하는 사람(Advocatus Diaboli)을 두었다. 악마의 변호인(Devil's Advocate)은 여기에서 유래했는데, 토론을 첨예하게 만들기 위해 일부러 반대편의 입장에서 서는 사람을 뜻하는 말이다. 스무 해 전, 나는 재미교포 친구 P에게서 영어를 배우면서 처음 이 말을 들었다. P는 UC 버클리의 로스쿨을 다니다 왔는데, 자신이 미국에서 해 왔던 토론 방식을 영어 수업에 적용시켰다. 어떤 주제를 정해 영어로 토론하는데 한쪽은 악마의 변호인 역할을 맡는다. 그러면 상대의 주장이 진실일 게 뻔해 보이는 입장이라도 빈틈을 찾아 맹렬하게 논박해야 한다.

P는 로스쿨에 다닐 때 O. J. 심슨 사건의 모의 법정에서 악마의 변호인 역할을 맡았다고 한다. 흑인 슈퍼스타였던 심슨이 전처와 그 애인을 살해했다는 혐의를 받은 사건이었다. 그런데 증거가 아주 명백했음에도 배심원들은 무죄를 선고했다. P는 정의감이 아주 투철한 친구였다. 그리고 심슨이 유죄라고 확신했다. 그럼에도 그는 심슨이 무죄라고, 혹은 유죄라는 주장이 불충분하다고 최선을 다해 논변했다고 한다. 왜 이런 방식의 토론을 하는 걸까? 키아누 리브스처럼 범죄자의 변호를 맡을 때를 대비해 얼굴에 철판을 까는 훈련을 하는 걸까? 물론 아니다.

어떤 주장이나 이론이 겉보기엔 당연해 보여도 수많은 약점들을 가지고 있을 수 있다. 심슨이 살인범이라고 여길 수 있는 정황은 충분했다. 그의 집에서 피 묻은 장갑이 나왔고, DNA 검사 결과 희생자의 것이었다. 그는 용의자로 몰리자 스포츠카를 타고 맹렬

[악마의 변호인]은 철저하게 따진다. 안이한 타협은 용서 못해!

히 도망가기도 했다. 그런데도 논박할 수 있다. 먼저 사건 현장이 제대로 보존되지 않았다. 심슨을 체포한 백인 경찰이 '검둥이'라고 불렀다. 그러니 인종차별주의자 경찰이 증거를 조작했을 수 있다. P는 이런 주장도 가능했다고 한다. "진짜 범인이기에는 너무 증거들을 허술하게 방치했다." 이 모든 반박을 이겨내야만, 심슨이 유죄라는 주장은 승리할 수 있다.

나는 악마의 변호인 역할을 아주 좋아했다. 너무나 매끈해 보이는 주장의 꼬투리를 찾아내 상대를 쩔쩔매게 하는 게 재미있었다. 그리고 우리가 참이라고 믿는 많은 것들이 매우 허술한 논거를 가지고 있다는 사실도 흥미로웠다. 그때 나의 하숙집 룸메이트 K가 법학과를 나온 고시생이었는데, 공부를 마치고 밤늦게 집에 돌아오면 나의 공격을 받곤 했다. 나는 뻔해 보이는 사건 하나를 던졌다. 예를 들면 "인부들이 크고 아주 투명한 유리창을 들고 오는데, 내가 모르고 달려가다가 유리창을 깨뜨려 버렸다. 그러면 법률적으로 누구의 잘못인 거지?" K는 최선을 다해 법률과 판례를 들어 대답했다. 그러면 나는 온갖 약점을 찾아 K를 공격했다. 이 과정이 우리 둘의 생각법을 단련하는 데 큰 도움이 되었을 것으로 믿는다. 적어도 그 친구는 훌륭한 판사이자 법률 연구자가 되었다.

모두가 나 같은 악마 친구를 둘 수는 없고, 또 직접 만나고 싶지는 않을 수도 있다. 대신 각자의 마음속에 악마의 변호인을 심어 두는 것을 권한다. 가족에게 용돈을 인상해 달라고 할 때, 인터넷 게시판에 정치적 주장을 올리고자 할 때 먼저 악마를 소환한다. 이 주장의 약점은 무엇인가? 증거는 충분한가? 관점이 한쪽으로 치우치지는 않았을까? 다만 여기에서 유의할 점이 있다. 악마의 변호인이라고 인신 공격, 감정적 선동, 논점 이탈과 같은 잘못된 방법으로 공격해서는 안 된다. 그런 식의 공격이 들어올 것으로 예측되면 악마를 역으로 공격해서 때려잡는 연습도 해야 한다.

"나는 신이 국가에 준 등에와 같은 것입니다. 국가란 것은 거대하고 멋진 말과 같은 것으로, 너무 커서 움직임이 느리니 활기를 불어 줄 필요가 있습니다." 소크라테스는 『변명』에서 이렇게 말했다. 그는 아침부터 저녁까지 아테네 시내를 돌아다녔다. 당시에는 소피스트, 그러니까 귀족들에게 말하는 법을 가르치는 자들이 위세를 떨치고 있었다. 소크라테스는 소피스트들의 말에 딴지를 걸고 반문을 던졌다. 그들은 거기에 제대로 답을 못했다. 말을 못해서가 아니다. 그들 생각 안에 담긴 수많은 허점 때문이었다.

뛰어난 사상가들이란 결국 치열하게 묻는 사람이다. 어느날 공도자가 맹자에게 물었다. "다른 사람들은 모두 스승님이 따지기를 좋아한다고 일컫는데, 감히 여쭙겠습니다. 왜 그러시는지요?" 맹자가 대답했다. "내가 어찌 따지기를 좋아하겠는가. 어쩔 수 없어서다." 볼테르도 이렇게 말했다. "우리들의 부싯돌은 부딪혀야 빛이 난다."

인간은 OX로 판단해야 하는 상황에서 디폴트로 O를 택한다. 도로에서 차를 모는데 정지 신호가 없으면 그냥 쭉 간다. 빨간불이 켜져야 멈춘다. 현상 유지가 경제적이기 때문이다. 그러나 중요한 갈림길 앞에 선다면 잠시 멈춰야 한다. 주변을 살펴보고 여러 반문을 던져야 한다. 대운하, 공항, 송전탑 등의 대규모 건설 개발 사업을 할 때, 추진하는 측이 의뢰한 연구 용역만으로는 부족하다. 여러 이해 관계자와 반대하는 세력들이 함께 참여해 치열한 공청회를 벌여야 한다. 이를 통해 문제를 예방하고 약점을 보완할 수 있다. 때론 다른 차원의 훨씬 좋은 답을 찾아낼 수 있다. 정 → 반 → 합의 변증법을 만들어내는 것이다.

변증법은 개인의 머릿속에서 이루어질 수도 있다. 하지만 집단 전체가 문제에 부딪히고 그것을 함께 해결해 나가는 과정에서 만들어지기도 한다. 1840년대 미국에서 철도가 상용화되면서 열차 충돌 사고가 연이어 벌어졌다. 대륙을 동서로 오가는 철로를 여러 열차가 공유했는데, 기차 이동이 잦아지면서 약간의 실수로도 큰 사고를 야기할 수밖에 없었던 것이다. 어떤 이는 도시마다 서로 다른 시간대를 사용하는 것을 문제삼았다. 비슷한 경도상에 있는데도 시카고가 12시 정각일 때 오마하는 11시 27분, 세인트루이스는 11시 50분이었던 것이다. 이에 철도회사는 시간대를 정비하고 기차역과 기관사들에게 시계를 정확히 맞추게 했다. 멀리 흩어져 있는 철도역의 산만한 지휘 체계도 문제였다. 이때부터 맥컬럼 시스템이라는 위계 조직에 의한 분업을 실시했고 업무들을 서류화했다. 사고의 후속 조치를 예리하게 꼬집는 사람도 있었다. 상해 보험이 본격적으로 시작된 것도 이때부터다.

인간은 문제를 통해 성장한다. 문제를 만나고 그것을 해결해 가는 과정에서 세계를 다룰 수 있는 힘을 키워 가게 된다. 사고의 수습 과정에서 시스템을 변화시키는 것도 좋지만, 생각의 시뮬레이션을 통해 먼저 문제를 발견하고 해결할 방안을 강구하는 편이 훨씬 좋다. 그러기 위해서는 악마의 변호인, 캐묻기 좋아하는 등에를 데리고 다녀야 한다.

독서 토론, 아이디어 회의, 동네 현안 모임 …… 여럿이 모여 어떤 주제에
대해 이야기할 때 당신의 머리는 쌩쌩 돌아가는가? 자연스레 할 말이
떠오르고 서로의 생각이 어우러지는 재미에 흠뻑 빠지는가? 그렇지 않다고?
머릿속에서 생각만 빙글빙글 돌 뿐 어떤 이야기를 할지 모르겠다. 상대의
말에 반박하고 싶어도 딱히 논리가 떠오르지 않는다. 말은 많이 한 것 같은데
반응이 신통찮다. 그렇다면 생각카드를 꺼내 컨닝해 보자.
시드니 루멧의 영화 「12인의 성난 사나이12 angry men」는 법학, 윤리학,
논리학을 공부하는 이들이 꼭 보아야 할 작품이다. 상황은 아주 단조롭다.
12명의 배심원이 살인 용의자의 유무죄를 두고 좁은 방에서 다투는 것이
전부다. 허나 그 안에서 벌어지는 긴박한 토론은 매우 흥미롭고, 다양한 생각
도구들이 사용되는 실례들을 잘 보여 준다. 이제 이 영화를 통해 생각카드를
활용하는 방법을 익혀 보자.

추천 방법

여럿이 함께 영화를 본다. 어떤 장면에서 특별한 생각법이 사용되면 누구든 해당 카드를 찾아 가운데 내놓는다. 다른 사람들이 납득하면 통과. 누군가 이해를 못하거나 반론이 있으면 그 카드를 뒤집는다. 그렇게 카드를 (펼침/뒤집힘 상태로) 위로 쌓아간다. 영화가 끝나면 쌓인 카드 전체를 뒤집는다. 그러면 내놓은 카드들을 순서대로 볼 수 있다. 차례대로 카드를 보면서 영화 속의 생각법을 복기한다. 이해 불가/반론을 받은 카드는 보다 집중적으로 토론한다.

대체법

혼자 혹은 여럿이 영화를 보면서 다음 해설을 참고한다.

해설

피고는 빈민가에서 살다 아버지를 죽여 1급 살인죄로 기소된 푸에르토리코 계 소년이다. 강력한 증거들과 피고 측 변호사의 무성의로 인해 유죄로 굳어지는

분위기다. 법률이 정한 규칙에 따라 무작위로 뽑힌 12명의 배심원이 이를 판단한다. 결정은 선택 OX, 유죄/무죄다. 판사는 만약 유죄이면 사형이 확실시된다고 한다. 배심원이 모이자 법정 직원이 리스트를 가져와 확인한다. 12명은 순서 정하기가 되어 있는 번호순으로 앉는다. 긴

사각 테이블이지만 원탁처럼 위 아래가 없이 균등하게 말할 기회를 가진다. 사람들은 1번부터 차례대로 의견을 개진한다. 팀의 구성 형태는 위계가 없이 민주적이다. 배심원 대표가 있지만 진행을 맡을 뿐 특권은 없다. 사전 투표를 한다. 12명 중 11명은 유죄, 1명은 무죄다. 규칙이 다수결의 원리라면 유죄다. 그러나 이 배심원 제도는 만장일치가 되어야 한다. 유죄/무죄로 합의되지 않으면 다른 배심원단에 넘긴다. 유죄를 주장하는 한 사람은

5분이면 끝낼 사안이라고 말한다. 그러나 무죄를 주장하는 헨리 폰다는 1시간만 토론해 보자고 한다. 파이 차트로 그리면 5분/60분 = 1/12이다. 공교롭게도 유무죄의 비율과 같다. 배심원들은 이 사건에 이해 관계가 없다. 그러나

각자의 프레임을 가지고 어설프게 재단한다. 배심원 12명 모두 중년 이상의 백인 남성이다. 피고는 빈민가에 사는 유색 인종 소년. 피라미드에서 다른 계층에 속해 있는 셈이다. 이들 중 상당수는 아래 계층의 소년 하나가 죽든

303

말든 상관이 없다. 심지어 쓰레기 취급하며 없애자고 한다.

헨리 폰다는 악마의 변호인이다. 불성실한 국선 변호인을 대신해 따지고 의심한다. 그는 두 명의 결정적 증인이 거짓말을 했을 가능성을 파고 든다. 유죄의 가능성은 조금 흔들리지만 그렇다고 무죄라고 확증할 수도 없다. 헨리 폰다는 11대 1의 불리한 확률을 극복하기 위해 운을 걸고 도박한다. 자신을 빼고 나머지가 모두 유죄라면, 거기에 동의하겠다고.

그런데 균열이 일어난다. 그리고 서서히 무게 중심의 축은 이동한다. 원래 조사는 경찰과 검사의 몫이었다. 그런데 배심원들은 유죄의 증거로

제시된 것들을 새로운 눈으로 조사한다. 타임라인을 만들어 피의자와 증인의 움직임을 분석하고, 핵심 증인의 모순된 주장을 솎아내기 한다. 사건 현장의 지도를 가져와 그날의 일을 If 시뮬레이션 해 본다. 눈금을 이용해 거리를 재고 이동 시간을 측정한다.

증거와 추론으로도 해결되지 않는 부분이 있다. 배심원의 일부는 감정에 치우쳐 상대방을 윽박지른다. 그러다 마음속에 있던 이야기를 꺼내고 이것이 자신의 프레임을 깬다. 마지막까지 유죄를 주장하던 이는 가출한 아들에게 품고 있던 분노를 소년의 가족사에 겹쳐보고 있었던 것이다.

추가 미션

1) 다른 영화/드라마/예능 프로그램에도 이런 방법을 적용시켜 보자. 꼭 뛰어난 토론을 담은 작품이 아니라도 좋다.

2) 실제 토론에서 생각카드를 활용해 보자. 토론이 진행되는 상황에서 카드를 뒤적여보다, 적절한 생각도구를 찾으면 카드를 내놓고 그 방법으로 논의해본다.

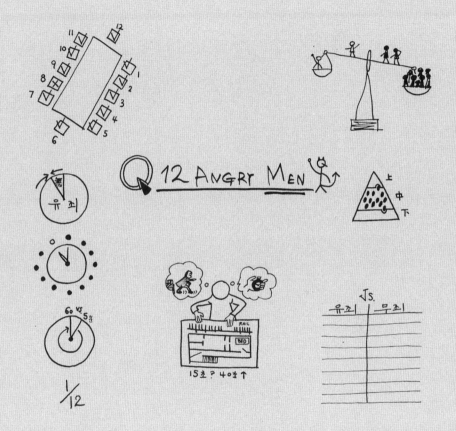

12 ANGRY MEN

냉철한 명탐정이 더 곤란해하는 문제

명탐정처럼 냉철한 머리를 가졌다면 분명 문제적 상황을 헤쳐
가는 데는 유리한 점이 많을 겁니다. 특히 법률가, 의사, 과학자
같은 직업에서 능력을 발휘하기 쉽죠. 그러나 셜록 홈즈의 합리적
두뇌는 다음과 같을 때 큰 곤란에 처합니다.

만화 『마팔다』에서 꼬마 둘이 체스 게임을 하고 있습니다.
외통수에 걸린 마팔다가 말합니다. "체스에서 한 번에 두 수를
두는 법은 없어?" 이미 승리가 확실해진 펠리페는 황당해하며
말합니다. "없어!" 그러자 마팔다는 체스말을 집어던지고
체스판을 뒤집어 버립니다. 만약 홈즈가 펠리페의 자리에 앉아
있다면 어떻게 대처할까요? 아무리 논리적으로 상대의 오류를
들춰 내도 상대방이 인정하지 않는다면 어떻게 해야 할까요?

혈액형이 성격에 영향을 미친다는 이론은 과학적 증거가 전혀
없는 허상입니다. 하지만 그걸 믿고 있는 상당수의 사람은 무시
못할 실체입니다.

우리는 텅 빈 생각의 고속도로를 달려가는 게 아닙니다. 호모
사피엔스의 바다에서 수많은 생각들과 부딪히며 헤엄쳐야
합니다. 우리가 만나고 대화하고 설득해야 할 사람들 모두가
각자의 생각을 가지고 있습니다. 나와 비슷한 생각법을 가지고

있고 대화가 통한다면, 서로 생각을 엮어 더 좋은 결과를 만들어
낼 수도 있습니다. 하지만 불가피하게 서로의 이해가 부딪히는
경우들도 생기죠. 이념과 종교가 다르고, 옳고 그름을 나누는
기준조차 합의할 수 없을 때도 있습니다.

도대체 내 안팎의 바보들을 어떻게 다뤄야 할까요?

나는 오늘도 SNS를 들락거리며 세상의 소음을 엿듣곤 합니다.
구경 중엔 싸움 구경이 최고라는데, 심심할 틈 없이 말싸움이
이어집니다. 어떤 경우는 서로서로 홈즈가 되어 팩트와 분석을
내놓고 논리의 데스매치를 벌입니다. 그래서 어떤 답을 얻으면,
우리는 진실을 향해 한 걸음 더 나아가게 되죠. 하지만 많은
경우엔 주장과 주장이 맞부딪힐 뿐 서로의 생각이 좁혀질 기미가
보이지 않습니다. 그런 곳에선 자주 이런 말이 나옵니다. "이
바보야. 그걸 꼭 설명을 해야 알아?"
7장은 이런 어려움에 도전합니다. 무리를 이루며 살아온 우리는
서로의 부족한 점을 보완하기 위해 팀을 만들고 대화하고 정보와
물자를 주고받기 하고 있습니다. 하지만 함께 살아가기 때문에
새로운 차원의 문제를 처리해야 하죠. 호시탐탐 달려드는
거짓말의 공격을 막아 내고, 부딪히는 이해 관계를 규칙을 통해
해결하고, 서로 다른 생각을 시점과 프레임을 통해 이해해야
합니다. 그리고 홈즈 같은 사람들이 특히 유념해야 할 카드들도
여기에 있습니다. "나만 빼고 모두 바보야." 라고 외치는 홈즈는
사실 팀플레이를 모르는 독선의 바보, 감정을 이해 못하는
감수성의 바보일 수도 있죠.

7장 공동체의 생각법

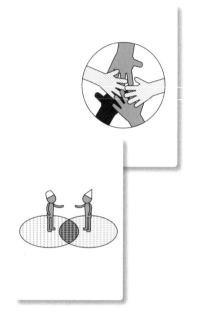

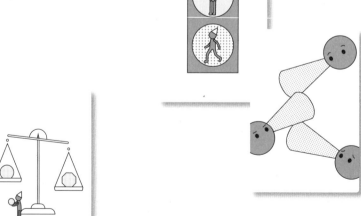

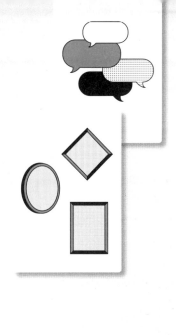

생각하는 것들이 모이니
제법 시끄러워진다

우리는 텅 빈 생각의 고속도로를 달려가는 게 아니다. 호모 사피엔스의
바다에서 수많은 생각들과 부딪히며 헤엄쳐야 한다. 우리가 만나고
대화하고 설득해야 할 사람들 모두가 각자의 생각을 가지고 있다.
'공동체의 생각법'은 사회 속 여러 생각들이 서로 돕거나 대결할 때의
어려움에 도전한다.

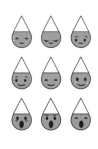

팀플레이 Team Play

너희들 각각은 전부 실패했다. 가장 중요한 걸 모두 잊었다.
팀워크다.

영화「킹스맨: 시크릿 에이전트」

뉴욕의 작은 바에서 싱어송라이터 그레타가 혼자 기타를 치며 노
래를 부른다. 객석의 반응은 싸늘하다. 사람들의 수다 소리에 노
래는 묻혀 간다. 그런데 우연히 그곳에 왔던 프로듀서 댄이 귀를
기울인다. 슬그머니 음악에 빠져들더니 아쉬운 표정을 짓는다. 그
의 상상 속에서 피아노 건반이 움직인다. 드럼이 시원하게 비트를
넣는다. 첼로가 풍성한 음을 더해 준다. 비로소 그 노래가 지니고
있던 잠재력이 터져 나온다. 영화「비긴 어게인」의 한 장면이다. 기

타 하나, 목소리 하나, 생각 하나는 미약하다. 그러나 그들이 적절히 모여 팀으로 융합할 때 그 힘은 막강해진다.

하나보다는 둘, 둘보다는 셋이 강하다. 동물들도 잘 안다. 늑대는 무리를 이루어 사냥에 나서고, 침팬지 2인자들은 그룹을 만들어 1인자를 처치한다. 그러나 우리가 만들어야 할 팀은 이런 단순한 수의 합과는 다르다. "바보 세 사람이 모이면 문수보살(文殊菩薩)의 지혜가 나온다."는 불가의 말처럼 새로운 차원의 힘으로 도약해야 한다.

세상에는 국가, 군대, 회사, 학교 등 큰 조직들이 있다. 그런데 이렇게 큰 규모에서는 조직원들이 서로 원활하게 의사 소통하며 유기적으로 일을 처리하기가 어렵다. 셰익스피어의 희곡『헨리 5세』에 이런 구절이 나온다. "적은 수의 우리. 행복하게 적은 우리. 우리 형제들의 무리(We few, we happy few, we band of brothers)." 전쟁 드라마「밴드 오브 브라더스」는 여기에서 이름을 땄다. 그렇게 숫자는 적지만 단단하게 뭉친 무리가 팀이 된다. 로큰롤 밴드, 농구 팀, RPG 게임의 공성 팀, 동호회 운영진,『미생』의 영업 3팀 등 그 성격은 아주 다양하다.

팀을 만들어야 하는 핵심적인 이유는 각자의 역량과 기술이 다르기 때문이다. 심리학자 에이브러햄 매슬로는 말한다. "자기가 갖고 있는 유일한 도구가 망치라면 모든 것을 못으로 생각하고 대응하려는 유혹이 매우 강렬할 것이다." 팀은 서로 다른 도구를 가진 자들이 만나는 것이 좋다. 그러면 상황에 따라 보다 적절한 도구를 선별해서 사용할 수 있다. 그렇게 훌륭하게 역할을 분담하면 팀워크라는 시너지 효과를 만들어 낼 수 있다.

팀을 유기적이고도 강력한 조직체로 만들려면 의사 소통의 구조를 적절히 구성해야 한다. 생각카드를 이용해 몇 가지 구성 방식을 알아보자. 나무 형태의 위계 조직은 강력한 권위로 팀을 운영해

311

[팀 플레이]가 무너진
북산은 고양이 한 마리에게
거짓말처럼 농락당했다.

일을 분산 조합하기에 좋다.(계층형) 리더를 중심으로 방사형으로 팀원들을 연결시킬 수도 있다. (중앙집중형) 원탁의 기사들처럼 특별한 리더 없이 자유롭게 의견을 교환하고 역할을 분담할 수도 있다.(분산형, 민주주의형) 상황에 따라 유기적으로 팀의 구조를 변형시킬 수도 있다. 축구 팀의 경우, 훈련에서는 나무 형태로 공격/수비/골키퍼 파트로 나누어 코치/선배가 지도한다. 그러나 실전에서는 주장을 중심으로 방사형으로 전술을 전달하고 상황에 따라 분산형 의사소통도 이루어져야 한다.

대학교 조별 과제는 팀플레이의 현실을 체험하기에 아주 좋다. 자료조사, PPT 디자인, 발표, 진행의 능력자들이 모여 '어벤저스' 급의 팀을 만들면 최상이다. 하지만 별로 내세울 능력이 없는 사람들이 모이는 경우도 적지 않다. 그나마 성실하면 좋겠지만 일부는 무임승차하려 하고, 멤버들끼리 티격태격한다면 어떻게 될까? 결국 한두 명의 희생자가 모두를 질질 끌고 가야 하는 상황이 나온다. 이런 어려움을 이겨내고 성공적인 팀을 만들려면 어떻게 해야 할까?

농구 만화『슬램덩크』가 하나의 방법을 보여 준다. 북산고는 서태웅, 강백호, 정대만, 송태섭 등 자기 잘난 줄만 아는 사고뭉치

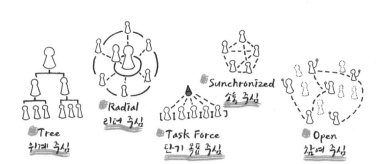

[팀]의 구조는 [프로젝트]의 성격에 따라 달라질 수 있다.

들이 모여 있다. 그런데 눈에는 덜 뜨이지만 이들을 하나의 팀으로 만들어 내는 결정적 존재가 있다. 주장 채치수다. 한때 그의 라이벌이었던 변덕규가 말한다. "화려한 기술을 가진 신현철은 도미다. 그런데 네게 화려하다는 말이 어울린다고 생각하냐. 넌 가자미다. 진흙 투성이의 가자미." 채치수는 그의 말을 알아듣는다. "나는 신현철한테 진다. 하지만 북산은 산왕에게 지지 않는다." 농구의 '포지션'은 단순히 선수들이 서 있는 '위치'가 아니다. 그 자리에서 각자가 해야 할 역할이다. 그 역할들을 훌륭히 해낼 때, 비로소 팀은 유기적인 생명체로 변신한다. 『미생』의 인턴 장그래 역시 각자도생의 상황에서는 '미생'이었지만, 오상식 차장이라는 리더를 통해 팀에 녹아들며 '완생'의 세계로 접어든다.

목표지향적인 전투적 팀에서는 강인한 리더십이 중요하다. 그러나 창의적인 아이디어가 중요한 경우에는 민주적인 의사 교환에 초점을 맞추어야 한다. KBS「개그 콘서트」는 1999년 등장 이후 방송 코미디의 절대 강자로 군림하고 있다. 그 성공 비결에 대해 코미디언들은 아이디어 회의 때의 치열한 의견 교환을 이야기한다. 누군가 개그 아이디어를 내면, 팀원들이 그저 비평하고 깔아뭉개는 게 아니라 활발하고 긍정적인 아이디어를 더해 준다.「개그

콘서트」의 전성기를 이끌었던 김석현 PD는 이후 다양한 방송국 출신과 작업한 경험에 대해 SNS에 이렇게 썼다. "방송 3사 개그맨들과 동시에 일해 보니…… KBS는 나와 상의하려 한다. SBS는 나를 설득하려 한다. MBC는 나의 지시를 기다린다."

최근 들어 창발(emergence)에 대한 이야기가 많이 나온다. 부분의 합이 예상치 못한 능력을 발휘하며 다른 차원으로 도약하는 현상이다. 흰개미 개체들은 집을 지을 능력도 설계도도 없지만, 일정 규모 이상 모이면 상호작용을 통해 거대한 탑을 건설한다. 인간은 네트워크를 통한 팀플레이로 이와 비슷한 일을 해낸다. 인터넷이 만들어진 기초는 느슨한 협업이었다. 영국 국립 물리학 연구소는 데이터를 쪼개서 보내고 나중에 합치는 패킷 교환 방식을 고안했다. 아르파넷에서는 이메일을 개발했다. 스위스 CERN에서 연구하던 영국 학자는 http, html, url 등 인터넷 브라우저를 운영하는 기술을 제안했다. 인터넷 메시지 게시판이 열리자 더욱 활발한 의사소통이 이루어졌다. 앨 고어 전 미국 부통령은 열정적인 입법 활동으로 이를 보조했다. 이렇게 집단 지성들이 여기저기에서 발명한 부품들을 분해/조립해 새로운 차원의 네트워크 세계를 만들어 냈다.

인터넷과 스마트폰의 발전은 우리에게 새로운 형태의 팀플레이를 가능하게 한다. 위키피디아 같은 집단 참여의 백과사전, 오픈 소스를 통한 스마트폰 앱 개발, 기업 활동을 개방해 소비자들을 통해 문제를 찾고 해결하는 크라우드소싱 등이 대표적이다. 심지어 아이돌 팬덤도 이와 비슷한 형태를 띤다. 아이돌 그룹이 새 앨범을 내면 팬들은 '총공(총공격)'에 나선다. 순위를 높이기 위해 음원 스트리밍, 다운로드, 문자 투표, 온라인 투표에 나서는 것은 기본이다. 공연을 하게 되면 누군가는 현장에서 '직찍(직접 찍은)' 영상을 촬영한다. 다른 누군가가 그 엑기스 장면을 움짤(gif 동영상)로 만든다. 또 누군가는 그걸 받아 색보정을 하고 데이터 용량을 줄인다. 다시 팬클럽 투표를 통해 남초 커뮤니티와 여초 커뮤니티에 어울릴 만한 영상을 나눈다. 결정되면 그것을 많은 팬들이 영역을 나누어 퍼나른다. 이렇게 작고 치밀한 팀플들이 거대한 세계를 만들어 가고 있다.

벤 다이어그램 Venn Diagram

나눠 먹은 생선에는 뼈가 없다.

철학자 데모크리토스

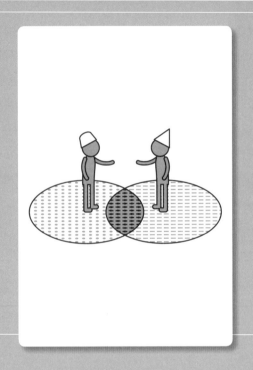

세 사람이 각자 지름 1미터짜리 홀라후프를 하나씩 허리에 차고
있다. 이들은 그 상태로 한 변이 1.5미터인 정사각형 모양의 엘리
베이터에 타야 한다. 홀라후프는 위에서 봤을 때 항상 원이어야
한다. 어떻게 하면 될까? 그림을 그려 보면 쉽게 해결할 수 있다.
각자가 공간에 대한 욕심을 줄이고, 세 원이 서로 겹쳐지게 서면
된다. 그러면 학교 수학 시간에 자주 보던 그림이 나온다. 1880년
영국의 논리학자이자 윤리학자인 존 벤(John Venn)이 만들어 낸 생

각 발명품 벤 다이어그램이다.

원은 하나의 세계를 담고 있다고 했다. '물에 사는 동물'의 세계를 담은 원과 '뭍에 사는 동물'의 원이 있다고 생각해 보자. 이 둘 사이에는 서로 겹쳐지는 부분이 있다. '물과 뭍을 오가는 동물'인 개구리, 거북, 망둥이 같은 것들이다. 벤 다이어그램은 두 원을 겹쳐 그려 이 세계들을 직관적으로 표현한다. 우리는 이 방법을 활용해 교집합, 부분집합, 여집합, 필요충분조건 같은 추상적인 개념들도 쉽게 이해할 수 있다. 야생동물의 영역권, 리눅스/윈도/맥OS에 호환되는 프로그램, 물감의 색이 섞일 때의 변화 등 다양한 곳에 적용할 수 있다. 특히 생각법을 전문으로 다루는 논리학에서 유용하게 사용한다.

북한의 수학 교육에서는 집합을 '모임', 교집합을 '사귐', 벤 다이어그램을 '모임그림'이라고 쓴다. 그 이름처럼 이들은 공동체의 관계를 다루는 데 유용하게 쓰인다. 폐곡선으로 닫혀 있는 도형은 바깥과 단절된 벽을 쌓고 있는 것이다. 그런데 벤 다이어그램은 각 도형의 정체성을 유지한 채 서로 교류하게 해 준다.

A와 B와 C가 기숙사 룸메이트가 되었다. 셋은 서로 친해지자며 주말에 함께 놀기로 했다. 그런데 자라난 환경과 각자의 취향이 너무 다르다. 어떻게 할까? 먼저 각자 좋아하는 취미를 리스트한다. 그리고 그것을 벤 다이어그램으로 그리면, 셋이 공유할 수 있는 취미를 찾아낼 수 있다. 만약 한 친구가 바빠서 시간이 없다면, 나머지 둘이 공유할 수 있는 취미로 영역을 넓힐 수도 있다. 그렇게 한 학기를 보냈다. 그런데 오래 함께 생활하다 보니 셋의 취미나 습관이 비슷해서 지겨워졌다. "얘들아, 이번 방학에는 정반대로 해 보는 게 어때? 방학 동안 우리 셋 중 누구도 안 해 본 일을 각자 경험하고 돌아오는 거야." 벤 다이어그램의 세 원 바깥, 여집합에서 무언가를 찾아야 한다.

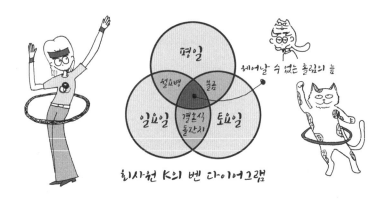

회사원 K의 벤 다이어그램

모두가 고민하는 주택 문제를 벤 다이어그램으로 풀이해 볼까? 원시 시대에는 부족이라는 아주 큰 원이 있었다. 집, 가재도구, 식량 등 모든 것을 공유했다. 그러다 사유재산 제도가 생기고 3대 정도가 함께 사는 대가족의 원들이 분리되어 나왔다. 핵가족이 늘어나면서 원의 크기는 점점 줄어들었다. 급기야 이제 1인 가족이 대세가 되는 시대가 왔다. 개구리알 만한 원이 좁은 개울에 바글바글 어깨를 부딪히게 된 것이다. 문제는 원이 작아졌다고 해서 그 안에 들어가야 할 것들이 일률적으로 작아지는 것은 아니라는 사실이다. 1.5평짜리 고시원 방에도 침대, 책상, 컴퓨터를 넣어야 한다. 원룸이라면 조리시설, 화장실, 세탁기까지 채워야 한다. 벤 다이어그램은 여기에도 힌트를 준다. 훌라후프를 겹치면 된다. 꼭 필요한 개인 공간은 각자 쓰되, 함께 해도 좋은 공간은 공유한다. 침실은 각자 쓰면서 주방이나 화장실을 공유하는 셰어하우스, 여러 가구가 한 건물을 이용하지만 지하나 옥상에 공동 놀이방, 서재, 정원을 두는 콜렉티브 하우스 같은 방식이다.

미국 실리콘밸리의 작은 스타트업 기업들은 이런 공유 문화에 익숙해 있다. 작은 업체들이 하나의 사무실 건물을 나눠 쓰는데, 최소한의 사무 공간 외에 회의실, 휴게실, OA 집기, 인터넷 서버

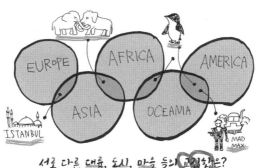

서로 다른 대륙, 도시, 마을 들의 교집합은?

등의 공간과 설비를 공유한다. 공통의 브랜드나 사이트를 운영하며 '따로 또 같이'의 유연한 활동을 벌이기도 한다. 한 업체가 신제품을 런칭하면 함께 테스트해 주고 홍보에 도움을 주기도 한다. 여기에서 절대 간과하면 안 될 부분이 있다. 건물, 집기, 비즈니스를 공유할 수 있는 공감대, 그러니까 공통의 철학과 문화다. 이를 위해 공동 워크숍, 강의, 파티를 열기도 한다.

이런 스타트업들이 스마트 기술을 활용해 다양한 공유 경제의 아이디어를 내놓는 것은 자연스러운 일로 보인다. 에어비앤비, 우버 택시, 따릉이 자전거, 장난감 은행 등 교집합을 활용한 새로운 경제 모델들이 쏟아져 나오고 있다. 서울 동교동의 어쩌다 가게처럼 큰 건물을 개조해 작은 가게들이 나눠 쓰는 형태도 이와 통한다. 우리는 몇 개의 동그라미로 만들어 내는 교집합, 합집합, 여집합으로 여러 문제에 대한 해결책을 얻을 수 있다.

A, B, C 세 친구가 서로를 좀더 알고 싶다. 그렇다면 서로의 영화 취향이
무엇인지, 얼마나 겹치는지 알아보면 어떨까? 먼저 각자 10편씩 좋아하는
영화의 리스트를 작성한다. 그러곤 A부터 자기 리스트의 영화 한 편씩을
말하고, 나머지는 OX로 의사표시를 한다. A만 좋아하면 A란에, B가 함께
좋아하면 AB란에, 셋이 모두 좋아하면 ABC란에 적는다. 이렇게 10바퀴를
돌다 보면, 서로의 공통된 혹은 다른 취향이 제법 드러날 것이다.

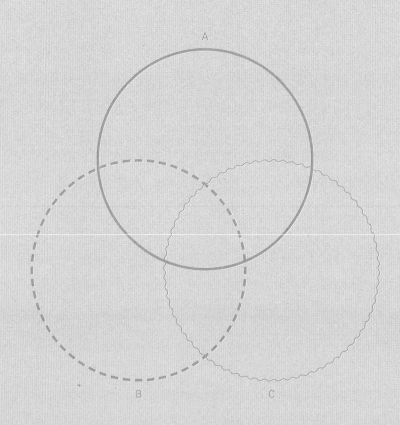

대화 Dialog

캐묻지 않는 삶은 아무런 가치가 없소.

철학자 소크라테스

나와 P는 20년 가까운 여행 파트너다. 나는 여행 정보를 찾고 계획하는 걸 좋아한다. 여행 도서와 인터넷 정보를 꼼꼼히 스크랩하고, 교통수단/볼거리/맛집을 선별하고, 여러 변수를 시뮬레이션해 계획을 짜고, 그걸 정리해 개인용 가이드북을 만들기도 한다. 그런데도 예상 못한 사고는 벌어진다. 가령 이런 때다. 스페인의 발렌시아에서 마요르카 섬으로 타고 가야 할 여객선이 파업으로 운행을 중지했다. 나의 여행 디시전 트리는 이럴 때 먼저 그날 밤의 숙소를 구하라고 한다. 그래서 나는 부리나케 인터넷이 되는 카페를 찾기 위해 주변을 수색한다. 그때 P가 말한다. "동네 사람한테 물어볼까?" 이 방법이 내 사전에는 없다. "스페인어로 말하면 알아들을 수도 없는데 어떻게 물어봐?" "그냥 호텔이라고 하면 알지 않을까?" "그러면 십중팔구 유명하고 비싼 호텔을 알려줄 거 아냐. 괜히 데려다 주거나 하면 거절도 못 하잖아." 하지만 P는 물어본다. 손짓발짓을 하고, 안 되면 종이에 써서라도. 사실 그 결과가 나쁜 적은 거의 없었다.

　대화는 우리 안의 좁은 생각을 바깥의 수많은 생각들에 링크한다. 그렇게 만들어 낸 네트워크는 크고 강력하다. 인류는 말을 발명해 정보를 나누고 사냥 작전을 짜고 감정과 의사를 표현하는 방법으로 사용해 왔다. 개인의 사고 능력 역시 대화를 통해 무시무시한 속도로 성장한다. 아이는 49~72개월 정도부터 부모와의 대화량을 늘리며 종합적으로 사고하고 문제를 해결할 수 있는 능력을 키운다. 아이는 말로써 자신의 문제를 적극적으로 밝힌다. "엄마아빠. 나 심심해." 자신의 의사가 무엇인지 표현한다. "기차 장난감 사줘." 상대의 생각을 듣고 의견을 조정한다. "그럼, 크리스마스 땐 꼭 사줘야 해." 이 과정은 평생 갈고 닦아야 할 생각의 기술이다.

　생각의 프로페셔널은 탁월한 솜씨로 대화를 다룬다. 그리스의 철학자 소크라테스는 하루 종일 아테네 시내를 돌아다니며 누구에게나 물음을 던졌다. 덕이란 무엇일까? 사랑이란 무엇일까? 상대가 답을 하면 또 거기서 허점을 찾아 또 다른 질문을 던졌다. "캐묻지 않는 삶은 아무런 가치가 없소." 그가 특별히 괴롭혔던 이들은 소피스트들이었다. 이들은 귀족에게 수사법, 그러니까 말하는 법을 가르치는 자들이었는데 소크라테스의 질문에는 허둥대기 일쑤였다. 왜냐면 진정한 대화의 힘은 말솜씨가 아니라 생각에서

밤마다 고양이들에게

오후

밥하는 꿈을 꿔요.

정상입니다

[대화]는 마음속 [문제]의 실타래를 풀어낸다.

나오기 때문이다. 공자, 예수, 부처에서부터 오늘날의 훌륭한 스승들까지 예외가 없다. 상대의 문제를 끄집어내고 해결책을 찾도록 도와주는 데 대화만한 방법은 없다.

　주변에 그런 스승이 없다고 낙담하지 마라. 때론 평범한 말 상대, 내 고민의 탁구공을 적당히 받아쳐 줄 정도로 괜찮다. 아인슈타인은 어느날 친구 마이클 베소를 찾아갔다. "내가 요즘 어려운 문제를 연구하고 있어. 오늘 그 문제를 자네와 다투기 위해 왔네." 베소는 기꺼이 그 문제에 대한 대화에 응해 주었다. 그때 갑자기 아인슈타인의 머릿속에 열쇠가 떠올랐다고 한다. 다음날 그는 베소를 만나자마자 소리쳤다. "고마워. 나는 그 문제를 완벽하게 풀었어." 그렇게 해서 찾아낸 것이 특수 상대성 이론이다. 베소가 특별한 힌트를 준 건 아니다. 모든 생각은 아인슈타인의 머릿속에서 이루어졌다. 그렇지만 베소는 훌륭한 거울 역할이 되어 주었다.

　대화의 생각법은 이성적인 토론이나 과학적 문제 탐구에 그치지 않는다. 혼란스러운 마음의 문제를 드러내고 푸는 데도 이만한 방법이 없다. 지그문트 프로이트는 신체적 이상이 전혀 없는데도 고통을 호소하는 환자들에게 정신분석이라는 방법으로 접근했다. 그 핵심은 대화를 통해 환자 내면의 억눌린 문제거리를 끄집어

내는 것이었다.

"가능하면 빨리 박사님을 만나고 싶습니다." 1910년 여름, 몇 년 전까지 빈의 오페라 감독이었던 구스타프 말러가 프로이트에게 편지를 보냈다. 말러는 꼼꼼한 완벽주의와 열정으로 큰 성공을 거두었지만 거듭된 불운이 그를 찾아왔다. 딸의 돌연사에 이어 자신도 큰 병에 걸렸다. 이어 유대인 혈통에 대한 시비까지 겹쳐 감독직을 사임해야만 했다. 게다가 뉴욕으로 건너가려던 계획도 실패하고 결혼 생활에 큰 위기가 찾아왔다. 프로이트는 말러와 함께 아름드리 가로수가 늘어선 길을 걸으며 대화를 나누었다. 말러는 한쪽 다리를 저는 불편한 걸음 속에서도 많은 말들을 쏟아냈다. 어린 시절 아버지의 잦은 폭행, 이방인으로서의 고독감, 딸의 허망한 죽음, 젊은 아내의 외도…… 그렇게 마음속에 가두어 두었던 죄책감, 질투, 망상을 꺼내 스스로 직시할 수 있게 되었다. 덕분에 그는 다시 지휘봉을 잡을 용기를 얻었다.

누구나 마음의 문제를 안고 있다. 일상의 수다를 통해 그것들을 토로할 수 있다면, 근본 원인이 해결되지 않더라도 심적 부담은 훨씬 줄어든다. 그러나 부모와 멀어진 청소년, 독거노인, 그리고 겉보기엔 멀쩡한 중년 남성들이 말할 상대를 찾지 못하고 있다. 시간이 지날수록 감정적 문제가 여러 겹으로 쌓이면 점점 더 풀기가 어려워진다. 불안정한 마음의 상태는 잘못된 생각, 극단적 판단을 이끌어내기 쉽다. 그럴 때는 대화 상대를 찾는 것이 무엇보다 급선무다.

우리는 첨예하게 맞서는 세력들 사이의 다툼으로 골머리를 앓는 경우가 많다. 임금 인상률의 합의점을 찾지 못한 사용자와 노동자, 일촉즉발의 군사적 대결로 치닫는 두 나라, 서로의 행동 하나하나가 마음에 들지 않는 부부…… 이때에도 대화의 테이블이 핵심적인 열쇠가 된다. 그걸 누가 모르나? 마주 보고 말을 나누면 더 크게 싸우게 되는 게 문제다. 이럴 때 우리는 내가 옳다고 여기는 생각 만큼이나 상대가 가진 생각, 그리고 그것을 만들어 낸 생각법이 무엇인지 이해하는 과정이 필요하다. 여러 시점으로 문제를 바라보고 상대가 가진 생각의 프레임을 찾아야 한다. 이때 테이블의 형태를 바꿔 보는 것도 도움이 된다. 제3자를 두고 그에게 말하는 형태로 앉는 것이다. 이혼법정에서 조정장을 앞에 두고 부부가 나란히 앉는 형식이 이런 방법이다.

우리는 대화라는 생각법을 여러 공식적인 제도에서 활용하고 있다. 검사의 심문, 의사의 문진, 교사의 면담, 취업 시험의 면접 등은 상대의 생각이나 상태를 알아보는 매우 효과적인 방법이다. 면접은 지필 시험에서는 알 수 없는 가치관, 성격, 취향, 그리고 대화의 능력을 파악하게 해 준다. 대질 심문은 서로 다른 증언을 하는 사람들의 참과 거짓을 가려내는 방법으로 사용한다.

요즘은 메신저 프로그램을 이용한 사적·공적 대화들도 늘어나고 있다. 자판을 이용해 문자로 전하는 대화는 말소리로 나누는 대화와 닮은 듯 다르다. 중요한 점은 '기록이 남는 대화'라는 것이다. 혀끝 이상으로 손끝을 신경써야 한다.

"대통령과 독대한 적이 있습니까?" 박근혜 정부의 국정 난맥상이 터져나오던 시점에, 어느 의원이 조윤선 전 정무수석에게 물었다. 11개월 동안 한 번도 없었다고 한다. 세월호 사건의 당일, 미스터리의 7시간에도 그랬다. 서면과 전화는 있었다지만 대면과 논의는 없었다. 긴밀히 마주 앉은 대화는 상대의 생각을 들여다보고 더 나은 결정을 할 수 있게 해 준다. 그런 대통령이 재벌 총수들과는 독대했다. 무엇을 정말로 중요하게 생각했는지 알 수 있다. 우리도 때때로 되돌아보자. 중요한 순간에 대화를 기피해 문제를 어긋나게 한 적은 없었는지 말이다.

주고받기 Give & Take

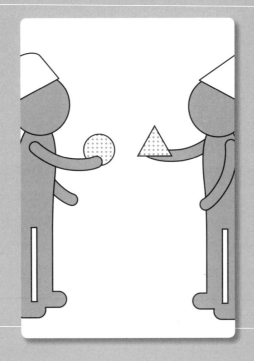

마당 있는 집에서 길고양이에게 먹이를 챙겨주는 사람들은 가끔
당혹스러운 선물을 받는다. 고양이가 보은을 하는 듯, 현관 앞에
죽은 쥐나 새를 가져다 놓는 것이다. 외국의 경우에는 너구리가 도
토리 같은 걸 가져다 주는 경우도 있다고 한다. '은혜 갚은 까치' 설
화는 어느 선비가 구렁이에게 잡아 먹힐 위기의 까치 새끼를 구해
주자, 어미가 보답으로 목숨을 던져 선비를 구해 주는 이야기다.
인간은 이런 주고받기를 참 좋아한다. SNS에 좋아요와 하트 버튼

이 없다면, 누가 그토록 열정적으로 사진과 이야기를 올릴까?

누군가에게 무언가를 받고 싶다면, 그에게 필요한 무언가를 주라. 누군가에게 어떤 일을 시키려면, 그 보상으로 무언가를 주라. 주고받기의 생각법은 생명체의 본능처럼 여겨진다. 우리가 위험을 무릅쓰고 멧돼지를 잡으면 정신적 만족감, 그 고기를 먹으면 혀의 기쁨을 얻는다. 양쪽 모두 뇌가 우리에게 "잘했다"고 전해 주는 체내의 마약 덕분이다. 그렇다면 뇌는 왜 그 일을 하는가? 우리 육체가 먹지 않으면 뇌도 죽으니까. 뉴런 자체도 어떤 서비스를 제공하면 신경전달물질을 받는다. 만약 그 일을 할 수 없는 상황이 벌어진다고 생각해 보자. 누군가 우리 눈을 가려 8주 동안 암흑 세계에 가둔다면 시각 피질은 할 일을 잃는다. 그러면 그 뉴런들은 실업자 신세를 면하기 위해 시각 대신 촉각을 다루는 일을 한다. 가장 작은 생각의 단위인 뉴런도 기계처럼 시키는 일만 하는 게 아니다. 적극적으로 주고받기를 위해 움직인다.

생명체는 진화 과정 속에서 몸 밖에서도 다양한 주고받기의 방법을 활용하게 되었다. 때론 다른 종 사이에서도 거래가 이루어진다. 식물은 벌에게 꿀을 주고, 벌은 그 대신 수정을 돕는다. 개미는 진딧물을 보호해 주고, 진딧물은 그에게 영양분을 제공한다.

인간은 무리를 지어 살아가면서 생존과 경제 활동의 기초로 주고받기를 활용해 왔다. 수렵채집 사회에서 남자들은 사냥으로 크고 영양가 높은 먹잇감을 구했고 여자들은 채집으로 안전성 높은 먹잇감을 마련했다. 이런 방식은 분업의 기초가 된다. 농경 사회에서 주고받기는 더욱 체계화되었다. 벼를 심거나 집을 짓는 등 많은 일손이 필요할 때면 마을 사람들이 '품앗이'로 일을 도와주었다. 결혼이나 초상을 치를 때도 마을 사람들이 모여 일을 도와주었고 그 보답으로 음식을 나눠 먹었다. 이런 주고받기에 동참하지 않으면 공동체에 소속될 수가 없었다.

<아메리카가 드려요>
칠면조
호박
고추
감자
토마토
카카오
옥수수
담배

<구대륙이 드려요>
돼지
커피
양파
바나나
사탕수수
튤립
꿀벌
각종 전염병*

콜럼버스의 항해 이후 신구대륙은 대대적인 [주고 받기]에 나섰다.

    물물 교환에서 화폐에 기반한 시장 경제로 바뀌면서 주고받기는 더욱 활발해지고 광범위한 영역을 포괄하게 되었다. 그리고 우리의 머리는 이익과 손해의 저울질을 하느라 무척 바빠졌다. 시장에서는 누구나 잠시 방심하면 눈 뜨고 코를 베인다. 정신 똑바로 차리고 나의 이익을 지켜야 한다. 그러나 상대가 앙심을 품을 만큼 과도하게 이득을 보아서도 곤란하다. 아리스토텔레스는 『에우데모스 윤리학』에서 말했다. "훌륭한 계산이 훌륭한 친구를 만든다." 적절한 거래는 서로의 관계를 단단하게 만든다. 때론 바둑의 사석(死石) 작전처럼 당장의 손해를 감수하면서 훗날의 더 큰 이득을 기대하기도 한다. "살을 주고 뼈를 취하라." 이렇게 미래의 상황을 고려하며 주고받기의 시뮬레이션을 하는 것은 인간이 발전시켜온 특이한 생각법이다.

    통계, 금융, 법률 등 경제를 다루는 여러 학문들은 다양한 주고받기의 방법을 개발해 왔다. 빌려주기는 물건을 완전히 주는 것이 아니라 잠시 사용할 수 있게 해 주는 것이다. 건물 임대, 숙박업, 렌터카, 유료주차장, 만화대여점 등이 대표적이다. 지금 돈을 빌려주는 대신, 훗날 그 대가로 일정 비율의 이자를 받는다는 생각법도 기발한 착상이다. 그런데 이슬람 금융은 율법에 따라 이자를

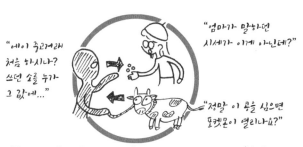

[주고 받기]는 전쟁이다. 잠깐의 방심이 평생의 후회로.

금하고 있다. 그래서 개발한 것이 사업자가 얻은 이윤을 배당받는 신탁 거래 방식이다. 외상, 어음, 신용카드 등의 신용 거래는 대가를 받는 기간을 유예해 주는 방식이다.

어떤 서비스를 제공하고 요금을 받는 주고받기에서도 다양한 생각법을 적용할 수 있다. 정육점에서는 눈금의 생각법을 이용해 그램당 가격을 매긴다. 항공사는 피라미드를 이용해 좌석을 계층화시켜 요금을 받는다. 전화, 데이터, 음원 서비스처럼 일정 기간 단일한 요금을 받는 정액제도 있다. 전차나 버스에서 이동 거리에 상관 없이 같은 금액을 받는 균일제는 잔돈을 계산하고 거슬러 주는 노동을 줄여 준다. 주고받기라는 큰 생각법 아래 수많은 작은 생각법들이 가지를 뻗고 있는 것이다.

모든 주고받기가 합리적으로 이루어지는 것은 아니다. 소위 '바보 이론'이라는 것이 있다. 가령 돌덩어리 하나에 수억 원을 지불하는 것은 어리석은 짓이다. 그럼에도 불구하고 더 많은 돈을 지불하겠다는 또 다른 바보가 존재하는 한 가장 논리적인 행위다. 17세기 유럽에서는 튤립이라는 꽃이 매우 희귀했다. 그래서 광기 어린 탐닉과 투기의 대상이 되었다. 프랑스에서는 결혼 지참금으로 튤립 한 송이만을 받아 그 꽃 이름을 '내 딸의 결혼식(Mariage de ma fille)'으로 붙이기도 했다. 네덜란드에서는 미래의 알뿌리를 두고 거액의 어음까지 발행되었다. 그런데 어느 순간 그 열풍이 거짓말처럼 사그라들었고 수많은 이들이 쪽박을 차게 되었다. 어떤 이는 튤립을 보는 족족 지팡이로 후려치기도 했다.

주고받기는 다양한 사회 제도에서도 활용된다. 학교나 군대에서의 포상 혹은 징벌제도, 전쟁에서의 포로 교환, 야구의 공수교대도 주고받기다. 우리는 게임에서도 다양한 주고받기의 룰을 경험할 수 있다. 서로 간에 재화, 자원, 카드를 교환하는 과정에서 협상, 경매, 담합 등의 다양한 생각법이 동원된다.

또한 주고받기는 문화의 중추를 이루고 있다. 들판에서 함께 일을 할 때 누군가 노래를 선창하면, 나머지가 거기에 답하듯 노래하는 형식을 콜 앤 리스펀스(Call and Response)라고 한다. '강강수월래' '쾌지나칭칭 나네' 등 공동체의 노래 중에 이런 형식들이 많다. 재즈 음악에서는 한 연주자가 아이디어를 던지면 다른 연주자가 그것에 답하듯이 연주한다. 비보잉 댄스에서는 한 쪽이 먼저 플로어에 나와 춤을 선보이면, 다른 쪽이 그에 화답하여 춤을 춘다. 사랑의 눈짓, 정겨운 스킨십, 편지와 답장…… 유언무언의 주고받기는 공동체의 마음을 끈끈히 링크시킨다.

규칙 Rule

법을 두려워하면 날마다 즐겁고,
공도를 업신여기면 날마다 근심스럽다.

『명심보감』 존심편(存心篇)

"도대체 그게 왜 파울이 아니야?" "여기서는 법이 그래." 나는 작은 읍에서 살다 열 살 무렵 대도시로 이사를 갔다. 새 동네로 와서 겪은 큰 충격은 아이들이 차 한 대가 겨우 지나갈 정도로 좁은 골목에서 야구를 한다는 사실이었다. 사방은 벽이고 바닥은 시멘트인 좁은 공간에서 공놀이를 하다보니 특이한 룰들이 있었다. 타자가 공을 쳐 벽을 맞히더라도 일정한 선 위로 맞으면 파울이 아니라 인플레이로 쳤다. 공이 담을 넘어 누군가의 집으로 들어가면 그 순

331

간 동작을 멈춘다. 그리고 안에서 공을 던져 주면 그대로 인플레이가 된다. '다방구' 계통의 놀이 방법도 조금씩 달랐다. 포로를 구출하는 방법도, 도망갈 수 있는 제한 구역도, 졌을 때의 벌칙도 조금씩 달랐다. 나는 몇 달에 걸쳐 새로운 규칙, 골목 세계의 법률을 완전히 익힌 다음에야 그들 서클의 일원이 되었다.

인간은 공동체를 이루며 살아가기 위해 공통의 약속을 만들어 냈다. 거짓말을 하지 않는다, 훔치지 않는다, 같은 것들이다. 이것이 발전하면 계약이 된다. "오늘 감자 두 개 줄테니, 내일 고구마 세 개로 갚아." 우리는 이를 통해 공동의 미래를 계획할 수 있다. 그런데 무리가 커지고 삶이 복잡해지면서, 그때 그때 약속을 만드는 게 어려워졌다. 서로의 이해 관계가 다르니 다투는 일도 잦아졌다. 그래서 새로운 해결책을 고안해냈다. 미리 약속의 리스트를 만들어 두고 따라하기 하자.

BC 1754년경 바빌론의 도시 한가운데 높이 2.25미터의 회색 돌기둥이 세워졌다. 거대한 손가락 모양을 하고 있었는데, 위로는 왕이 법과 정의를 관장하는 신을 맞이하는 모습을 새겨 두었다. 그 아래로는 포괄적인 선언문에 이어 282개 법조항의 리스트가 빼곡하게 새겨졌고 다음과 같은 글로 마무리했다. "현명한 왕 함무라비가 세운 정의의 법." 흔히 '눈에는 눈, 이에는 이'라는 가혹한 보복법의 원천으로 알려진 『함무라비 법전』이다. 지금으로부터 3700년 전에 인류는 절도, 간통, 살인은 물론 채무, 사업, 의료 과실, 건축물 붕괴 사고 등에 대한 규칙을 정해 두었다. 이런 형태의 법전은 그 사회의 가장 중요한 가치를 담은 리스트가 되어 왔다.

규칙은 자유와 구속의 테두리를 정해 준다. 무엇을 해도 되는지, 무엇을 하면 안 되는지. 그리고 누군가 그것을 어겼을 때 벌을 줌으로써 행동을 강제한다. 계약이나 법률만이 아니다. 우리는 삶의 곳곳에서 모두가 믿고 따를 자(ℛ, Ruler)를 필요로 한다. 진시황

이 중국 통일 왕조의 기초를 닦으면서 이룬 중요한 업적은 도량형 통일이다. 나라에서 세금을 세 말로 정했는데, 지방마다 '세 말'의 양이 다르면 곤란하다. 부피, 무게, 길이의 도량형을 통일하니 농토의 면적, 식량 생산량 같은 통계가 가능해졌다. 1572년 교황 그레고리우스 8세는 기원전부터 사용하던 율리우스 력의 오류를 수정하고 달력을 통일했다. 이때 정한 시간의 규칙은 지금 지구 전역을 강력하게 지배하고 있다.

　법률의 강한 영향력에도 불구하고 인간 사회는 여전히 도덕이라는 보이지 않는 규칙 없이는 굴러갈 수 없다. 택시 운전사가 심장마비로 쓰러져 죽게 되었는데, 승객이 구급 신고도 하지 않고 자기 짐만 챙긴 채 다른 택시를 타고 공항으로 가버렸다. 승객은 법적으로는 처벌되지 않아도 사회적 지탄을 받을 수밖에 없다. (일부 국가에서는 '착한 사마리아인의 법'을 통해 처벌하기도 한다.)

　예절, 매너라고 불리는 특정 집단 속에서의 행동 규칙도 있다. 지인의 결혼식에 구겨진 트레이닝 복을 입고 가더라도 추방되거나 체포되지는 않는다. 하지만 사회적 평판이 떨어지는 것은 감수해야 한다. 반대로 누군가 항상 깔끔한 차림으로 다니며 약자에게 친절을 베풀고 다정하게 인사를 건넨다면, 그의 사회적 가치는 올라

333

규칙을 어기는 자에게 자비란 없지.

간다. 영화「킹스맨: 시크릿 에이전트」에서는 이렇게 말한다. "매너가 인간을 만든다(Manners maketh man)."

공동체가 정해 둔 규칙을 잘 따르는 것만으로는 부족하다. 때로는 스스로 규칙을 정해야 한다. 가족 안의 일은 보통 사회적 통례에 따라 부모가 결정하고 아이들이 따른다. 그러나 아이들이 커 가면서 서로 의견의 차이가 생겨난다. 가부장적인 집안에서는 아버지의 일방적인 권위나 즉흥적인 판단에 의해 모든 일이 결정되는 경우가 많다. 그러나 이는 다른 가족 성원들의 반발을 불러일으키고 불화의 원인이 된다. 그래서 어떤 가족은 민주적인 규칙을 정한다. 각자가 해야 할 의무와 하지 않아야 할 일들, 이견이 생겼을 때 결정하는 방법, 이를 어겼을 때의 벌칙도 정한다. 특히 선을 넘지 않도록 금기의 영역을 잘 설정해야 한다. '욕설을 하지 않는다. 물건을 집어던지지 않는다. 개인 컴퓨터나 일기장을 엿보지 않는다.' 그리고 가능하면 큰 틀은 문서로 적어 두는 게 좋다. 글로 기록된 약속 – 성문법은 훨씬 큰 심리적 강제력을 발휘한다.

한국은 세계 어느 나라보다 인터넷을 기반으로 한 동호회 활동이 활발하다. 다른 나라에서는 비싼 돈을 주고 학원에서 배워야 할 악기, 인테리어, 스킨스쿠버 등을 쉽고 싸게 동호회를 통해 배우는 경우가 많다. 그런데 동호회라는 자율적인 사회가 점점 커지고 금전이 오가는 일이 생기면서 그에 걸맞는 규칙도 필요해졌다. 이는 이견이 생겼을 때 처리할 기준이 되고 문제를 사전에 예방하는 효과도 있다. 역시 회칙과 같은 성문법과 암묵적인 매너가 함께 작용하도록 해야 한다. 집단의 특성도 고려하면 좋다. 사교 댄스 동호회는 원치 않는 신체적 접촉, 자전거 동호회는 운행 중 사고의 위험에 유의해야 한다.

성희롱, 성폭력의 문제 역시 규칙의 사회적 공유가 필요하다. "너 무슨 짓이야? 그냥 피곤해서 잠만 깨고 가자고 했잖아." "술 마시고 같이 호텔에 들어갔으면 섹스에 동의한 거 아냐?" 반복되는 논란의 패턴이 있다면 도덕적 논쟁으로는 부족하다. 분명한 규칙의 공유가 필요하다. '어떤 상황에서도 상대방이 "싫다."라고 말하면 해서는 안 된다.' 같은 룰을 정하고, 이를 어기면 예외없이 처벌해야 한다. 그래야만 "난 몰랐지."라며 은근슬쩍 힘과 관습을 동원해 잘못을 뭉개는 일을 막을 수 있다.

규칙의 생각법을 훈련하는 가장 좋은 방법은 게임이다. 야구나 농구 같은 구기 종목은 복잡한 규칙을 갖추고 있는데 그것을 숙지하지 않으면 절대 이길 수 없다. 다양한 보드게임은 각자의 규칙을 가지고 있어, 새로운 환경에서 그에 적응하는 방법을 익히게 해준다. 가령 어떤 게임에는 어느 정도의 거짓말이 통용된다. 그런데 말로 상대를 속일 수는 있지만 카드를 몰래 감추는 행위는 안된다. 이런 규칙들을 지키지 않으면 어떻게 되나? "너 다음에 안 끼워 줘." 공동체에서 추방당한다.

균형 Balance

현자는 옥처럼 높이 평가받기도, 자갈처럼 무시당하기도 원치 않는다.

사상가 노자

아무리 잠을 자도 온몸이 찌뿌드드한 게 피곤이 사라지지 않는다. 일주일 넘게 패스트푸드만 먹었기 때문인가? 언덕길을 내려오는 오토바이가 비틀거리며 방향을 잡지 못한다. 잡다한 짐을 잔뜩 실었기 때문인가? 알바를 두세 개나 뛰어도 생활은 나아질 기미가 보이지 않는다. 제멋대로 뛰는 월세와 물가를 감당할 길이 없으니까. 우리는 이럴 때 균형을 잃었다고 한다. 영양, 무게, 수익과 지출의 불균형이 우리를 위험하게 만든다.

"비행기는 날아다니는 자전거다." 「E.T」 같은 SF 영화 이야기가 아니다. 세계 최초로 조종이 가능한 동력 비행기를 타고 하늘을 난 라이트 형제의 생각이다. 그들의 진화론에서 비행기의 직계 선조는 두 바퀴 자전거였다. 1884년 존 켐프 스탈리가 세이프티 자전거를 개발했다. 그 이전까지 서커스 같은 볼거리에 불과했던 자전거가 비로소 대중적인 운송 수단이 될 가능성이 열렸다. 형제는 이 열풍에 올라타 자전거 가게를 하며 짭짤한 수익과 운송 기계의 제작 노하우를 얻었다. 그리고 이를 온전히 비행기의 발명에 재투자했다.

독일의 오토 릴리엔탈은 1877년 처음 글라이더를 제작했고 1895년 복엽기로 최종 실험을 한 뒤, 이것이 성공하면 모터를 달기로 했다. 그런데 이 글라이더는 작은 돌풍에 흔들려 15미터 아래로 추락했고, 발명가의 육신은 놔둔 채 영혼만 하늘로 올려 보냈다. 라이트 형제는 여기에서 큰 영감을 얻었다. 문제의 핵심은 균형이었다. 뒤뚱대는 어린 아이가 걸음마를 걸으려면, 비틀대는 자전거가 앞으로 나아가려면 좌우의 어느 쪽으로 쏠리지 않고 몸의 축을 유지해야 한다. 하늘 위라고 해서 다를 바가 없다. 어떤 상황에서도 균형을 잡을 수 있도록 비행기의 날개를 조종하는 기술이 필요하다. 형제는 자전거가 핸들을 움직여 쓰러지지 않을 수 있는 것처럼 비행기의 꼬리 날개를 미세하게 조종할 수 있게 했다. 그리고 마침내 1903년 날개 달린 자전거를 타고 하늘을 날았다.

나무, 피라미드, 물고기, 원, 미남미녀 등은 공통점이 있다. 어떤 축(axis)을 중심으로 균형을 잡고 있는 형태라는 것이다. 우리는 이러한 대칭의 구조를 본능적으로 선호한다. 그리고 한쪽이 기울어지거나 무언가 돌출되는 게 있으면, 반대쪽에 무게를 더하거나 적절한 것을 보태고 싶어 한다. 데칼코마니로 찍어낸 좌우 대칭의 그림은 어떤 의미를 가진 듯이 보인다. 균형을 잡고 있는 형태만으

337

자전거는 핸들, 새는 날개,
비행기는 꼬리 날개를 움직여
[균형]을 잡는다.

라이트 형제는 비행기를 날아다니는 자전거로 생각했다.

로 뭔가 그럴싸해보이는 것이다.

　균형의 생각법은 저울의 이분법과 잘 통한다. 하늘/땅, 음/양, 남/여, 좌뇌/우뇌, 위/아래, 창/방패, 공격/수비, 변호사/검사, 진보/보수…… 이렇게 대립적인 둘 사이의 만남, 헤어짐, 다툼, 경쟁, 화합이 삶을 만들어 낸다. 만약 균형을 맞춰 줄 반대쪽을 갖추지 못하면 문제가 생긴다. 플라톤은 『향연』에서 말했다. 원래 인간은 팔 네 개, 다리 네 개, 얼굴 두 개를 가진 생명체였는데 신의 노여움을 사서 반으로 갈라졌다. 그러니까 사랑은 자신의 잃어버린 반쪽을 찾는 것이다. 그런데 둘이 만났는데도 행복하지 않다. 그것은 잘못된 짝을 만난 것이거나, 권력이든 애정이든 한쪽이 기울어져 있는 것이다.

　따라하기 중에는 이렇게 본능적으로 균형을 추구하는 습성을 활용하는 형태가 많다. 아기는 엄마를 보고 '도리도리 짝짜꿍'을 따라하는데, 둘 사이에 있는 가상의 축을 중심으로 균형을 잡는 형태다. 춤, 스포츠, 하이파이브 등 몸동작을 따라하는 여러 행위들도 이런 거울의 원리를 활용하는 경우가 많다. 「펄프픽션」에서 존 트라볼타와 우마 써먼이 가위 손가락을 옆으로 흔드는 춤을 떠올려 보라.

카포에이라, 프로레슬링, 액션 연기처럼 서로 합을 맞추어 동작을 할 때도 균형의 생각법은 중요하다. 이때는 거울(mirroring)이 아니라 주형(molding)의 원리를 활용하는 경우가 많다. 한쪽이 치면 반대쪽은 빠진다. 학익진, 어린진 같은 전술들은 적군의 움직임에 따라 아군의 전형을 만들어 가는 방식이다. 축구에서도 공격 팀의 변화에 따라 수비 팀이 포메이션을 수정해 대응하는 것을 볼 수 있다. 물론 이 관계가 언제까지나 파트너 댄스처럼 사이 좋게 합을 맞출 수는 없다. 싸움에서 이기려면 상대의 균형을 무너뜨려야 한다. 레슬링, 씨름, 유도, 복싱 등 원초적인 격투기에서 가장 기본적인 전술이다.

균형의 생각법은 개인의 행동을 제어하고, 사회를 관리하는 방법으로도 활용된다. 동서양의 사상가들 중에는 중용(中庸, Golden Mean)을 강조한 경우가 많다. 노자는 말했다. "현자는 옥처럼 높이 평가받기도, 자갈처럼 무시당하기도 원치 않는다." 아리스토텔레스는 말했다. "덕은 두 악 사이의 한중간에 자리한다." 석가모니 역시 깨달음을 얻은 뒤 자신과 함께 고행하던 다섯 비구(比丘)에게 중도(中道)를 가장 먼저 이야기했다. 그런데 중용과 중도는 산술적인 평균값이 아니다. 자신을 끌어당기는 여러 힘 사이에서 적절한 위치를 찾아내고, 앞으로 변화해 나갈 방향까지 고려하는 종합적인 판단력이 필요하다.

지구가 생명체가 살 수 있는 행성이 된 이유는 무엇인가? 태양으로부터 너무 가깝지도 않고, 너무 멀지도 않은 거리에 있기 때문이다. 과학자들은 생명이 살 수 있는 적절한 조건, 항성에서 적절히 떨어져 있는 범위를 골디락스(Goldilocks) 존이라고 부른다. 이것은 동화『골디락스와 곰 세 마리』에서 유래했다. 골디락스라는 소녀가 곰의 집에 몰래 들어간다. 그러곤 계속 세 개의 선택지를 만난다. 뜨거운 죽, 차가운 죽, 미지근한 죽. 커다란 의자, 작은 의자, 중간 의자. 딱딱한 침대, 푹신한 침대, 중간 침대. 소녀는 항상 극단을 피하고 중간 값을 택한다. 이런 원리를 마케팅에 이용하기도 한다. 상점에서 고가, 중가, 저가의 상품을 한꺼번에 진열하면 사람들이 중간 가격의 제품을 고르는 경향이 있다. 이를 골디락스 가격제(Goldilocks Pricing)라고 한다.

균형은 정치학에서도 빈번히 언급된다. 단테는 이탈리아가 도시 간의 극심한 분열로 다투고 있을 때 교황파의 일원으로 활동했지만 상호 반목의 희생양이 되었다. 고심 끝에 그는 『제정론』에서 양의 발굽 형태를 제안했다. 가장 강력한 세력인 황제와 교황의 권력이 적절히 균형을 맞추어야 대립을 종식시킬 수 있다고 본 것이다. 이는 현대 민주주의의 삼권 분립과도 통한다. 절대 권력에 의해 추가 기울어지지 않게 여러 힘들이 적절한 상호 견제와 균형을 이루도록 한 것이다.

허나 기계적 중립과 균형은 다른 것이다. 흔히 기회주의와 양비론이 비판을 무마시키기 위해 균형의 논리를 들고 나온다. 양자가 대립할 때 균형만 내세운다면 아무런 판단도 하지 못할 수 있다. 분명한 사실, 부정할 수 없는 정의, 더 나은 선택이 있을 때는 그쪽 편에서 서야 한다. 단테 자신도 『신곡』에서 말했다. "지옥의 가장 뜨거운 자리는 어려운 시기 중립을 지킨 자들을 위해 비워 놓았다." 2014년 한국을 방문한 프란치스코 교황은 세월호 희생자를 기리는 노란 리본을 달았다. 그런데 반나절쯤 뒤에 누군가 '정치적 중립을 위해' 리본을 떼는 게 좋겠다고 말했다. 교황은 리본을 지켰다. "인간의 고통 앞에서 중립을 지킬 수는 없습니다."

시점 Point of View

과학적 진보는 종종 새로운 도구를 사용한 결과가 아니라
대상을 새로운 각도에서 바라본 결과다.

생물학자 프랑소와즈 야콥

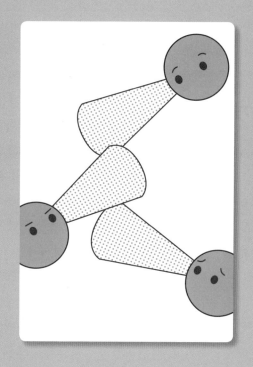

어느 일요일에 나는 스쿠터를 타고 성북동 고개를 넘어가다 집에
뭔가를 놔두고 온 게 생각났다. 마침 횡단보도에 빨간 불이 켜졌고
주변에 아무 차도 보이지 않아 실선을 넘어 유턴했다. 그때 담배를
피우던 교통 경찰과 눈이 마주쳤다. 경찰은 담배를 땅에 던지더니
나를 불렀다. 운전면허증을 받아들고는 말했다. "왜 거기서 유턴
하십니까? 10미터만 더 가면 되는데?" 그러게 말이다. 나는 억울
한 속마음을 감추고 최대한 공손한 말투로 답했다. "제가 실수했네

요." 그때 땅에 떨어진 담배 꽁초가 눈에 거슬렸다. 이렇게 내뱉고 싶었다. "그러는 당신은? 왜 꽁초를 함부로 버리는 거죠? 경찰이라는 사람이." 하지만 혹시 불이익을 당할까 꾹 참았다. 그때 내 옆으로 중국집 배달원이 헬멧도 쓰지 않고 오토바이를 타고 횡하고 지나갔다. 나는 경찰관에게 재빨리 고자질했다. "저 사람은 왜 안 잡아요? 헬멧 안 썼는데?" 경찰은 나를 따갑게 쳐다보며 말했다. "불법 유턴이 훨씬 위험해요."

심리학자 레온 페스팅거라면 나를 보고 '인지부조화'라고 말했을 것이다. 내 안에는 '내가 잘못했다'는 걸 아는 내가 있다. 그런데 그 사실을 인정하고 싶지 않은 또 다른 내가 있다. 나는 이런 부조화가 불쾌해서 견딜 수 없다. 그래서 스스로를 합리화하려고 여러 주장을 들이댄다. '배달 오토바이는 맨날 온갖 법규 위반하며 다니잖아. 나는 왜 딱 한 번 어겼는데 잡는 거야?' '경찰 말대로 10미터만 가면 유턴할 수 있었어. 그러니 이 정도는 봐줄 수도 있잖아.' '당신도 경찰이면서 꽁초를 마구 버렸잖아. 스스로 범법을 하며 남을 처벌할 수 있어?' 전부 터무니없는 주장이다.

로마의 현인 세네카는 말했다. "어리석은 자를 비웃고 싶을 때나는 멀리서 찾지 않는다. 그저 나를 비웃는다." 생각의 오류를 만드는 가장 큰 원흉은 나 자신이다. 자신의 이익을 지키기 위해, 잘못을 인정하지 않으려고, 혹은 약간의 수치심 때문에 우리는 허위의 성을 쌓는다.

이런 생각을 해 보자. 그때 마침 방송국 카메라가 교통 규칙 준수 캠페인을 하려고 한적한 횡단보도를 촬영하고 있었다. 여기 저기 설치된 카메라와 마이크는 내가 불법 행위를 저지르고 궤변을 늘어놓은 모습을 기록했다. 제작진이 내 모습을 (모자이크 처리하고) 방송에 내보낸다면, 나는 고개를 들지 못할 것이다.

342   구로사와 아키라 감독의 「라쇼몽」은 숲 속에서 발견된 사무라

문학의 [시점],
철학의 [관점],
영화의 [앵글]은
세상을 다차원으로 보게 한다.

전지적 시점

거울
(셀프 관찰자)

1인칭
주인공

1인칭
관찰자

3인칭
관찰자

이의 시체를 두고, 여러 사람들이 제각각의 시점에서 사건을 전혀 다르게 증언하는 모습을 보여 준다. 우리가 삶에서 만나는 문제나 사건 역시 그러하다. 같은 사안이라도 누가 어떤 위치에서 보는가에 따라 전혀 다르게 보이기도 한다. 그러니 하나의 시점만으로는 부족하다. 상대방의 시선에서, 제3자의 관점에서, 혹은 저 하늘 위에서 내려다봐야 한다. 문학의 시점, 철학의 관점, 영화의 앵글은 이를 위해 만들어 낸 생각법들이다.

철학에서는 주관과 객관이라는 대립되는 관점에서 세상을 바라볼 수 있다고 말한다. 지금 여기에서 느끼고 생각하는 나를 중심으로 바깥 세상을 이해하고 판단할 것인가(주관)? 아니면 그런 나조차 세상의 일부로 놓고 가치 중립적인 외부의 시선으로 볼 것인가(객관)? 소설에는 시점이 있다. 주인공이 화자(나)인 '1인칭 주인공 시점'은 사건의 주요 당사자가 바라보고 해석하는 내용에 집중한다. '1인칭 관찰자 시점'은 셜록 홈즈 시리즈의 왓슨과 같은 존재가 사건을 설명하게 한다. 주인공과 그 주변의 사건을 가까이에서 관찰하지만, 적당히 거리를 유지하며 해설한다. 객관적으로 인물들의 움직임만을 보여 주는 '3인칭 관찰자 시점', 등장인물 모두를 내려다보며 속마음까지 전하는 '전지적 작가 시점'도 가능하다.

『돈키호테』의 무모한 모험을 1) 돈키호테, 2) 산초 판자, 3) 신의 시선에서 바라본다고 생각해 보자. 매우 다른 해석이 나올 것이다.

사진과 영화의 '렌즈' 역시 세상을 또다른 방식으로 볼 수 있도록 도와준다. 주인공의 시선에서 세상을 바라보는 앵글, 주인공을 화면에 채우며 그의 행동에 중점을 두는 앵글, 여러 인물을 한꺼번에 잡는 앵글, 하늘 위에서 모두를 내려다보는 앵글…… 거기에 클로즈업, 줌인, 줌아웃 등의 기법을 통해 표적판 = 집중과 분산과 유사한 생각법을 더할 수 있다.

감정이입과 If 시뮬레이션은 이를 더욱 풍성하게 만든다. 2016년 9월 일본의 도지사 3명은 7킬로그램짜리 임신 조끼를 착용하고 생활해 보기로 했다. 1인칭 시점의 임산부가 되어 보고자 한 것이다. "처음 생각한 것보다 무겁네요." 부른 배를 안고 양말을 신고, 계단을 내려가고, 마트 진열대에서 물건을 꺼내는 것 등 무엇 하나 쉬운 일이 없었다. 버스에서 자리를 양보받자 거절 한번 않고 앉게 되었다고 한다. 이들이 참가한 임신 체험학교에는 많은 남편들이 함께 했다. 그들은 수업을 마치고 1인칭 관찰자 시점으로 "아내의 가사 노동을 분담해야겠다."는 마음을 먹을 수 있을 것이다. 도지사는 공적인 책임을 가진 전지적 시점으로 임산부를 고려한 교통 정책을 만들 수 있을 것이다.

허나 때론 너무 많은 시점이 혼란을 일으키기도 한다. 막무가내로 실적을 뽑아내라는 상사와 제 일도 마무리 하지 않고 휴가를 떠난 부하가 있는데, 그 사이에서 모든 짐을 혼자 처리하는 팀장 같은 사람이다. "그 사람들도 다 사정이 있어 그런 거겠지." 우리의 생각 키트에 다양한 렌즈들이 있다고 해서 모든 사안에 각각의 렌즈를 다 적용시킬 필요는 없다. 우리는 적절한 때에 적절한 렌즈를 끄집어내는 능력을 갖추어야 한다. 길을 찾을 때를 생각해 보자. 하늘에서 내려다보는 듯한 평면 지도를 볼 수도 있다. 자동차

내비게이션 같은 3차원의 증강 현실 지도를 사용할 수도 있다. 혹은 목적지에 있는 사람에게 전화로 물어볼 수도 있다. 삶에는 능수능란한 카메라 워크가 필요하다. 때론 감정적으로 몰입하고, 때론 느긋이 관조하고, 때론 냉정하고 꼼꼼하게 따져야 한다.

시점의 전환은 과학, 예술, 비즈니스에서 결정적인 창조의 도구가 되기도 한다. 생물학자 프랑소와즈 야곱은 말한다. "과학적 진보는 종종 사물의 새로운 측면을 발견함으로써 이루어진다. 그것은 어떤 새로운 도구를 사용한 결과라기보다는 대상을 새로운 각도에서 바라본 결과다." 천연두라는 치명적인 전염병 때문에 골머리를 앓던 18세기 이전의 의사들은 생각했다. "왜 사람들은 천연두에 걸리는 것일까?" 그런데 영국의 시골 의사 에드워드 제너는 다른 질문을 던졌다. "왜 젖소의 젖을 짜는 여성은 천연두에 걸리지 않는 것일까?" 관점의 변화가 종두법을 찾아냈다. 병을 피하는 방법은 모르겠다. 대신 약하게 앓게 해서 면역을 얻자.

인간이 가진 가장 특이한 렌즈는 거울 혹은 셀프 카메라다. 인간, 돌고래, 코끼리 등 고등동물 중에서 특별히 사회성이 중요한 동물들만이 거울을 통해 자신을 인식한다. 인간은 스스로의 마음까지 들여다볼 수 있는 거울을 가져야 한다. 리베카 솔닛은「남자들은 자꾸 내게『롤리타』를 가르치려 든다」에서 말한다. "자신의 의견을 사실로 착각하는 이는 스스로를 신으로 착각하기도 한다. (중략) 이런 일은 세상에는 다른 경험을 가진 사람들이 있고, 그들 역시 양도할 수 없는 권리를 가지고 동등하게 태어났고, 그들의 머리 속에서도 매우 흥미롭고 복잡한 의식의 과정이 이루어진다는 것을 충분히 접하지 못했을 때 일어난다." 누군가의 잘못을 지적하기에 앞서, 자신의 생각을 거울로 들여다보는 과정은 꼭 필요하다.

우주를 뒤집은
[시점]의 변화

코페르니쿠스와 갈릴레오는 천동설의 인간/지구 중심적 시점을 혁명적으로 뒤집었다. 그것은 천체의 변화를 면밀히 조사하고 기록하고 분석한 결과였다.

1
지구 중심설을 뒤집고
태양 중심설을 주장하는
코페르니쿠스의 [모형].
(1543년)
2
갈릴레오의 편지. 망원경을
사용해 목성과 네 위성을
관찰한 내용. (1609년 경)
3
베니스 총독에게
망원경 사용법을 알려
주는 갈릴레오. 주세페
베르티니의 프레스코화.
(1858년)

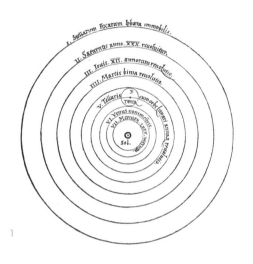

1

2

3

프레임 Frame

필요한 것은 결정을 내리기 위한 단단하고 지적인 프레임워크,
그리고 그 프레임워크를 부식시키는 감정을 제어하는 능력이다.

투자자 워렌 버핏

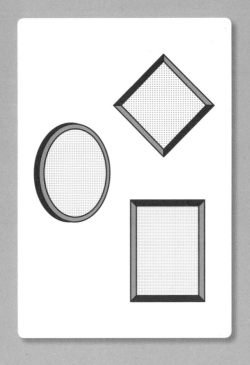

2014년 세월호 참사 직후, 박근혜 대통령이 정부 합동분향소를
방문했다. 여러 언론은 대통령이 유족으로 보이는 할머니를 마주
한 사진을 크게 실었다. 그런데 유족 측에서 의문을 제기했다. 할
머니는 사건과 직접 관련이 없는 사람이라는 것이다. 이에 '조문
연출'이 아니냐는 주장이 제기되었다. 청와대는 유족과 일반인이
섞여 있어 오해했다고 해명했다. 하지만 그때는 일반인 조문이 시
작되기 1시간 전이었고 동영상을 보면 대통령만 분향했다는 걸 알

수 있었다. 정말로 가짜 유족까지 동원해서 조문을 연출한 것은 아닐지 모른다. 하지만 분명한 사실 한 가지는 드러났다. 청와대는 카메라의 좁은 프레임 안에 의도적인 요소만 담고자 했다. 그를 통해 '유족을 진심으로 위로하는 대통령'이라는 이미지를 만들려 했다.

우리는 항상 어떤 프레임을 가지고 세상을 바라본다. 우리의 시야는 제한되어 있다. 무엇을 바라보느냐, 무엇에 집중하느냐에 이미 관점이 들어가 있다. 미술, 사진, 만화, 영화 등의 예술 작품에서는 보다 뚜렷하다. 풍경화가는 자연의 일부, 다큐멘터리 사진가는 사건의 일부, 만화가는 이야기와 장면의 일부를 선택적으로 액자 속에 집어넣는다. 촬영감독은 화각을 넓히고 좁히고, 편집감독은 장면을 넣고 빼면서 관점을 집어넣는다. 우리는 프레임을 거치지 않고 세상을 이해할 수 없다.

창틀, 액자, 거울, 카메라, 모니터 등 우리 주변에는 수많은 종류의 물리적 프레임이 있다. 그러나 더욱 중요한 것은 우리 머릿속에 있는 프레임이다. 행동경제학자 아모스 트버스키와 대니얼 카너먼은 누군가에게 같은 질문을 서로 다른 형태로 전했을 때 선택이 전혀 달라진다는 걸 입증했다. 그들은 프레임을 '의사결정자가 특정한 선택을 할 때 그에 따른 행동, 결과, 그리고 만일의 경우까지 고려하는 이해'라고 한다. 자신에게 유리한가 불리한가, 자신의 고정관념에 부합하느냐 아니냐에 따라 세상을 다르게 본다는 것이다. 이런 현상을 '프레이밍 효과'라고 부른다.

집회가 벌어지면 경찰과 주최측이 발표하는 참여자의 숫자는 보통 5~6배 정도 차이 난다. 이에 대해 경찰 측은 특정 시간의 인원을 발표하고, 주최측은 집회에 왔다 간 인원까지 포괄해서 발표하기 때문이라는 해석도 있다. 하지만 2002년 월드컵, 2014년 교황 방한 당시에 경찰이 추산한 인원은 주최 측과 차이가 없었다.

[프레임]은 세상을 잘라내고 [필터]는 세상을 걸러낸다.

프레임이 숫자를 조정하는 것이다. 시위가 격렬해지면 프레임의 개입은 더욱 노골화된다. 집회 측과 경찰 측 중에서 누가 먼저 폭력을 유발했는지, 누가 더 폭력적으로 행동했는지, 미디어 성향에 따라 전혀 다른 사진을 보여 준다. 그리고 같은 사진을 보는 우리 역시 조금씩 다른 프레임으로 현상을 이해한다.

프레임을 만드는 요소는 다양하다. "남자는 우는 거 아니다." (성역할) "저것들은 전쟁을 안 겪어봐서 몰라."(경험) "건설업에서 이 정도 로비는 기본이죠."(업계) "나는 OO도 사람 하고는 절대 일 같이 안해."(지역) "군인은 절대 물러서지 않습니다."(직업) "내가 검사야. 니가 뭔데 교통법규 위반 운운이야?"(엘리트) 그리고 이분 법의 선택을 강요할 때도 프레임을 씌우는 경우가 많다. "나와 일 중에 어떤 게 더 중요해?" '알파걸, 여성 최초, 파워 우먼'처럼 여성을 추켜세우는 듯하면서 성역할의 프레임을 씌우는 경우도 있다.

개인이 매사를 대하는 심리적 성향 깊숙이 프레임이 형성되어 있는 경우도 있다. 30대 여성 S는 입버릇처럼 이렇게 말한다. "그건 내 탓이 아니야." 직장이나 친구 사이의 문제에서 기본적으로 이런 태도를 취한다. 어느날 S는 횡단보도에 서 있다 자전거를 타던 소년이 자신을 피하다 차에 부딪혀 쓰러지는 걸 본다. 그녀는

Fixed < Mindsets > Growth
고정된 < 마인드세트 > 성장하는

웬만하면 귀를 닫는다 [대화] 묻고 답하기를 즐긴다
대충 뭉개고 앉는다 [피라미드] 새 단계로 도전한다
정해진 루틴을 반복한다 [루틴] 새로운 루틴을 만든다
다가오는 가지를 자른다 [링크] 바깥으로 가지를 뻗는다
적당히 덮어둔다 [문제] 적극적으로 고친다
남 잘 되는 꼴을 못 본다 [사다리] 남의 성공으로부터 자극받는다

[생각 카드]로 점검해 보는 나의 마인드세트

그대로 잠적해 회사에도 출근하지 않고 숨어 버렸다. 겨우 그녀를 찾은 친구들은 심리 상담을 받게 했다. 그녀는 과거를 조심스레 털어놓았다. 어머니는 일찍 이혼한 뒤 입버릇처럼 "너 때문에 아빠가 도망갔다."고, 사소한 일이 잘못되어도 "네가 재수가 없어서 그랬다."고 했다. S의 머릿속에는 그것을 회피하려는 태도가 고정되어 버린 것이다. 이렇게 습성이 된 심적 태도와 마음의 상태를 마인드셋(mindset)이라고도 한다. 사이비 종교, 다단계 판매, 보이스 피싱 등은 이런 패턴의 사람들을 찾아 프레임을 씌우고 그것을 점차 강화해서 가둬 버린다.

프레임의 문제가 특히 강조되는 것은 사회적, 정치적 이슈다. 특히 정치인과 매스컴은 이를 인위적으로 만들어 내기도 한다. 학생들의 등록금 인하 집회를 두고 사회를 혼란시키려는 종북 세력의 배후조종이라고 한다. 아르바이트 시급을 올리면 영세업자는 다 망한다고 한다. 정규직 노조가 쟁의를 하면 '귀족 노조 프레임'을 들고 나온다. 고액 연봉자들이 자신의 밥그릇을 지키기 위해 파업을 일삼는다는 것이다. 십대들이 어떤 주장을 하면 '수험생 프레임'에 가둔다. "너는 공부나 해." 때론 사회적 엘리트라고 하는 언론, 법조계에서도 이런 프레임에 동조한다. 그리고 한번 동조하면 의도적 합리화(Motivated Reasoning)를 통해 유리한 사실만 받아들이고, 불리한 증거들은 적으로 간주하고 덮어 버리려 한다. 미국 대통령 선거에 나왔던 트럼프는 여론 조사의 격차가 커지자 '선거 조작 프레임'을 들고 나왔다. 민주당 정부와 언론이 협잡하여 선거를 조작하고 있으니, 자신이 지면 결과에 승복하지 않겠다는 것이다.

　프레임은 강력하다. 16세기에 추기경 겸 대법관으로 영국을 흔들었던 토머스 울지는 말했다. "무언가를 머릿속에 집어넣을 때는 매우, 매우 조심해라. 너는 그걸 절대 절대 쫓아내지 못할 거다." 그렇다면 그것을 벗어날 방법은 없을까? 1) 가장 기초적인 방법은 의심하는 것이다. 수시로 악마의 변호인을 소환해, 지금 내가 옳다고 생각하는 것이 어떤 편견의 소산이 아닌지를 캐물어야 한다. 2) 다양한 시점과 감정이입을 동원한다. 가능한 여러 입장을 검토한 뒤에 결론을 내린다. 특히 자기 객관화의 과정이 필요하다. 3) 어떤 입장에 서더라도 부정할 수 없는 사실들을 찾아내고, 이를 통해 올바르게 추론한다. 4) 용기를 가지고 스스로의 프레임을 걷어내고 진실을 발언한다.

　19세기 프랑스의 군인 알프레드 드레퓌스는 독일군에게 군사 기밀을 팔았다는 혐의로 체포되었다. 그가 장교들 중 유일한 유대인이었기 때문이다. 유일한 증거는 첩보 문서의 필적이 유사하다는 것밖에 없었다. 그런데 이는 역으로 이해되었다. 정말 교활한 간첩이라서 증거를 감쪽같이 없앴다는 것이다. 그런데 한 대령이 의심했다. 드레퓌스가 체포된 이후에도 간첩 활동은 계속되었다. 게다가 문제의 필적에 더 가까운 사람도 발견되었다. 대령 자신은 반

351

유대주의자였지만 이를 좌시할 수 없었다. 그래서 문제를 제기했고 항명죄로 투옥되었다. 이어 에밀 졸라가 『나는 고발한다』라는 글을 게재하는 등 프랑스 지식인들이 대대적으로 나섰고, 종신형을 받았던 드레퓌스는 풀려나게 되었다. 대령은 유대인 프레임을 1) 의심 2) 객관화 3) 사실과 추론 4) 항거로 극복하게 된 것이다.

지금까지 고정된 프레임의 부정적인 입장을 주로 다루었다. 그러나 우리는 어떤 선택을 행하기 위해서는 프레임을 채택할 수밖에 없다. 국민연금기금으로 주식 운용을 한다면 '수익'을 프레임으로 삼아야 한다. 청와대의 지시를 따르는 '복종'의 프레임으로 재벌가의 편법상속을 돕기 위해 주주의결권을 사용하면 안 된다. 투자자 워렌 버핏은 말한다. "필요한 것은 결정을 내리기 위한 단단하고 지적인 프레임워크, 그리고 그 프레임워크를 부식시키는 감정을 제어하는 능력이다." 그는 가치주 투자라는 큰 철학을 가지고 있지만, 개별적인 사안에서 그것을 어떤 프레임으로 전환한다. 이것이 충동적인 결정을 내리지 않도록 도와준다는 것이다. 그는 이런 프레임워크를 위해 읽고 생각하는 과정을 꾸준히 하는 게 중요하다고 말한다.

정치적 사회적 이슈에서는 특히 프레임을 가질 수밖에 없다. 누군가 지배적인 생각에 저항하면 이런 질문을 받는다. "넌 왜 매사를 색안경을 끼고 봐?" 지배적 프레임은 그냥 맨눈이고, 다른 프레임은 색안경이라는 것이다. 그러나 세상의 기울어진 축을 올바로 세우기 위해서는 약자, 소수자의 관점이 필요하다. 우리가 일제 식민지 사회를 살고 있다면 '독립과 주권회복'은 절대 버릴 수 없는 프레임이다. 그것은 '대동아공영권' 혹은 '근대화'라는 프레임에 맞서는 무기가 된다.

**[프레임]은
세계의 편집자**

우리는 창틀, 액자, 모니터, 거울 같은 프레임을
통해 세계를 본다. 프레임 속의 세계는 결코 '전체'가
아니다. 언제나 선택적으로 잘라낸 '부분'이다.
우리의 머릿속에도 이와 같은 프레임들이 있고,
거기에는 다양한 종류의 필터가 끼워져 있다.

감정 Emotion

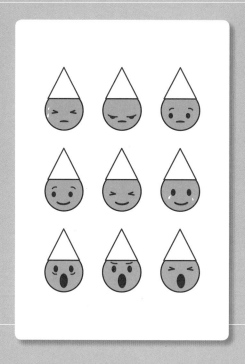

"홈즈는 완전히 비인간적이고 감정이 없지만 아름다울 만큼 논리
적인 지능의 소유자다." 소설가 코넌 도일이 1892년 『북맨』과의
인터뷰에서 했던 말이다. 21세기에 나온 BBC 드라마 판에서 홈즈
는 스스로를 이렇게 정의하기도 한다. "고성능의 소시오패스(반
사회성 성격장애)." 두 주장은 하나로 통한다. 홈즈와 같은 탁월한
추리 능력을 얻기 위해서는 어떻게 해야 하나? 차가운 이성으로만
문제를 판단하고 처리하라. 감정의 개입을 최대한 억제하라.

354

생각의 전문가들, 특히 서구의 지식인들은 오랫동안 이성과 감정의 대립을 강조해 왔다. 그리고 대부분 이성의 손을 높이 들어 주었다. 감정은 생각의 책상을 흔들고 불순물을 끼얹는 방해꾼으로 여겨지는 경우가 많았다. 스피노자는 『윤리학』에서 이렇게 경계했다. "어떤 열정 혹은 감정은 인간의 나머지 행동이나 힘을 압도한다. 그러면 감정은 그 사람에게 완고히 굳어진다." 간혹 감정의 역할을 인정해 주는 이들도 있었지만, 동물적인 에너지로 생각을 가속화시키는 정도에 국한시켰다. "혼신을 다해 생각하라."

뇌신경과학자 조반니 프라체토의 생각은 다르다. 그는 『감정의 재발견』에서 이성과 감정 사이의 지리학이 최근 20년간의 신경과학 연구를 통해 큰 변화를 겪었고, 뜻밖에 둘 사이가 아주 가깝다는 걸 발견했다고 주장한다. 철학자 마사 누스바움의 견해도 이와 통한다. "감정은 추론하는 생명체의 심리적 매커니즘에 힘을 주는 연료만이 아니다. 그것은 이성 자체의 매우 복잡하고 어지러운 부분을 구성한다." 그렇다면 우리는 어떤 방식으로 감정을 이용해 생각을 할까?

먼저 감정은 문제 발견에서 중심적 역할을 한다. 로마의 시인 푸블릴리우스 시루스는 말했다. "두려움이 깨어 있지 않으면 두려워하던 것이 닥친다." 우리는 무언가 위험한 일을 대하면 불쾌해하고 안절부절못한다. 그리고 그 나쁜 감정을 없애기 위해 상황을 적극적으로 들여다보고 대처한다. 상황이 종료된 이후에도 강한 감정과 결합된 기억은 더욱 또렷이 저장된다. 그래서 유사한 상황이 발생하면 감정이 먼저 깨어나 경고한다. "뭔가 기분이 이상한데? 정신 똑바로 차려." 개인만이 아니라 공동체 차원에서도 이와 같은 프로세스는 매우 중요한 역할을 한다. 늘 활기차 있던 친구가 슬픈 표정을 짓고 있다. 우리는 그에게 다가가 문제를 묻고 함께 해결하려고 한다. 공감 능력이 떨어지는 홈즈는 종종 이런 면에

"쟤는 소심한 데다 까칠하다니 참 재밌네."

슬픔   버럭 기쁨 까칠   소심

[감정]은 이성이 손 들 법한 복잡한 생각거리들을 처리해 준다.

서 왓슨의 도움을 받기도 한다.

감정은 선택에 있어서도 중요한 역할을 한다. 이제 겨우 걸음마를 뗀 아기가 뒤뚱뒤뚱 자동차 도로로 다가간다. 누구든 이를 보면 달려가 아이를 붙잡을 것이다. 맹자는 이와 같은 측은지심(惻隱之心)을 인간의 본성이라 여겼다. 이런 식의 도덕적 감정은 복잡한 계산 과정을 거치지 않고 행동의 방향을 결정하게 해 준다.

때론 상황이 복잡해지기도 한다. 길고양이가 하수구 진흙탕에 빠진 걸 보면, 우리 안의 도덕적 감정은 명령한다. 어서 뛰어들어 구하라. 그런데 그날따라 정장을 빼입고 입사 면접을 가는 길이었다. 이럴 때는 마음속의 천사와 악마가 소환되어 대결의 생각법으로 다툰다. 악마는 계산기를 두드린다. "그냥 모른 척 해. 그깟 고양이 한 마리 때문에 중요한 기회를 망칠 수는 없잖아." 천사는 감정에 호소한다. "네가 모른 척 해서 저 아이가 죽으면 평생 후회하게 될 거야."

천사와 악마, 이성과 감정이라는 두 세력의 다툼을 넘어 다양한 감정이 개입하기도 한다. 애니메이션 「인사이드 아웃」에서는 다섯 종류의 감정 캐릭터들이 팀플레이를 통해 주인공 라일리의 행동을 조정한다. 갑작스레 도시로 이사 온 상황에 적응하지 못한

해적 검은 수염은 공포라는 [감정]을 이용해 소모적인 전투를 피했다.

라일라는 매사에 뾰로통해져 있고, 부모는 이를 이해하지 못해 상황을 더욱 악화시킨다. 결국 라일라는 가출이라는 극단적인 선택을 하기에 이르는데, 이 상황을 이겨내기 위해서는 어떻게 할 것인가? 합리적 설명과 계도만으로는 어렵다. 감정 캐릭터들은 라일라의 중요한 기억들을 소환하여 그때의 감정으로 보다 풍성하게 세상을 바라보게 한다. 그를 통해 상처를 치유하고 마음의 크기를 성장시켜 위기를 돌파하게 만든다. 이때 기쁨이가 굉장히 중요한 역할을 하지만 항상 상황을 긍정적으로 보아서는 곤란하다. 때론 소심이를 통해 자신이 감당할 수 없는 상황을 회피하도록 해야 한다. 또 때론 슬픔이를 통해 자신의 불안한 처지를 표현하고 도움을 요청해야 한다.

감정이 생각에서 특히 중요한 이유는, 그것이 공동체 속의 관계 맺기에 결정적 역할을 하기 때문이다. 우리가 삶에서 맞닥뜨리는 많은 생각거리는 다른 사람과의 관계 속에서 벌어진다. 그러니 나의 감정만이 아니라 타인의 감정을 항상 고려해야 한다. 퇴근 후에 애인과 만나기로 약속했는데, 서로의 오해로 엉뚱한 장소에 갔다가 교통 정체까지 겹쳐 2시간 뒤에야 만나게 되었다. 지치고 짜증 나 있는 애인 앞에서 잘잘못을 합리적으로 따지려드는 게 과연

357

올바른 해결책일까? 동창회 모임에서 대통령 후보 중 누구를 찍을지를 두고 다툼이 벌어졌다. 상대가 '지역 감정'이라는 프레임에 갇혀 있다면, 나만 합리적인 태도를 취한다고 해결되는 게 아니다. 그 감정의 실체를 파악하고 그것을 벗겨 낼 방법을 찾아야 한다.

상대의 감정을 적극적으로 활용하는 방법도 있다. 카리브 해에서 악명을 떨친 해적 에드워드 티치는 머리와 수염을 치렁치렁 기르고 그 안에 심지를 꽂고 연기를 내뿜어 '검은 수염'이라는 별명을 얻었다. 그의 평소 성격이 호전적인 것은 아니었다. 다만 직접 전투를 하는 것보다 상대의 공포심을 불러일으켜 항복시키는 게 훨씬 이득이라는 사실을 이용했을 뿐이다. 만화 『짱구는 못 말려』의 꼬마들은 정반대의 방법을 사용한다. 뭔가 바라는 게 있으면 구태여 필요성을 설명하지 않는다. '어린 아이의 눈빛 공격'으로 호감을 이끌어내 상대의 마음을 함락시킨다.

원칙은 분명하다. 감정을 적절히 이용하되 휘둘리지 않는다. 하지만 결코 쉬운 일은 아니다. 특히 부정적 감정에 대응하는 일이 까다롭다. 출판 편집자 Y는 육아 휴직을 마치고 직장에 복귀했는데, 아이 때문에 일을 소홀히 한다는 말을 들을까 봐 마음이 편치 않다. 그래서 책상에 딸 사진조차 올려놓지 않았다. 그런데 아이가 크게 아픈 뒤에는 수시로 불안감에 휩싸인다. 회사 직원들에게 마음을 들킬까 봐 모든 일을 방어적으로만 대하게 된다. 불안이 불안을 확장한다. 이런 상태를 두고, 그리스에서는 '심장을 먹는다'고 말한다. 심장을 먹히면 이성은 마비되고 아주 기초적인 판단에서도 실수를 저지른다. 소위 수학 포기자 혹은 수학 염려증(Math Anxiety)을 연구해 온 심리학자들도 비슷한 주장을 한다. 우리가 수학 문제 앞에서 지나치게 걱정하면, 그 감정이 문제를 처리할 작업 기억(Working Memory)을 먹어치운다는 것이다. 이러면 뻔히 알고 있는 간단한 덧셈 뺄셈도 제대로 못하게 된다.

이럴 때는 자신을 객관화하며 문제의 피라미드를 그려 보자. 제일 아래층부터 차례차례 검토하는 것이다. 근본 원인—아픈 아이—을 직접적으로 해결할 수 없다면, 그 위층으로 올라온다. 직장의 동료들에게 솔직하게 처지를 토로하고 함께 적절한 방법을 찾아본다. 어느 정도 돌파구가 마련될 수 있지만, 역시 완벽하게 해결하기는 어렵다. 그럴 때는 다른 감정을 통해 마음의 문제를 개선시킬 수 있다. 슬픈 영화를 핑계로 울어도 좋고, 코미디 연극을 보고 넋이 나갈 정도로 웃어도 좋다. 감정의 결과 층은 우리로 하여금 감정에 먹히지 않도록 도와준다. 수학 포기자들은 간단한 심호흡 훈련, 또는 시험지 한켠에 자신의 현재 마음 상태를 객관화해서 써 보는 일이 도움이 된다.

이념, 성, 세대 사이의 반목이 커지고 있다. 우리는 이성적 주장을 정교하게 만들면서도 감정이라는 요소를 적극적으로 고려해야 한다. "정치적인 설득은 감정적인 올바름으로부터 시작합니다." 샐리 콘은 미국의 보수적 방송사인 폭스 채널에서 쇼를 진행하는 레즈비언이다. 그러니까 적진의 한복판에서 춤을 추는 존재다. 그녀는 자신에게 날아오는 모욕적인 이메일과 트윗에 대해 언급하며 이렇게 말한다. "사람들은 감정적으로 올바른 사람에게 귀를 기울입니다. 적에 대한 연민을 가지고 공통적인 생각의 기반을 찾는 것은, 제게 정치적이면서 정신적인 훈련입니다." 사회 전체의 생각도 공통된 감정적 체험을 통해 성장해 나갈 수 있다. 소설가 마르셀 프루스트는 말했다. "몸에는 행복이 좋지만, 정신력을 키우는 것은 슬픔이다."

**만화에서
이모티콘까지,
감정을
보고 읽는다**

우리는 사물보다는 사람, 그중에서도 얼굴에
특별한 관심을 기울인다. 거기에 담긴 감정을
읽는 능력이 공동체 속의 삶에서 매우 중요한
역할을 하기 때문이다. 만화가가 단순한 선으로
인물의 감정을 표현해도 독자들은 능숙하게
그것을 읽어낸다. 이런 훈련을 거쳐 우리는 간단한
이모티콘으로도 감정을 주고받을 수 있게 되었다.

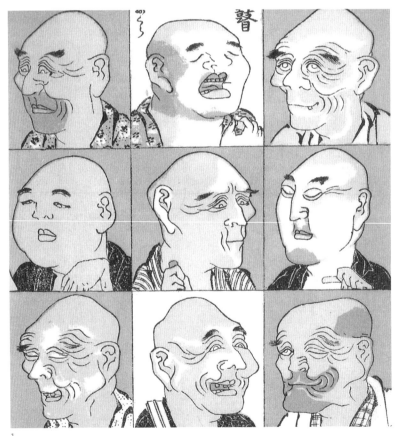

2

3

1
만화 기법의 선구자인
가쓰시카 호쿠사이가 그린
다양한 표정의 인물들.

2
1881년『퍽Puck』의
활자인쇄부서가 삽화의
비중이 커지는 것에 대항하기
위해 활자만으로 만든 감정
표시. 최초의 이모티콘으로
여겨진다.

3
1982년 카네기 멜론 대학의
스콧 팰만은 컴퓨터를
이용한 게시판에서 감정을
나타내는 용도로 :-)와 :-(를
사용하자고 제안했다.

4
카카오 프렌즈의 이모티콘.
스마트폰을 통한 메신저의
사용이 일반화되면서
이모티콘을 활용한 감정
표현은 더욱 활발해졌다.

4

새로운 걸 만들어 내라면
덜덜 떨기만 하는 나

생각의 용사들이여, 여기까지 왔군요. 이곳은 생각의 끝판왕이
도사리고 있는 창조와 상상의 세계입니다. 사람들은 생각하죠.
이곳은 까마득한 절벽 위, 구름과 안개가 덮여 있고, 온갖 정체
불명의 괴물들이 우리를 가로막는다고. 선택받은 소수의 예술가,
천재적인 발상의 과학자, 특별한 행운을 얻은 창업자들만이
들어설 수 있는 영역이라고. 그러니 조물주의 턱수염을 간지를 수
있는 사람들만 허락받은 곳일까요?

창조의 비법은 어디에서 구할 수 있나요?

나는 창조의 생각법이란 '파랑새'와 같은 게 아닐까 해요. 녀석은
우리가 매일 다루고 있는 생각의 도구들 근처를 날아다니고 있죠.
그러면서 조금씩 엉뚱한 짓을 합니다. 우리가 습관적으로 내뻗는
링크를 부리로 잡아당겨 조금 먼 곳의 뭔가를 연결해 보라고 해요.
성실하게 따라하기로 블록을 맞추고 있는데, 터무니 없는 블럭을
떨어뜨리며 유추를 해보라고 해요. 그중 상당수는 어처구니 없는
실패가 되기도 하죠. 그런데 그런 시행착오를 거듭하다 보면
가끔은 이렇게 말하게 됩니다. "아하! 그럴싸한데?"

상상력은 완전히 다른 생각법에서 나오는 건가요?

페니실린을 발견한 세균학자 알렉산더 플레밍은 말했습니다.
"물론 이 놀이에는 아주 많은 규칙이 있지. 그런데 어느 정도 이
놀이에 익숙해지면 그 규칙을 깨뜨리는 것이 아주 재미있다네.
그렇게 되면 다른 사람들이 생각조차 못해 본 걸 알아낼 수 있지."
우리가 1장부터 7장까지 들여다본 생각카드들을 능숙하게
다루면 창조는 자연스럽게 따라옵니다. 8장의 카드들은 거기에
약간의 힘을 더하죠. 더불어 우리 생각의 틀을 흔들고 그 변화를
좀 더 능동적으로 가져오게 합니다.

기초 ― 연결 ― 구조 ― 목표 ― 결정 ― 문제해결 ― 공동체 ― **창조**

8장 창조와 상상의 생각법

노이즈 Noise

유추 Analogy

아하!의 충돌 Bisociation

모형 Modeling

일 미루기 위원회 Committee of Procrastination

지도 Map

변신 Metamorphosis

이야기하기 Storytelling

몰입과 놀이 Flow & Play

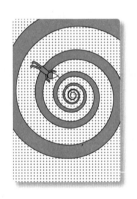

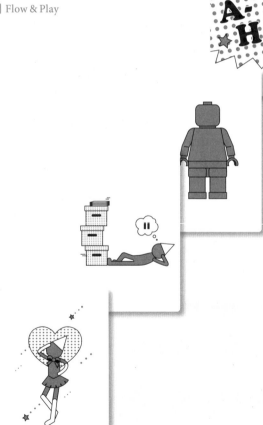

옆길로 샜다가
빈둥거리며 놀다가

창조의 생각법이란 '파랑새'와 같은 게 아닐까? 녀석은 우리가
매일 다루고 있는 생각의 도구들 근처를 날아다닌다. 지금까지 알아본
생각카드들을 능숙하게 다루면 창조는 자연스럽게 따라온다.
'창조와 상상의 생각법'은 거기에 약간의 힘을 더한다. 더불어
우리 생각의 틀을 흔들어 그 변화를 좀 더 능동적으로 가져오게 한다.

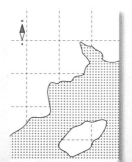

노이즈 Noise

길을 잃지 않는 건 살지 않는 것과 마찬가지다.
그런데 제대로 길 잃는 법을 모르면 자신을 파괴시키게 된다.

작가 리베카 솔닛

"들쥐들은 밤낮없이 열심히 일했습니다. 단 한 마리, 프레드릭만
빼고 말입니다." 레오 리오니의 그림책『프레드릭』의 주인공은 늘
눈을 반쯤 감은 채 멍하니 있다. 다른 들쥐가 묻는다. "넌 왜 일을
안하니?" 프레드릭은 그 대신 햇살, 색깔, 이야깃거리를 모은다고
말한다. 어느덧 겨울이 온다. 모아둔 먹이와 짚이 떨어지자 들쥐
들은 추위와 배고픔에 지쳐 간다. 그때 한 들쥐가 말한다. "네 양
식들은 어떻게 되었니, 프레드릭?" 그제서야 프레드릭은 눈을 또

렷하게 뜬다. 자신이 모아둔 햇살, 색깔, 이야기를 들쥐들에게 전
해 준다.

　책 모임에서 이 이야기를 함께 읽었는데 의외로 프레드릭을 싫
어하는 사람들이 많았다. 한 사람은 말했다. "집에 프레드릭이 셋
이나 있어요. 남편이랑 아들 둘이요." 모두 깔깔 웃었다. 가족이나
팀원이 프레드릭 같은 짓을 한다면 못마땅하게 여길 수밖에 없다.
그런데 이런 생각을 해 보자. 그 들쥐들이 각각의 개체가 아니라,
내 머릿속에 있는 여러 생각들이라면? 그러니까 내 머리의 상당 부
분은 열심히 생산적인 일에 집중하지만, 어느 부분은 멍하니 엉뚱
한 생각을 한다면? 빈둥거리기, 한눈 팔기, 엉뚱한 짓 하기는 생산
성의 적이다. 그러나 그것이 변화와 창조를 만들어 낸다.

　『프레드릭』은 개미와 베짱이 우화를 교묘하게 뒤집어 놓았다.
그런데 개미의 무리에도 항상 그렇게 엉뚱한 짓을 하는 녀석이 있
다고 한다. 일개미들은 집에서 나와 여기저기 흩어져 먹이를 찾는
다. 그러다 식량을 발견하면 물고 집으로 돌아가는데, 이때 엉덩
이 부분에서 페로몬을 발산하며 간다. 동료들이 그 페로몬의 길을
따라가 먹이를 물고올 수 있도록 하는 것이다. 대부분의 개미는 그
길을 충실히 따라간다. 그런데 길을 무시하고 엉뚱한 쪽으로 가는
놈이 간혹 있다. 어디에나 바보는 있는 걸까? 이런 녀석이 없는 쪽
이 훨씬 능률적이겠지? 그런데 이런 엉뚱이가 일정 비율로 섞여 있
는 쪽이 능률이 높다고 한다. 왜 그럴까? 이런 녀석들이 어쩌다 원
래보다 빠른 경로를 찾아내기 때문이다. 그러면 엉뚱이의 페로몬
은 더 강한 냄새를 풍기고, 개미들은 그쪽으로 경로를 수정한다.

　개미들은 기본적으로 따라하기로 판단한다. 먹이를 먼저 물
고 오는 녀석이 택한 길을 따라간다. 그런데 약간의 개미들은 어림
짐작 혹은 운에 맡기고 다른 길을 간다. 여기에서 변화가 이루어지
고 더 나은 방법을 발견할 가능성이 생긴다. 복잡한 경로가 존재하

길을 잃지 않으면
새로운 길을 찾을 수 없다.

는 상황에서는 이런 방식이 훨씬 효율적이라는 사실이 밝혀지고 있다. 항공기의 화물 물류도 이런 방식을 도입하고 있다.

뇌과학자 이케가와 유지는 우리의 뇌신경세포도 이와 비슷한 방식을 사용한다고 한다. 우리의 두뇌는 수시로 노이즈—생각의 잡음을 만들어 낸다. 어떤 일에 집중하려 해도 자꾸만 잡생각이 떠오르는 것이다. 그런데 이런 노이즈 덕분에 우리는 하나의 행동에 고정되지 않고 다른 행동으로 빠져나갈 길을 찾아낸다. PC방에서 게임에 열중하다가도 문득 떠오른 엄마의 잔소리가 게임을 그만두게 해 준다. 그리고 이렇게 불확실하지만 새로운 경로를 자꾸 제안하는 것이 '창의성'의 핵심적인 방법이 된다.

창조란 무에서 만들어지지 않는다. 남들과는 다른 아하!를 만들기 위해서도, 탁월한 유추를 떠올리기 위해서도 다양한 생각거리가 필요하다. 생명체는 단순 복제나 근친상간을 피하고 유전자 풀(pool)을 키워야만 유전적 다양성을 얻을 수 있다. 마찬가지로 생각의 주방이 풍부한 재료를 확보했을 때 창의적인 아이디어를 만들어 낼 가능성이 높아진다. 노이즈는 그런 재료들을 확보하는 방법이다. 우리는 노이즈 만들기를 통해 머릿속의 고정적인 배선을 깨고 새로운 링크의 가능성을 얻는다.

철학자 루소는 산책을 활용했다. "나는 걸으면서 명상에 잠긴다. 나의 마음은 다리와 함께 작동한다." 그는 젊은 시절 파리 지성계의 스타였지만 날카로운 비판 정신 때문에 배척당하고 쓸쓸한 말년을 보내게 된다. 다행히 지라르댕 후작이 작은 영지를 내주었고, 그는 호젓한 정원과 작은 섬을 거닐며 마지막 걸작인 『고독한 산책자의 몽상』을 썼다.

영화감독 우디 앨런은 좀 더 게으르다. "나는 몇 해에 걸쳐 어떤 작고 소소한 변화도 정신 에너지를 새롭게 차오르도록 자극을 일으킨다는 걸 알아냈다. 이 방에 있다가 다른 방으로 가면 그것만으로도 도움이 된다. 위층으로 올라가 샤워를 하면 큰 도움이 된다. 그래서 때로는 필요 이상으로 샤워를 하기도 한다." 어쩌면 흐르는 물소리가 그를 자극했을 수도 있다. 예부터 인류는 빗줄기 때문에 하루를 공칠 때, 강이나 계곡 옆에서 잠시 쉴 때 색다른 생각에 빠지곤 했다.

허나 산책이나 샤워가 단단한 루틴이 된다면, 거기서 노이즈를 만들기란 쉽지 않을 것이다. 그럴 때는 더욱 적극적으로 익숙하지 않은 곳을 찾아가야 한다. 예부터 낯선 지방을 여행하는 것은 새로운 아이디어를 얻는 원천이 되었다. 싯다르타의 고행, 이슬람의 메카 순례, 산티아고 순례…… 젊은 날에 다양한 지역을 여행하고, 여러 직업을 경험하고, 가끔은 미친 짓을 해 보는 게 미래의 자양분이 된다.

소설가 박경리는 어릴 때부터 나다니기를 싫어해 어머니에게 '구멍지기'라고 야단을 맞기도 했다. 그렇다면 무엇에서 글감을 얻었을까? 자신만의 방식으로 하루종일 혼자 여행을 했다. "꿈속에서도 여행을 했고/ 서산 바라보면서도 여행을 했고/ 나무의 가지치기를 하면서도,/ 서억서억 톱이 움직이며/ 나무의 살갖이 찢기는 것을,/ 그럴 때도 여행을 했고/ 밭을 맬 때도/ 설거지를 할 때도

우디 앨런은 샤워를 통해 정신 에너지를 재충전했다.

여행을 했다."(시「여행」에서)

집 밖은커녕 책상 밖으로도 나갈 수 없다면? 지금 붙잡혀 있는 회의실에서 아이디어를 만들어 내야 한다면? 2014년『월스트리트 저널』은 두들링(doodling)에 대한 흥미로운 기사를 내놓았다. 두들링이란 회의나 수업에서 종이 위에 즉흥적으로 추상적인 문양, 사람, 동물, 풍경 등을 끄적거리는 걸 말한다. 그런데 최근의 신경과학, 심리학 연구에서 이런 의미 없는 낙서 행위가 사람들이 집중하고, 새로운 개념을 이해하고, 정보를 기억하는 데 큰 도움을 준다는 것이 밝혀졌다. 작은 노트나 스케치북을 가지고 다니는 것도 좋다. 느슨하게 손을 움직이는 두들링에서 출발해 흥미로운 아이디어를 찾고 이를 모형화하는 데까지 이어갈 수 있다.

아이디어의 발상을 위해 노이즈를 적극적으로 만들어 내는 것을 브레인스토밍(Brainstorming)이라고 한다. 1930년대 뉴욕의 광고회사에서 시작해 알렉스 오스본의 책을 통해 널리 퍼지게 되었다. 브레인스토밍은 "자, 눈을 감고 아이디어를 떠올려 봅시다." 같은 방식보다는 느슨한 틀을 사용하는 편이 효과적이다. 마인드맵, 만다라트 등 이를 위한 다양한 도구들이 개발되고 있다. 포스트잇에 설익은 아이디어를 쓴 뒤, 붙이고 옮기고 더하고 빼는 과정에서 집단적으로 아이디어를 키워 가는 방법도 많이 쓴다.

노이즈는 예상하기 어려운 불규칙 속에서 만들어진다. 현대 도시의 놀이터는 안전만을 강조한 부드러운 우레탄 바닥 위에 매끌매끌 규격화된 기구들을 쌓아두는 경우가 대부분이다. 독일의 놀이터 디자이너 귄터 벨치히는 이것들이 '어린이 처리 시설'에 가깝다고 말한다. 그는 강가의 모래사장, 나무 위 그루터기, 심지어 쓰레기장이 상상력을 자극하는 공간이 될 수 있다고 한다. 어른들도 마찬가지다. 상상의 재료를 얻는 데는 정돈된 공원보다 시끌벅적한 시장 골목이 나을 수도 있다. 재즈 연주자들은 공식적인 연주가 끝난 심야에 자기들끼리의 잼을 즐긴다. 그 즉흥적인 연주를 통해 멜로디와 리듬들을 끄집어 내고 재배치한다. 목적 의식 없는 놀이처럼 세상을 탐험할 때 예전에 얻지 못했던 착상들을 만날 수 있다.

머리가 꽉 막혔다. 아이디어가 떠오르지 않는다. 이런 때는 매달려 있던
일을 잠시 내려놓자. 이제 루틴을 해체하고 노이즈를 만들어야 할 때다.
스스로 길을 잃어버리고 불확실성에 몸을 던져야 한다.
마땅한 방법이 없다면 다음과 같이 해보자. 주사위를 굴려 나오는
숫자에 따라 돌림판 위를 움직인다. 그러곤 해당하는 칸의 미션을 해 본다.
새로운 방법이 필요할 때는 다시 주사위를 굴려 돌림판을 돌아간다.
한 바퀴를 돈 뒤에는 계속 순환하면 된다.

START!

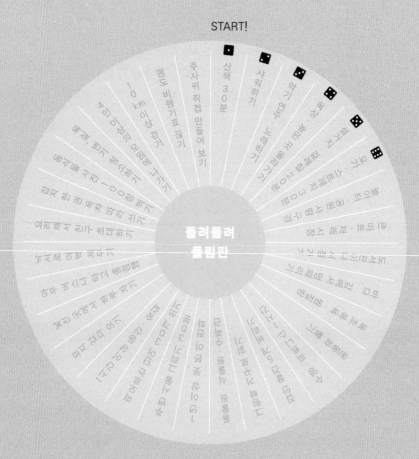

유추 Analogy

어떤 구조들은 전혀 다른 영역에서도 비슷한 방식으로 작동한다.

과학자 니콜라스 스테노

시라노 드 베르주라크는 17세기 프랑스에서 살았던 탁월한 시인, 극작가이자 용맹한 검객이었다. 허나 못생긴 코로 인한 외모 콤플렉스, 불의를 보면 참지 못하는 성격은 그를 비참한 삶으로 이끌었다. 현실에 절망한 그는 밤하늘의 달을 동경했다. 저 너머 달세계로 가면 자신의 꿈을 마음껏 펼칠 수 있을 거라고. 그는 달로 날아가기 위한 갖가지 아이디어를 짜냈고, 이를 『달세계 여행』이라는 선구적 SF 소설로 남겼다. 그중에는 술통에 타고 아래에 화약을 터뜨려 그 분사력으로 우주로 날아간다는 착상도 있었다. 오늘날 로켓의 추진력으로 날아가는 우주선의 원리를 예견한 것이었다.

지구라는 현실의 세계에서 달이라는 환상의 세계로 날아가는 일. 우리는 이를 상상이라고 한다. 시라노는 어떻게 그걸 해냈을까? 뉴턴이 작용 반작용의 법칙을 발표하기도 전에 그 원리를 활용할 수 있었던 비결은 무엇일까? 그것은 유추—서로 다른 것들 사이의 닮은 점을 찾아 그를 통해 새로운 것을 착안해내는 생각법이다. 시라노는 화약이 터지자 무시무시한 속도로 튀어오른 술통을 보았을 것이다. 그리고 그와 유사한 장치를 만들면, 그 분사력으로 달까지 날아갈 수 있으리라 여겼다.

유추는 발명가들의 전유물이 아니다. 우리는 낯선 것들을 보면 이미 알고 있는 닮은 것들과 링크시킨다. 자연사 박물관에서 공룡의 실물 모형을 본 아이는 친구에게 어떻게 설명할까? "도마뱀을 닮았는데 빌딩만큼 커." 이야기를 들은 아이는 머릿속에서 도마뱀을 빌딩 크기로 부풀리며 유추해야 한다. 우리는 이런 식으로 낯선 생물이나 사물을 이해하고 설명한다. 박쥐는 뭐지? 날개 달린 쥐야. 우주선은 뭐야? 하늘을 나는 배.

유추의 능력은 자연스럽게 상상에 활용된다. "내가 말이지. 외계인이 지구로 찾아오는 소설을 써볼까 해." "재미있겠네. 외계인은 어떤 모습일까?" "우리보다 과학기술이 발전해서 우주선을 타고 지구로 왔겠지. 그러면 몸보다는 두뇌가 훨씬 클 거야. 문어 같은 모습은 어떨까?" "좋아. 문어 외계인이 로봇을 조종해 지구를 침공해 오는 걸로 해 봐." "그거 괜찮은데? 사람이 만든 로봇은 사람 모양이니까. 문어 외계인의 로봇은 거대한 문어 모양이야. 여덟 개의 다리로 뉴욕, 파리, 서울 같은 도시를 부수고 다니는 거야." 드라마 「브이」의 파충류 외계인, 만화 「개구리 중사 케로로」의 양서류 외계인 등도 이런 유추의 과정에서 태어났다.

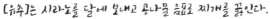
[유추]는 시라노를 달에 보내고 콩나물 음표로 찌개를 끓인다.

　　많은 발명품들은 자연의 원리에서 유추한 것이다. 옷에 붙어 떨어지지 않는 도꼬마리 열매에서 벨크로(찍찍이)를, 어두운 동굴 속에서 자유롭게 움직이는 박쥐에게서 소나 레이더(수중 음향 탐지 장치)를, 물속에서 마찰을 최소화하는 상어 비늘에서 경영 수영복을 착안해냈다. 과학자들은 나아가 유사성의 밑바닥에 있는 원리(principle)와 법칙(law)을 알아내려고 한다. 하나의 본질적인 원리를 찾아내면 수많은 문제에 답할 수 있기 때문이다. 인류는 지렛대, 바퀴 같은 핵심적 공학 원리를 발견했고, 조금씩 다른 상황에 적용시키며 수많은 발명품들을 연쇄적으로 만들어 냈다.

　　때론 어떤 원리에서 다른 원리를 유추하기도 한다. 니콜라스 스테노는 말했다. "어떤 구조들은 전혀 다른 영역에서도 비슷한 방식으로 작동한다." 그는 몸 안에서 담석이 만들어지는 원리에서 지구의 지층이 쌓이는 원리를 유추해냈다. 다윈은 맬서스의 인구론에서 '인간 집단이 환경의 변화에 의해 위기에 처할 수 있다'는 주장을 보고 눈이 번쩍 뜨였다. 인간만이 아니라 모든 생명체 집단이 그럴 것이다. 그것이 진화가 일어나는 원인이 될 수 있다.

　　유추는 (불완전하지만 즐겨 쓰는) 추론의 방법이기도 하다. "아버지를 보면 아들을 알 수 있지." 같은 방식이다. 논리학에서는 유추라는 도약의 생각법을 꺼려하지만 문학에서는 너그럽게 환영한다. "하늘에 별이 있다면, 내 마음엔 당신이 있소." 하늘과 마음, 별과 당신은 논리의 세계에서는 링크될 수 없다. 그러나 시의 세계에서는 가능하다. 직유와 은유 같은 유추에 기반한 표현법들은 문학의 핵심적인 수단이다. 또한 예술은 관객들에게도 유추의 능력을 발휘할 것을 기대한다. 어느 영화에서 밤새 폭풍우 속의 전투가 벌어졌다. 주인공 커플이 살았을까 죽었을까? 관객들은 궁금해 미치겠지만 감독은 직접적으로 보여 주지 않는다. 대신 어느 때보다 눈부신 태양이 떠올라 숲을 비추는 걸 보여 준다. 관객들이 그 상황을 유추해서 스스로 답을 알아내는 과정이 예술적 체험의 핵심이다.

유추에는 분명히 함정이 있다. 외형적인 닮음에만 매몰되면 잘못된 생각에 이른다. 고양이 앞에 혁대를 떨어뜨리면 '뱀'이라고 생각하고 혼비백산한다. 인간도 비슷한 오해에 빠진다. 고양이는 몸이 유연하니 그 고기를 먹으면 허리 병이 낫는다거나, 남근을 닮은 자라를 먹으면 정력이 세진다거나…… 그런데 인간은 이러한 그릇된 유추를 이용해 멋진 발명품을 만들었다. 바로 만화 캐릭터, 아이콘, 이모티콘 같은 것들이다. 우리는 동그라미 안 적당한 위치에 작은 두 점이 찍혀 있으면 사람의 얼굴과 눈이라고 생각한다. 그 아래에 반원형의 선을 그리면 웃는 모습이라고 생각한다. 사랑하는 마음 → 심장 그림 → 하트 아이콘 → 손가락 하트. 이렇게 유추를 통해 생각을 축약하고 변형시킬 수도 있다. 보는 이는 그걸 해석하는 과정에서 상상력을 발휘해야 한다. 그 과정이 우리를 캐릭터에 몰입시키고 감정 이입하게 만든다.

**이상하지만
그럴싸한 착각**

우리는 하늘의 별 무리 속에서 날아다니는 말을
보고, 땅의 생김새에서 사람과 동물의 모습을
떠올린다. 분별력이 뛰어난 사람이라면 쯧쯧 혀를
찰 것이 분명한 착각이다. 그러나 우리는 이러한
유추를 통해 상상의 나래를 펼치고 뜻밖의 방법으로
문제를 해결한다.

아하!의 충돌 Bisociation

독창성은 종종 예전에는
연결이 의심스러웠던 아이디어를 잇는 데서 나온다.

고생물학자 W. I. B. 베버리지

예능 프로그램 「무한도전」에서 배우 소지섭을 초대했는데 댄스 신
고식 이야기가 나왔다. 유재석이 물었다. "댄스 신고식은 왜 하는
겁니까?" 길이 대답했다. "웃기려고요." 너무 맞는 말이라 아무 재
미가 없다. 그런데 박명수는 이렇게 대답했다. "조상에 대한 예의
죠." 모두가 웃음을 터뜨렸다. 유머는 이렇게 태어난다. '예능 출
연자가 춤추며 자신을 소개하는 모습'과 '조상에 대한 의례'는 상
식적으로는 전혀 연결되지 않는 다른 차원에 속해 있다. 그런데 이

둘이 어떤 순간 쾅하고 부딪히더니 뜻밖의 의미를 만들어 냈다. 나는 이를 아하!의 충돌이라 부른다.

극적인 우연으로 어떤 웃음의 포인트를 발견했을 때, 우리는 말할 수 없는 짜릿함을 느낀다. 나는 그것이 과학적 발견, 예술적 창조의 순간과 흡사하다고 여긴다. 아르키메데스가 "유레카!"라고 외치며 욕조에서 뛰쳐나왔던 그 순간. 혁신적인 창업자의 머릿속에서 멋진 아이디어가 튀어나오는 순간을 말하는 '아하! 모멘트(Aha! Moment)'. 토크쇼 진행자 오프라 윈프리가 즐겨 말하는 결정적인 각성의 때. 이 모두가 비슷한 원리에 기반하고 있다.

작가 아서 쾨슬러는 『창조적 행위』라는 저술에서 발견, 발명, 창의성의 원리에 대해 흥미로운 이론을 제시했다. 그는 서로 관련이 없는 사실이나 아이디어가 하나로 통합하는 과정에서 창의적 생각이 폭발적으로 일어난다며 이를 'Bisociation'이라고 불렀다. (우리말 번역으로는 이연현상(二連聯想) 또는 이합이라고 부른다.) 단순한 연관(association)이 아니라, 서로 다른 영역에 있던 것들이 어쩌다가 하나로 만나는 순간에 번쩍! 하는 지적인 충격이 생겨난다는 것이다. 그는 두 장의 2차원 종이 위에서 각각의 루틴에 따라 운동하던 생각들이 번쩍! 하고 만나는 모습을 다이어그램으로 그려 설명한다.

'유레카'는 어떻게 이루어졌나? 아르키메데스는 시라큐스 왕의 명령으로 황금 왕관에 불순물이 섞였는지를 알아내야 했다. 고민을 거듭하다가 욕조에 들어간 그는 자신이 차지한 부피 때문에 물이 넘치는 걸 보았다. '목욕'과 '왕관의 불순물 찾기'라는 서로 다른 영역이 그 순간 하나로 합쳐진다. 왕관에 만약 불순물이 섞였으면 같은 무게의 순금보다 부피가 클 것이다. 그러니 왕관과 같은 무게의 순금 덩어리를 물에 넣어 넘치는 부피를 비교하면 된다. 과학에서는 이러한 형태의 발견이 적지 않다.

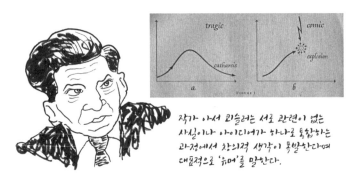

작가 아서 쾨슬러는 서로 관련이 없는
사실이나 아이디어가 하나로 통합하는
과정에서 창의적 생각이 폭발한다며
대표적으로 '유머'를 말한다.

문학에서의 은유도 이와 원리가 비슷하다. 아리스토텔레스는 은유를 두고 "유사성을 간파하는" 능력에서 나온다고 했다. '고추처럼 빨갛다' '개미처럼 바쁘다.' 이러한 직유의 유사성은 진부하다. 누구나 링크할 수 있다. 은유는 좀 더 나아가야 한다. 영화「일 포스티노」에서 어촌의 우체부 청년이 대문호 파블로 네루다에게 말한다. "이상한 기분이 들어요. 너무 많이 움직여 멀미가 났어요." "멀미가 났다고?" "그래요. 제가 마치 선생님의 말(言)들 사이에서 출렁거리는 배 같았어요." "자네가 뭘 만들었는지 아나? 은유야." "하지만 소용 없어요. 순전히 우연히 튀어나왔을 뿐인걸요." 당연히 우연에 기대어 나온다. 시인의 말이 바다가 되고 청년의 마음이 배가 되는 극적인 순간. 은유는 우연히 맞닥뜨린 교통사고 같은 것이다. 영어에서 한눈에 반하는 사랑을 크러쉬(crush)라고 하는 것도 이와 통한다. 모두가 지나치는 우연한 만남의 순간에서 그것의 진정한 의미를 찾아내는 사람이 시인이 되고 연인이 된다.

예상치 못한 발견이 주는 놀라움은 창조 행위의 도처에서 이용되고 있다. 태국의 어떤 패스트푸드 식당이 24시간 불을 환하게 켜놓았다. 늦은 시간 식당 가까이 갔던 고객들은 깨닫는다. 이미 영업이 끝났지만 환하게 불이 들어왔을 때의 식당 사진을 실제 크

가령 보들보들한 '고양이 말이 초밥'이라든지...

기로 출력해 셔터에 붙인 것이었다. 고객들은 깜짝 놀라고 재미있어 한다. 전기 요금을 아끼면서 24시간 식당 홍보를 하는 방법이었던 것이다. 어떤 루틴에 따라갈 때 긴장감 혹은 지루함을 느끼던 우리 두뇌는 이렇게 번쩍하는 아하!의 순간에 즐거움을 느낀다.

나는 아하!가 두 차원의 극적인 교집합을 통해서만 이루어지는 것은 아니라고 생각한다. 같은 차원에 있지만 너무 먼 거리에 있어서 링크시키지 못했던 것을 누군가 해낼 때도 아하!는 가능하다. 알프레트 베게너의 대륙이동설은 여러 대륙이 원래는 하나로 붙어 있다가 떨어지게 되었다는 주장이다. 그는 대륙들의 해안선 모양이 비슷하게 맞아떨어진다는 데서 그 아이디어를 얻었다. 만약 대륙들이 아주 가까이 있었다면 그 학설은 쉽게 받아들여졌을 것이고 그리 놀라운 일도 아니었으리라. 그런데 대륙들이 수천 킬로미터나 떨어져 있기 때문에 학자들은 오랫동안 그 학설을 인정할 수 없었다. 달의 인력이 밀물과 썰물의 움직임에 영향을 준다는 이론 역시, 두 천체 사이의 천문학적인 거리 때문에 받아들여지기 어려웠다. 그런데 누군가는 그 먼 거리를 뛰어넘어 아하!의 링크를 만들었다.

"독창성은 종종 예전에는 연결이 의심스러웠던 아이디어를 잇는 데서 나온다." 오스트레일리아의 고생물학자 W. I. B. 베버리지는『과학적 연구의 기법』에서 말했다. 그에 따르면 "상상력의 역할은 새로운 의미를 창조하고 감지를 벗어나려 하는 연결을 발견하는 것이다." 창조의 기초 기술은 링크다. 그러나 보통의 링크는 아니다. 예전에는 찾지 못했던 숨은 링크, 너무 멀리 떨어져 연결하기 어려운 링크, 다른 차원에서 있어 감히 생각하지 못했던 아하!를 찾는 것이 바로 창조의 핵심이다.

　생각이 벽에 부딪히면 관성을 흔들어야 한다. 예상하지 못한 링크를 찾으려면 상식 밖의 장소를 뒤지거나 오랫동안 만나지 않은 사람에게 연락해 봐야 한다. 때론 가장 불가능해 보이는 일을 시도해 보는 것도 필요하다. 앞뒤가 안 맞는 말을 하는 아이러니의 유머, 겉보기엔 모순되지만 심오한 의미를 담은 패러독스의 문학, 세상을 뒤집어 보는 역발상의 과학 같은 것들이다. 포스트잇(Post-it)이라는 신기한 문구는 접착제 회사 3M에서 강력접착제를 개발하다가 붙여도 금세 떨어지는 실패작을 만든 데서 출발했다. 페니실린이라는 탁월한 치료제는 알렉산더 플레밍이 씻어 버리려고 했던 접시의 푸른 곰팡이에게서 어떤 가능성을 보았기 때문에 태어날 수 있었다. 서로 어울릴 것 같지 않은 상극이 만났을 때 만들어 내는 놀라운 창조의 도약. 가장 강렬한 아하!는 예술과 과학이 만날 때 이루어진다. 소설가 블라디미르 나보코프는 말했다. "환상 없는 과학은 없고, 사실 없는 예술도 없다."

**자살이 유머로
변신하기 위한
충돌**

20세기 초반 헝가리의 부다페스트는 우울한 히트곡
「글루미 선데이Gloomy Sunday」를 만들어내 자살의
도시라는 악명을 얻게 된다. 시민들은 그 오명을
벗기 위해 웃음 학교를 개설한다. 모나리자의
미소를 연구하고, 미국 루즈벨트 대통령의 웃음을
흉내내는 마스크를 쓰고, 잇몸 만개를 위한 병원
실습까지 한다.
그럴싸해 보이는 이 이야기는 1937년 「헤트 레벤Het
Leven」이라는 매체가 만들어 낸 가짜 기사다.
사진까지 연출해 만들어 낸 터무니없는 거짓말,
자살의 도시를 웃음 학교를 통해 변신시킨다는
어처구니 없는 발상…… 헝가리 출신의 작가 아서
쾨슬러는 훗날 이렇게 전혀 동떨어진 것들의 우연한
충돌이 유머와 창의적 아이디어를 만들어 낸다며
'이연현상(Bisociation)'이라고 불렀다.

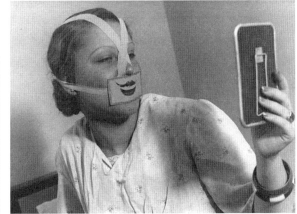

모형 Modeling

1932년 덴마크의 시골 목수인 올레 커크 크리스찬센은 자투리 나무 조각들로 작은 인형과 가구를 만들어 보았다. 그의 아이들은 이 투박한 조각들로 갖가지 이야기를 꾸며냈다. 나무 인형은 왕자, 해적, 요정이 되었다. 나무 뭉치는 집, 배, 성이 되었다. 아이들은 모양을 조금씩 바꾸며 자신만의 세계를 창조해내는 데 어려움이 없었다. 크리스찬센 가족은 블록 모형 장난감을 본격적인 사업으로 만들어 갔고, 나중에는 플라스틱 블록에 요철을 만들어 끼웠다

뺐다 할 수 있게 했다. 덴마크어로 '잘 논다'는 뜻인 'leg godt'에서 이름을 딴 레고(LeGo) 블록이다.

우리는 분해와 조립의 방법으로 여러 기능적인 부속들을 끼워 맞춰 다양한 구조들을 만들 수 있다. 그런데 거대한 선박이나 건축물, 복잡한 변수가 얽힌 경제 정책, 위험부담이 큰 전쟁 같은 프로젝트를 진행할 때를 생각해 보자. 어림짐작으로 끼워맞춰서는 곤란하다. If 시뮬레이션으로 머릿속에서 궁리를 해 보아도 여러 변수들이 얽혀 버리기 일쑤다. 이럴 때는 거대한 실체를 작게 축소한 모형을 만들어야 한다. 마음껏 조립하고 부술 수 있고, 혹시 실패하더라도 위험이 없는 가상의 존재 말이다.

미켈란젤로는 시스티나 성당의 천장화 「천지 창조」를 4년에 걸쳐 완성했다. 9개의 틀, 36개의 면에 걸친 대작업이었다. 평범한 벽도 아니고 천장을 쳐다보고 혼자 붓칠하는 일은 최악의 고역이었다. "살갗은 늘어지고 다시 뒤로 접히며 매듭이 지어진다. 내 몸은 시리아인의 활처럼 휘어졌다." 그런데 그는 그토록 거대한 프로젝트를 만들어 가는 데 대한 의심이 없었을까? 약간의 착오로 4년의 고행 뒤에 땅을 치며 후회하지 않을 자신이 있었을까? 물론 아니다. 그는 종이 위에 가상의 모형을 만들었고, 그 안에서 수없이 시행착오를 거쳤다.

르네상스 시대 아티스트들은 본작업에 앞서 작은 종이 위에 다양한 '디세뇨(disegno)'를 그려 보는 일을 중요하게 여겼다. 디세뇨는 데생(dessein)과 디자인(design)의 어원이 되는 말로, 단순한 스케치가 아니라 이상적인 모형을 머릿속에 완성해 보는 작업이었다. 다빈치는 특히 이를 중요하게 여겨 평생 6천 장 이상을 그렸는데, 예술가의 정신적 표현이자 대화라고 했다. 미켈란젤로는 남들이 자신의 디세뇨를 훔쳐볼까 몰래 감추어 두곤 했다. 라파엘로는 디세뇨를 그린 뒤, 문하생들에게 작업의 대부분을 맡기기도 했다.

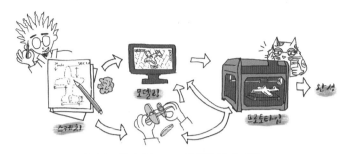

지워지고 부서지고 버려진 [모형]의 역사

　　지금도 많은 화가, 조각가, 건축가들이 이와 비슷한 방법을 사용한다. 루이스 부르주아의 거대한 거미 조각상은 종이 스케치 → 골판지 모형 → 나무 모형 → 실제 조각품의 과정을 거쳐 태어난다. 그 과정에서 무수한 조정과 변화가 일어난다. 자동차, 비행기, 건축물 등 기능적인 면에서 수많은 변수를 조정해야 하는 프로젝트들도 모형을 만드는 과정이 꼭 필요하다.

　　효과적인 모형화를 위해 먼저 추상화를 통해 적절한 블록들을 갖추는 방법도 좋다. 2차 대전을 테마로 한 보드게임에는 유럽의 지도, 보병, 전투기, 장갑차, 잠수함, 보급창고 등의 모형이 갖추어져 있다. 실제 당시에도 작전의 시뮬레이션을 위해 이와 비슷한 모형을 사용했다. 시인은 남들보다 많은 어휘의 블록을 남들과 다른 방식으로 조립한다. 여행사 직원은 여행지, 고객, 운송수단, 가이드 등을 블록으로 삼아 다양한 여행 상품을 만들어 낸다.

　　블록들을 잘 활용하면 손쉽게 창조의 프로세스를 만들 수 있다. 싱어송라이터가 길을 걷다 어떤 멜로디를 떠올린다. 곧장 스마트폰을 꺼내 콧노래로 녹음한다. 작업실에 도착하면 그걸 건반으로 치며 보다 깔끔한 형태로 만든다. 이어 리듬, 음계, 코드, 빠르기 등 음악의 블록들을 활용해 살을 붙이며 변주한다. 여러 악기나

386

코러스를 넣어 겹과 층을 쌓아 볼 수도 있다. 완성된 악절을 패턴으로 삼아 A-A-B-A의 전형적인 구조에 넣어 따라하기로 재활용할 수도 있다. 이렇게 한 단계 완성된 모형을 악보에 기록한다. 그러면 다른 연주자들과 공유할 수 있다. 팀이 함께 연주하며 모형을 테스트하고 의견을 모아 곡을 고쳐 나간다. 개러지밴드, 큐베이스 등의 컴퓨터 작곡 프로그램도 큰 도움을 준다. 수십 종의 가상 악기들을 동원해 작곡의 과정을 음악 모형 놀이처럼 즐기게 해 준다.

비즈니스를 블록처럼 분해/조립해 새로운 모형으로 바꾸는 방법도 가능하다. 미국의 사우스웨스트 항공이 개척한 저가 항공 시스템이 대표적이다. 과거에는 소비자들이 항공 여행의 가격이 어떻게 형성되는지 알 수 없었다. 공항, 항공기, 좌석, 기내식, 승무원의 서비스, 기념품은 한 덩어리로 묶여 큰 가격에 팔렸다. 사우스웨스트 항공은 이 요소들을 분해하면서 각 부분의 가격을 낮췄다. 인터넷으로만 항공권을 판매하고, 대규모 허브 공항 대신 작은 공항을 이용하고, 무료 기내식과 좌석 지정을 없앴다. 단일 기종을 운영함으로써 유지보수 비용도 절감했다. 이를 통해 소비자들은 관성적인 패키지를 벗어나 자신만의 항공 여행 모형을 만들 수 있게 되었다.

컴퓨터의 발전은 더욱 큰 가능성을 열어 준다. 미국의 자동차 산업은 전통적으로 진흙 모형으로 프로토타입을 만들었는데, 컴퓨터 그래픽을 도입한 후 여러 변화에 아주 쉽게 대처할 수 있게 되었다. 가상의 인체, 사회, 지구를 모형으로 만든 뒤에 DNA의 돌연변이, 전염병의 감염 경로, 금리 변동의 영향력 등을 테스트해 보는 일도 가능해졌다. 전문가의 영역만이 아니다. 우리는 잘 설계된 게임 속에서 연애, 무인도 체험, 핵전쟁 이후의 생활들을 시도해 볼 수 있다. 우리는 그 안에서 축약된 삶을 모형으로 경험하는 것이다.

에드워드 윌슨은 말한다. "(개미, 벌, 말벌, 흰개미 같은) 초유기체의 진화를 장난감 블록을 조립하는 것으로 생각해 보라. 몇 개의 기본 부품을 서로 다른 방식으로 조립함으로써 아주 다양한 구조를 만들 수 있다." 이들은 진화라는 설계되지 않은 방식으로도 이 일을 훌륭히 해냈다. 대신 아주 긴 시간, 수많은 세대의 삶과 죽음을 거쳐야 했다. 그러나 인간은 이 방식을 짧은 시간에 자신의 머릿속에서 진행할 수 있다. 칼 마르크스는 말했다. "최악의 건축가가 최고의 꿀벌보다 낫다." 거미와 꿀벌은 직조공과 건축가를 부끄럽게 만들 정도로 멋진 일을 한다. 그러나 인간 건축가는 아무리 서툴러도 자신이 지을 건축물을 머릿속에 먼저 지어 볼 수 있다.

모형은 인간을 다른 동물과 구별하게 하는 탁월한 생각법이다. 그런데 최악의 건축가가 아니라 최고의 건축가가 되려면 어떻게 하나? 복잡한 머릿속에서 꼼지락대며 만드는 불명확한 모형이 아니라, 머리 밖에서 손으로 조립하고 눈으로 확인할 수 있는 모형을 만들어야 한다. 생각카드는 우리 두뇌 작용의 모형화를 위한 것이다. 머리 바깥에서 여러 생각의 블록을 만지고 그것을 다양한 생각법으로 조립, 해체, 변형, 융합해 보자는 것이다. 천재란 무엇인가? 남들보다 빨리 적절한 생각의 블록을 찾아내 조립하는 사람이다. 바둑의 고수는 머릿속에 바둑판이 있어 수십 수를 시뮬레이션해 볼 수 있다고 한다. 우리는 그 정도의 천재는 아니다. 그러니 머리 바깥에서 눈으로 보이고 손으로 움직일 수 있는 모형을 활용하자. 그러면 고수의 세계로 한 걸음 가까이 다가갈 수 있다.

일 미루기 위원회 Committee of Procrastination

당신은 빈둥거리기라고 부르죠. 나는 생각 중이라고 합니다.

시나리오 작가 애론 소킨

머릿속에 어떤 문제가 또아리를 틀고 있는데 뾰족한 수가 없다. 가족 여행 때 형제들이 싸웠는데 어떻게 풀어야 할까? 공부에 흥미가 없는 아이에게 동기 부여할 방법이 없을까? 신제품 마케팅을 위한 광고 아이디어는 어디에서 뽑아내나? 밤은 깊어지고 마음은 썩어 간다. 이럴 때 소설가 존 스타인벡은 '잠 자라'고 말할 것이다. 『분노의 포도』처럼 노동자의 강인한 삶을 기록해 온 작가의 태도 치고는 너무 무른 게 아닐까 싶겠지만, 그는 다음과 같이 분명히 말했다. "밤늦게 풀지 못했던 문제가 '잠 위원회(The Committee of Sleep)'를 거친 아침에 쉽게 해결되는 현상은 아주 일반적인 경험이다."

참 좋다. 잠만 자면 된다니. 그런데 혹시 천재적인 작가여서 가능했던 건 아닐까? 다행히도 이런 현상이 일반인들에게도 통용된다고 한다. 2010년 미로 풀기를 다룬 한 실험에서 흥미로운 결과가 나왔다. 같은 과제를 두고 그냥 문제에 집착한 사람보다, 일단 중지하고 잠들어 꿈에서 미로 풀이를 한 사람이 10배나 문제를 잘 풀어냈다. 우리의 뇌는 잠을 자면서 그날 경험했던 것들 중에 의미 없는 것들을 쓰레기통에 넣기도 하고, 중요한 것들을 장기 기억에 저장하기도 한다. 그리고 외부 자극이 없어지면 저장되어 있던 데이터를 연상에 따라 자유롭게 끄집어낸다. 이러한 노이즈들이 꿈의 내용이 되는데, 이 상황에서도 우리는 문제를 해결하기 위해 애쓴다. 무언가에 쫓기거나 오줌이 마려워 당황하는 꿈을 꾼다면 그것은 가상의 위험에 대비하는 리허설인지도 모른다. 때론 당면한 문제로부터 연상되는 기억의 조각들을 방만하게 끄집어내 링크를 시도한다. 이때 우리는 논리나 루틴에 얽매이지 않는 새로운 방식을 시도해 보고 그 와중에 엉뚱하지만 그럴싸한 발상을 이끌어내기도 한다.

석유를 분해해 만든 벤젠은 합성수지, 가솔린 첨가물 등 다양한 용도에 사용된다. 과학자들은 벤젠의 화학구조를 풀어내지 못해 오랫동안 애를 먹었다. 그러던 중 화학자 프리드리히 케쿨레가 교과서를 쓰다가 잠깐 잠들어 꾼 꿈에서 자신의 꼬리를 물고 빙글빙글 도는 뱀을 보았다. 그는 곧바로 깨어 그 뱀의 모양과 같은 분자 구조를 그렸다. 그것이 벤젠 구조의 원자식을 풀어내는 열쇠가 되었다.

꿈과 잠을 통해서만 이런 효과를 보는 것은 아니다. 『오리지널

꿈, 게으름, 일 미루기는 고정된 [루틴]을 벗어나게 해준다.

스』라는 저서로 레오나르도 다빈치, 스티브 잡스, 마틴 루터 킹 등 독창적인 사람들의 습성을 연구한 애덤 그랜트는 그들 창의성의 주요한 원리가 '일을 질질 끄는 것'이라고 주장한다. 그런데 무작정 질질 끄는 건 아니다. 창의적인 아이디어를 제안하는 과제를 세 그룹으로 나눠 시도했다. 1) 바로 답을 내라. 2) 지뢰 찾기 게임을 5분 한 뒤에 풀어라. 3) 10분 이상 하고 풀어라. 2)그룹이 1)보다 16퍼센트 정도 뛰어난 점수를 얻었다. 그러나 3)은 1)과 다시 비슷해졌다.

쾨슬러 역시 비슷한 견해를 보인다. 먼저 어떤 문제에 대한 집중적인 고민의 시간이 필요하다. 그런 다음에 꿈이나 몽롱한 휴식의 상태, 그러니까 이성적 사고를 버리고 자신의 생각을 지배하는 루틴을 벗어날 기회를 가져야 한다. 그러면 그다음에 창의적인 돌파구가 떠오른다는 것이다. 달리 말하면 꿈이나 일 미루기를 통해 문제를 해결하기 이전에, 충분한 생각의 소스를 머릿속에 넣어 두어야 한다는 것이다. 케쿨레는 오랫동안 벤젠 원자식을 풀려고 애쓰다가 잠시 긴장이 풀린 상태에서 해답을 얻었다.

윌리엄 고든이 주장하는 시네틱스(Synectics)의 생각법은 '서로 관련이 없는 것들을 연결'해 아이디어를 얻고자 한다. 그는 이를 위해서 네 가지 일 미루기의 방법을 제안한다. 1) 문제를 상황에서 떼어놓고(detachment) 멀리서 통찰한다. 2) 먼저 떠오른 해결책을 일시적으로 거부하며 미뤄둔다(deferment). 3) 마음을 느슨하게 풀고 성찰한다(speculation). 4) 해결책이 스스로 구체화되도록 한다(autonomy of the object).

당신에게도 어떤 문제에 대한 작고 반짝이는 아이디어가 떠오를 때가 있을 것이다. 그러나 대체로 그대로는 써먹을 수 없다. 그때는 일단 그에 대해 자료를 찾고 집중적으로 조사하는 과정이 필요하다. 그런데 너무 빨리 결과를 얻고자 하는 사람, 그런 기술이 숙달된 사람이 범하는 잘못이 있다. 이 정도에서도 적당히 자료를 링크해서 무언가를 만들어 낸다는 것이다. 대충은 쓸 만할지 모른다. 그러나 최선은 이루기 어렵다. 이제 그 문제로부터 잠시 벗어나야 한다. 엉뚱한 짓을 하며 다른 노이즈를 얻어도 좋다. 시간을 두고 의식 바깥에서 아이디어를 부화시키는 과정이 필요하다. 그 다음에 다시 집중하면 훨씬 좋을 결과를 얻어 낼 수 있다. 「어퓨굿맨」, 「웨스트 윙」, 「머니 볼」의 시나리오 작가인 애론 소킨은 자신만만하게 말한다. "당신은 빈둥거리기라고 부르죠. 나는 생각 중이라고 합니다."

게으름을
찬양하라

때론 게으름이 생각의 부화를 돕는다. 항상 그런
것은 아니지만. 19세기 프랑스의 풍자 삽화 연작
「최고의 상류 사회Le Suprême Bon Ton」.

지도 Map

나는 지도 위에 섬과 조류와 여울, 산호 사이의 미로와 위험한 빙산도 그려야 했지. 그런데 마음의 항해 지도라……. 누가 측량을 하겠나?

탐험가 제임스 쿡 선장

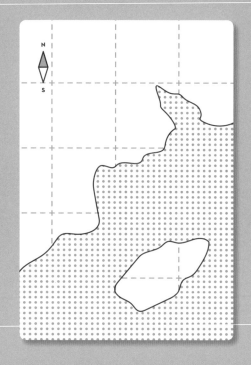

홍대 앞에서 카페를 하다 폭등하는 월세에 쫓겨난 C는 무작정 기차를 타고 동해의 바닷가 도시로 갔다. 그저 마음이나 비울 생각으로 한적한 길을 걸어가다 성당 옆 2층 벽돌집이 비어 있는 걸 보고 가슴이 쿵쾅거렸다. 곧바로 근처 부동산에 부탁해 집 안으로 들어갔다. 마당에는 커다란 느티나무가 있었다. 거기 걸쳐 있는 사다리를 딛고 나무 위로 올라갔다. 저무는 바다에 오징어잡이 배들이 불을 밝히고 있었다. "여기 계약할게요." 며칠 뒤 C는 용달 트럭에 카페 장비를 가득 싣고 동해로 내달렸다. 깜깜한 밤이 되어서야 시에 들어설 수 있었고, 그때서야 문득 깨달았다. "무인도에 표류한 로빈슨 크루소나 마찬가지네. 이곳에 대해 아는 게 전혀 없네."

우리의 생각은 때론 전혀 경험하지 못했던 세계를 탐험해야 한다. 그것은 낯선 여행지, 새로 읽는 책, 생경한 업무일 수도 있다. 그 세계가 쭉쭉 뻗은 도로와 네모난 건물들로만 이루어져 있다면 쉽게 목적지에 닿을 수 있다. 그러나 어떤 지역은 복잡한 전철 노선, 구불구불한 도로망, 요란스러운 상가들이 길을 잃게 만든다. 때론 길이나 마을 같은 것이 전혀 없는 황무지나 정글에 들어서야 할 때도 있다. 그때 필요한 것이 지도다. 우리가 매일 어려움 없이 직장에 출근해 인터넷으로 자료를 찾아 익숙한 보고서의 빈칸을 채울 수 있는 것은, 도로의 지도/인터넷의 지도/업무의 지도를 우리 머릿속에 갖추고 있기 때문이다.

우리는 기억의 궁전에서 어떤 공간에 기대 기억력을 확장시키는 방법에 대해 이야기했다. 우리 두뇌 속엔 그처럼 공간을 다루는 모듈이 갖추어져 있다. 나무에 먹이를 숨겨 두는 새는 공간 기억력이 뛰어나야 하는데, 뇌의 해마 부분이 특히 발달되어 있다고 한다. 런던의 복잡한 도로를 외우고 있는 택시 기사들 역시 해마의 영역이 점차 커진다고 한다. 두뇌 속에 있는 지도 제작자는 이 모듈을 활용해 주변의 세계를 축소한 모형을 만든다. 대략 5만 년 전의 인류가 이런 능력을 획기적으로 발달시켰던 것 같다. 그들은 주변 환경을 탐색해 식수원과 휴식처를 파악했다. 먹이가 될 동식물의 위치를 기억했고, 위험한 지역을 경계했고, 정교한 도구로 주변 환경을 개선했다. 그리고 높은 나무나 산에 올라가 지형을 조망해 보면서 개별적인 경험들을 종합했다. 그러면 아주 유용한 지도를 머릿속에 갖출 수 있다. 『십오 소년 표류기』에서는 정찰대가 높은 곳에서 지형을 파악한 뒤에 캠프로 돌아온다. 동료들에게 그 정보

를 어떻게 전할까? 이러쿵저러쿵 떠드는 것보다는 그림 지도로 보여주는 게 훨씬 좋다. 우리는 머릿속 지도만이 아니라 머리 밖에서도 지도를 그릴 필요가 있다.

고대로부터 인류는 산, 바다, 강 같은 공간만이 아니라 지식, 역사 등 다양한 생각들을 머리 밖의 지도로 그려 왔다. 이집트의 벽화는 신과 왕들의 이야기를 담은 지도다. 고대 문명의 두루마리 그림은 길게 이어진 형식으로 시간과 역사를 종이 위에 기록한 지도다. 강처럼 길게 국가나 가문의 흥망성쇠를 그리며 본류에서 지류가 빠져나오는 형식으로 가지를 펼치기도 했다. 메인 스트림(main stream)이라는 말은 그런 생각법에서 유래한 것이다. 인체 해부도, 건물 투시도, 천체 지도처럼 땅이 아닌 어떤 공간을 축약한 경우도 있다. 전술 지도, 왕실의 행렬도, 댄스 스코어(춤의 악보)는 사람의 움직임을 옮긴 것이다. 발명 설계도, 프라모델 조립 설명서, 로맨스 소설의 계보도도 지도다.

지오그래피(geography)란 지도에 기초해 주변의 세계를 분석하고 이해하는 능력이다. 산속 토끼는 옹달샘의 위치를 꼭 알아두어야 한다. 호랑이는 토끼나 먹잇감의 이동 경로를 파악해 두어야 한다. 펀드 매니저는 자금과 산업의 흐름에 대한 자신만의 지도를 가지고 있어야 한다. 지오그래피는 종합적이고 능동적인 사고를 필요로 한다. 만약 내가 있는 도시에 좀비들이 창궐하게 되면 나는 어떻게 행동해야 할까? 일단 머릿속의 지도로 주변의 환경을 떠올릴텐데 컴퓨터나 종이 지도로 도움을 받으면 더 좋다. 이어 그 지도 속의 지형 지물을 다른 방식으로 해석해 새로운 지도를 만들어야 한다. 일단 몸을 안전하게 숨길 건물은 어디일까? 식량과 식수를 쉽게 확보하고, 오래 버틸 수 있는 곳은 어디일까? 그곳까지 갈 수 있는 가장 빠르고 안전한 경로와 이동수단은 무엇일까?

생소한 도시에서 카페를 내기로 한 C에게는 지도가 없다. 동네의 지도도 없고, 카페를 만들어갈 프로젝트의 지도도 없다. 그렇다면 어떻게 해야 하나? 일어나 지형을 탐색하고 스스로 지도를 만들어야 한다. 머리만이 아니라 종이 위에 쓰고 그리면 더욱 좋다. C는 이 책의 생각카드를 활용해 지도를 더욱 정교하게 그려나갈 수 있다. 카페를 찾아오는 고객은 어떤 부류가 많을까? 직장인, 대학생, 일반인, 여행객 중에 어떤 사람이 이 카페를 더 선호할까? 파이 차트로 그려보자. 외지인이 들어오는 항구나 기차역에서 카페로 접근하는 경로는 어떠한가? 선택의 갈림길에 광고판을 세워 볼까? 드라마에 나온 언덕 위의 성당은 이 지역에 들른 누구나 찾는 랜드마크다. 그를 중심으로 표적판의 동심원을 그려 카페의 위치를 파악해 보자. 원주−강릉 복선 철도가 완공되면 수도권에서 오는 손님도 늘어나겠지? 인터넷을 통해 네트워크를 만들 방법은 없을까? 스킨스쿠버 동호회를 대상으로 이벤트를 해서 방사형의 홍보 효과를 만들어 볼까?

변신 Metamorphosis

동화 속에서도 그런 변신은 자주 일어나지 않는가?
개구리가 갑자기 임금님이 되며
짐승의 뼈대가 느닷없이 피리로 변한다.

루이제 린저 「백합」

'다르게 생각하라(Think Different)' 1997년 스티브 잡스가 돌아온 뒤 애플은 색다른 슬로건으로 광고를 시작했다. 경쟁사인 IBM의 오랜 슬로건 '생각하라(Think)', 혹은 관용어 '크게 생각하라(Think Big)'에 저항하는 의미가 담겨 있었던 것 같다. 1분짜리 광고에는 20세기를 상징하는 17명의 인물이 나온다. 앨버트 아인슈타인, 밥 딜런, 마틴 루터 킹, 무하마드 알리, 앨프리드 히치콕, 파블로 피카소…… 정치, 과학, 예술, 스포츠 등에서 혁신적인 영향을 끼친 사람들이다. "여기에 미친 사람, 어울리지 않는 이, 반역자, 말썽꾼들이 있습니다." 그들은 남들과 다르게 생각했고 그를 통해 세상을 바꾸었다.

우리는 익숙함을 선호한다. 따라하기는 편하고 유용하다. 그러나 누구도 영원히 한곳에 변함없이 머물러서는 곤란하다. 아리스토텔레스는 말했다. "같은 덫으로 여우를 두 번 잡지 못한다." 살아남으려면 여우도 변하고 사냥꾼도 변해야 한다. 점진적인 변화와 적응도 가능하다. 그러나 때로는 완전히 다른 형태로 변신할 필요도 있다. 적절한 변화, 탁월한 변신은 어떻게 만들어 내나?

1) 환경이 바꾼다

'Ne Plus Ultra—세상은 여기서 끝난다.' 500여 년 전, 스페인의 남쪽 끝 지브롤터 해안에는 이런 표지판이 꽂혀 있었다. 대부분의 유럽인들은 그 자리에서 발걸음을 멈췄다. 자신들이 알지 못하는 땅, 지도 바깥의 세상은 감히 넘어가서는 안 되는 곳이었다. 그러나 크리스토퍼 콜럼버스는 아니었다. 그는 바다를 넘어 인도를 향해가는 새로운 길을 찾기로 했다. 그리고 애초의 의도는 아니었지만 새로운 대륙에 도달했다. 이후 사람들은 표지판의 'Ne'를 지웠다. 'Plus Ultra—저 너머엔 더 많은 것이 있다.'

새로운 환경은 새로운 나를 만든다. 인류는 지구의 모든 곳을 찾아가 자신의 영토로 삼았고 새로운 주거, 음식, 문화를 만들어 냈다. 우리 역시 현재가 불만족스럽다면 낯선 곳을 찾아가 변신의 기회를 얻어낼 수 있다. 여행, 이주, 진학은 자신을 바꾸는 중요한 계기가 된다. 유럽에는 네덜란드 철학자의 이름에서 딴 에라스무스(Erasmus)라는 교환학생 프로그램이 있다. 영화 「스페니쉬 아파트먼트」를 보면 이 제도를 통해 다양한 문화 환경에서 자라온 학생들이 바르셀로나에서 모여 생각의 폭을 넓히는 모습을 볼 수 있다.

"나는 떡을 썰테니 자네는 소시지를 좀더 꼬불쳐 오게."

"욜-"

부대찌개는 전쟁과 이문화의 충돌이 만들어낸 식문화의 [변신]이다.

여러 대학교에서 실시하는 외국인, 농어촌 학생 입학 전형은 단지 소수자에게 특혜를 주기 위함이 아니다. 다양한 환경에서 자란 학생들이 함께 공부하며 열린 생각을 펼칠 수 있게 하기 위함이다.

전쟁을 통해 두 세계가 충돌하면 더욱 격렬한 변화들이 이루어진다. TV 프로그램「수요 미식회」에서 이런 질문이 나왔다. "왜 전쟁 때 새로운 음식이 많이 탄생할까요?" 칼과 칼이 맞부딪힐 때 식문화도 서로 만나 변화와 융합을 만들어 낸다. 부대 찌개는 미군부대에서 흘러나온 햄, 소시지, 통조림 캔에 김치와 양념을 더해 한국식의 찌개로 바꾼 것이다. 원래 알던 요리법(형식)을 새로운 재료(내용)에 적용시킨 방식이다. 때론 연쇄적인 변화를 겪기도 한다. 몽골 군사들은 말안장 아래 고기를 넣어 두었는데, 휴대에도 편했고 부드럽게 숙성시킬 수도 있었다. 독일 함부르크의 상인들은 이를 활용해 함부르크 스테이크를 만들었고, 미국인들은 이것을 빵 사이에 넣은 간편 요리로 변신시켰다. 그것이 햄버거(hamburger)다.

2) 호기심이 바꾼다

애니메이션「심슨 가족」의 오프닝에서 바트는 항상 칠판에 똑같은 글씨를 쓰는 벌을 받고 있다. 따라하기는 쉽지만 또 지겹다. 우리는 본능적으로 새로움에 이끌린다. 영화관에는 매주 신작 영화가 등장해야 하고, 음원 사이트엔 신곡 앨범이 가장 잘 보이는 자리에 있다. 가수 김건모는 이상형이 어떤 사람이냐고 묻자 "오늘 처음 본 여자"라고 뻔뻔하게 말한다. 우리의 두뇌는 새로움을 만나면 도파민의 보상 체계를 작동시켜 흥분시킨다.

누구나 어제 먹던 것만 입에 넣으려고 하면 새로운 요리는 탄생할 수 없다. 안전한 집안에만 머무르려 한다면 새로운 영토를 개척할 수 없다. 따라하기를 거부하는 일은 위험하지만 우리를 흥분시킨다. 뉴욕의 백화점 헨리 벤델의 전설적인 판매자 제랄딘 스터츠는 단순한 패션과 진정한 스타일의 차이가 뭐냐는 물음에 대답했다. "패션은 '나도요' 라고 말하죠. 스타일은 '나만요' 라고 해요 (Fashion says me too, Style says only me)."

아티스트는 새로움을 만드는 것이 직업인 사람들이다. 옛날 화가들은 왕족, 영웅, 종교의 이야기만 반복해 그리다가 근대에 와서 자연, 일상, 환상을 그리게 되었다. 누구나 바로 알아볼 수 있는 구상을 그리다, 깊은 이해가 필요한 추상으로 넘어갔다. 완벽한 대칭에서 아름다움을 찾다가 비대칭의 모더니즘으로 전환했다. 예술가는 언제나 달라져야 한다. 기성의 작가와도 달라야 하지만 어제의 나와도 달라야 한다.

3) 문제가 바꾼다

"미래를 예언하는 가장 좋은 방법은 그것을 발명하는 것이다." 컴퓨터 과학자 앨런 케이(Alan Kay)는 말했다. 우리는 삶에서 크고 작은 불편을 만난다. 다행히 좋은 도구를 가지고 있으면 그것을 해결

할 수 있다. 그러나 그 방법이 완전하지 못하다면, 우리는 도구를 개선하거나 새로운 해결책을 만들어야 한다. 기계의 개량과 발명, 환경의 개선, 정치의 개혁 등 모든 분야에서 우리는 점점 나아지기 위해 노력하고 있다. 문제가 일어나기 전에 미리 변화의 방안을 마련하는 경우도 있다. 하지만 때로는 거대한 문제와 맞부딪혀 씨름하고, 실험과 실패를 거듭한 끝에, 전 시대의 틀을 완전히 깨는 변신을 이루게 된다.

과학기술사에서 가장 중요한 발명품이라는 바퀴, 전염병이라는 강력한 사망 원인을 해결한 방역 체계, 제각각의 시간 관념을 통일한 시계, 지식과 정보를 대량으로 보급하게 된 인쇄술이 만들어낸 변화는 놀랍다. 과학과 공학의 발명품만이 아니다. 국가, 선거, 재판, 호적, 우편, 학교 등의 문화와 제도에서도 계속 새로운 아이디어들이 세상을 바꾸고 있다. 자기 삶의 작은 불편을 고쳐 본 사람은 그것이 얼마나 큰 희열인지 한다. 그리고 그 원리를 이용해 좀 더 큰 것들을 바꿔 갈 수 있는 방법을 터득하게 된다.

⑪ 오스본 체크리스트 – 특별한 아이디어가 필요할 때

우리의 삶을 변신시킬 새로운 기계, 상품, 제도, 예술에 대한 아이디어는
어떻게 얻어낼까? 브레인스토밍(Brainstorming)이라는 용어를 널리 퍼뜨린
알렉스 오스본은 창의적인 발상을 위한 방법들을 리스트로 정리했다.
여기에 적당한 예시를 추가해 소개한다. 꼭 대단한 발명품이 아니라도 좋다.
실생활에서 어떤 발상의 전환이 필요할 때, 이들 방법을 하나씩 체크해 보길
바란다.

□ 전용 Put To Other Use
텐트용으로 만든 질긴 섬유로 튼튼한 청바지를 만들었다.

□ 응용 Adapt
집게, 손톱깎기, 펜치, 병따개는 지렛대의 원리를 응용한 것이다.

□ 수정 Modify
펭귄북스는 딱딱한 하드커버의 고전을 멋진 디자인의 가벼운
책(페이퍼백)으로 변신시켰다.

□ 확대 Magnify
출퇴근 시간에 9호선 전철이 너무 붐빈다. 객차를 더 붙이고 운행 횟수를
늘리자.

□ 삭제, 분해 Eliminate, Analyze
숙박업소에서는 잠만 자면 되지. 불필요한 요소는 모두 없앤 캡슐텔.

□ 대체 Substitute
현금 대신 신용카드, 직접 방문 대신 택배를 이용하자.

□ 치환 Rearrange

나무 의자 → 철제 의자 → 플라스틱 의자

□ 역전 Reverse

윗사람만 아래 사람을 평가하나? 상사 평가제, 교수 평가제.

□ 결합 Combine

스마트폰 하나에 전화기, 오디오, TV, 노트 등 온갖 기능을 모았다.

At School

The New-Fangled Barber

Aero-Cab Station

Electric Scrubbing

In Pursuit of a Smuggler

Madame at Her Toilette

1900년경 장마르크
코테(Jean-Marc Côté) 등
프랑스 화가들이 상상한
서기 2000년의 모습.

405

이야기하기 Storytelling

살아남기 위해, 당신은 이야기를 해야 한다.

기호학자 움베르토 에코

집안의 작은 잡동사니들을 신발 상자 같은 곳에 모아 보자. 아이들이 있는 집이라면 쉽게 모을 것이다. 인형, 미니카, 공깃돌, 배지, 주사위, 연필…… 생활용품도 괜찮다. 빨래집게, 건전지, 바둑알, 나침반, 스카치테이프…… 이것들을 섞은 뒤 랜덤하게 다섯 개 정도를 꺼내 보자. 그리고 그것을 링크해 이야기를 만들어 보자. 만약 그 조합이 '공기돌, 스카치 테이프, 건전지, 바둑알, 나침반'이라면 이런 이야기는 어떨까? "'바둑알'은 인공지능 '건전지'와의 싸움에서 지고 말았어요. 어떻게 하면 원수를 갚을 수 있을까? '나침반'을 들고 여행을 떠났어요. 그러다 '공깃돌'을 만났어요. 둘은 단번에 사랑에 빠져 '테이프'로 딱 달라붙었지 뭐예요." 우리가 찾아 모은 잡동사니들은 노이즈다. 우리는 그것들을 링크/유추해 어렵지 않게 이야기를 창조할 수 있다. 아마도 여러분은 나보다 더 그럴싸한 이야기를 만들 수 있을 것이다.

이야기는 인생을 모형화하여 문제 해결을 연습하게 해 준다. 모든 이야기는 말썽으로 시작한다. '성냥팔이 소녀는 성냥이 너무 잘 팔려 집에 일찍 돌아갔습니다'라는 문장으로는 이야기를 시작할 수 없다. 『잭과 콩나무』는 소년이 소를 끌고가 콩 몇 알과 바꿔 오는 잘못된 주고받기를 하는 데서 시작한다. 카프카의 『변신』은 더욱 끔찍한 상황이다. "어느 날 아침 뒤숭숭한 꿈에서 깨어난 그레고르 잠자는 자신이 흉측한 벌레로 변한 걸 알아차렸다."

주인공은 그 말썽을 해결하기 위해 지금까지와는 다른 삶을 살아가야 하고, 수많은 판단과 결정의 갈림길에 선다. 빨간 약을 먹을까, 파란 약을 먹을까? 젊음을 얻는 대신 악마에게 영혼을 팔아도 될까? 때론 멋진 꾀도 낸다. 『혹부리 영감』은 자신의 노래 솜씨가 커다란 혹에 들어있다고 도깨비를 속여 혹도 떼고 보화도 얻는다.

입으로 전하는 이야기들 중에는 같은 문제적 상황에서 서로 다른 아이디어를 내놓은 경우들이 있다. 『온돌야화溫突夜話』라는 민담집에 이런 이야기가 실려 있다. 경상도 어느 곳에 '삼 년 고개'가 있는데, 예로부터 이 고개에서 넘어지면 삼 년 내에 죽는다는 말이 있었다. 어느날 한 노인이 장을 보러 갔다 돌아오다 이 고개에서 넘어지고 만다. 크게 낙담한 노인이 자식들을 불러 유언을 하는데 이웃 의원이 찾아와 이렇게 이야기한다. "삼 년 고개에서 한 번 더 넘어지면 3년을 더 사시겠습니다. 열 번을 넘어지면 30년은

[이야기]는 수많은 생각법을 길러내는 마법의 콩나무다.

거뜬하겠네요." 노인은 옳다구나 하면서, 삼 년 고개로 가서 몇 번이고 몸을 굴렸다. 참으로 흥미로운 역발상의 아이디어다. 그런데 비슷한 '삼 년 고개(三年坂)' 전설이 일본 각지에도 있다. 허나 이들은 평범한 주술적 방법으로 문제를 해결하는 데 그친다. 이야기는 구르고 구르면서 더 나은 아이디어를 흡수해 성장한다.

이야기는 If 시뮬레이션의 보물 창고다. 만약 내가 『알라딘의 램프』에 나오는 램프의 요정을 만난다면 무슨 소원을 빌게 될까? 만약 내가 「응답하라 1988」의 덕선이라면 누구를 사랑의 상대로 택할까? 때론 심각한 딜레마에 빠지기도 한다. 『인어 공주』는 왕자의 사랑을 잃자 물거품이 될 위기에 처한다. 이때 언니들이 찾아와 해결책을 알려준다. "네가 왕자를 찔러 죽이면 인어로 돌아올 수 있어." 정답이 없는 문제를 고민할 때, 우리의 생각은 더욱 풍성하게 성장한다. 다양한 감정을 체험하고 여러 사람의 시점에서 사건을 바라볼 수 있게 된다.

이야기는 자신의 생각을 효과적으로 전달하는 수단이 된다. 히치콕 감독은 말했다. "제가 좋아하는 말이 있죠. 논리는 따분하다." 딱딱한 지식과 정보도 흥미로운 이야기로 포장하면 훨씬 쉽게 소화시킬 수 있다. 만화 『신의 물방울』은 어떤 전문서보다 와인

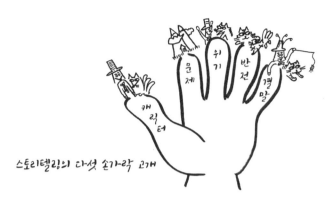

스토리텔링의 다섯 손가락 고개

에 대한 상식을 널리 퍼뜨렸다. 와인에 얽힌 갖가지 정보를 풍성한 일화, 캐릭터의 대결구조, 화려한 미사여구를 통해 흥미진진하게 전달했기 때문이다. 이와 유사한 방식을 제품의 광고, 회의 프리젠 테이션, 카드 뉴스 등에도 활용할 수 있다.

그렇다면 스토리텔링은 어떻게 배울 수 있을까? 다섯 손가락 의 원리를 소개한다. 1) 캐릭터 – 누군가를 주인공으로 삼는다. "당신이 클라이언트 앞에서 난생 처음 프리젠테이션을 하게 된 광 고 회사 직원이라고 생각해봐요." 2) 문제 – 주인공이 겪고 있는 곤란함을 함께 고민하게 한다. "그런데 자료를 담은 USB 메모리 를 집에 놓고 왔어요." 3) 대결과 위기 – 주인공이 맞서야 할 상황 이 또렷하면 좋다. "깐깐한 클라이언트, 막강한 라이벌, 이날 따라 막히는 도로. 모두가 도와주지 않네요." 4) 반전 – 상황을 뒤집을 무언가 나타난다. 그것이 자신이 강조해야 할 내용이나 아이디어 와 연결되게 한다. "그러고보니 얼마 전에 깐 스마트폰 앱으로 집 의 PC를 원격 조종할 수 있어요." 5) 해결 – 모든 이야기는 만족할 만한 결과를 맺어야 한다. "다행히 내용은 전송받았어요. 하지만 당신은 회의장에 5분 정도 늦을 것 같아요. 어떻게 하지? 아하! 먼 저 간 선배에게 프리젠테이션용 PC에도 앱을 설치하게 했어요. 스마트폰으로 인트로 영상을 틀고 그것이 끝날 즈음 자연스럽게 등장했죠."

우리는 다양한 방식으로 스토리텔링을 활용할 수 있다. 자기소개서에 온갖 경력과 봉사활동을 늘어놓는 것보다 남들은 해 보지 못한 경험 특히 실패담을 던진 뒤에 그것을 극복한 과정을 넣는 게 훨씬 좋다. 학회 세미나가 끝난 뒤의 환담 자리에서는 따분한 발표 내용보다는 발표자에 얽힌 뒷이야기가 훨씬 귀를 잡아끈다. 블로그에 글을 쓰거나 카드 뉴스를 만들 때, 메신저 이모티콘으로 인기 높은 라이언, 브라운 같은 캐릭터를 등장시키는 방법도 스토리텔링을 활용하는 것이다. 때론 제목 한 문장—'청소업체가 꼭꼭 숨기고 있는 욕실 청소 비법'—안에도 미스터리와 반전의 이야기를 담을 수 있다.

잊지 말아야 할 것이 있다. 우리의 이야기를 듣는 사람도 타고난 스토리텔러다. 그러니 모든 것을 입에 넣어 줄 필요가 없다. 「토이 스토리」, 「월-E」를 만든 앤드류 스탠턴은 픽사의 스토리텔링 비결을 이렇게 말한다. "우리는 타고난 문제 해결자다. 우리는 추정하고 추론하도록 강요받는다. 왜냐면 그게 우리의 실제 삶에서 하는 거니까. 우리를 끌어들이는 것은 잘 조직된 정보의 부족이다." 이야기는 누구나 쓸 수 있는 창조의 생각법이다. 그러니 적당히 힌트만 주고 직접 상상하고 풀게 만들어야 한다. 스탠턴은 이렇게도 말한다. "네 개를 주지 말고, 두 개 더하기 두 개를 주라." 그 사이의 링크를 스스로 발견했을 때 우리는 더 몰입하고 더 잘 이해한다.

**이야기는 말썽의
시뮬레이션**

이야기는 삶을 모형화하여 시뮬레이션하게 한다.
그리고 언제나 말썽으로부터 시작한다.

폴란드 작가 아르투르
오프만(Artur Oppman)의
책 삽화(1896년).

몰입과 놀이 Flow & Play

근육이 느슨해질수록 더 많은 에너지가 몸속으로 물결친다.

무술 배우 이소룡

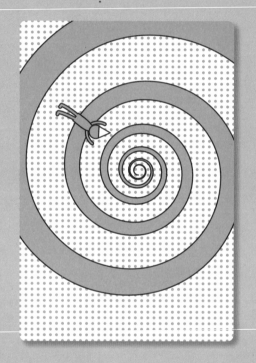

스물일곱 살의 저주, 혹은 27 클럽(The 27 Club)이라는 게 있다.
1960년대말 3J라 불리던 록스타 지미 헨드릭스, 재니스 조플린,
짐 모리슨이 모두 27세에 세상을 떠나며 유명해진 말이다. 1994
년 커트 코베인, 2011년 에이미 와인하우스가 그 클럽에 들어가는
등 악명은 아직도 계속되고 있다. 전설은 1930년대 천재 기타리스
트 로버트 존슨으로부터 시작한다. 미국 남부의 별 볼일 없는 기타
리스트였던 그는 운명의 밤, 교차로에서 악마를 만나 계약을 맺는

412

다. 악마의 기타 실력을 얻는 대신 자신의 영혼을 주기로. 그는 약속대로 6년 동안 불멸의 연주를 하고 27세에 죽었다.

어떤 예술가가 갑자기 탁월한 작품을 만들어 내면 사람들은 수군댄다. "악마와 계약을 맺었다." "뮤즈가 찾아왔다." "접신했다." 이러한 생각은 유럽의 낭만주의 시대에 융성했고 지금도 꾸준히 영향을 미치고 있다. 신화는 천재를 우상화하고 우리 같은 범인은 감히 창작의 세계에 도전하지 말라고 가로막기도 한다.

가장 유명한 신화는 모차르트의 편지다. "길이는 길었지만 전체가 거의 완성된 형태로 내 마음속에 있어 멋진 그림이나 아름다운 조각상을 보듯 한눈에 살펴볼 수 있었죠." 베토벤에 대해서도 비슷한 이야기가 전해내려온다. 85세의 작곡가 루이 슐뢰서가 60년 전에 만났던 베토벤의 말을 회상하며 적었다. "내가 할 일은 그저 종이에 옮겨적는 것밖에 없고, 이 일은 순식간에 이루어지네." 사회학자이자 피아니스트인 테오도어 아도르노는 이런 종류의 천재들을 "가장 작은 링크의 거장(master of the smallest link)"이라고 부른다. 신과 직통하는 천재라는 것이다.

허나 최근의 연구들은 이를 부정한다. 음악역사가 메이너드 솔로몬은 모차르트의 편지는 처음 게재된 잡지의 편집자가 지어낸 게 틀림없다고 말하고, 베토벤에 대한 회고는 이 편지의 어투를 그대로 따라하고 있다고 한다. 그들의 실제 창작 과정은 훨씬 혹독하고 단조로웠다. 베토벤은 시골로 산책을 다니며 악상이 떠오르면 빠짐없이 노트에 기록했다. 집에 돌아오면 큰 스케치북을 펴놓고 아이디어를 다듬고 변경하고 짜맞추며 발전시켜 나갔다. 악곡에서 가장 뛰어난 표현들은 거의 최종 단계에서 만들어졌다. 모차르트는 하루에 세 번씩 연주 레슨을 하고, 때때로 연주회도 가지면서, 아침과 밤의 시간을 짜내 작곡을 했다. 세간에서 생각하는 것처럼, 빈의 카페에서 노닥거리고 당구를 치다 문득 악상이 떠올라

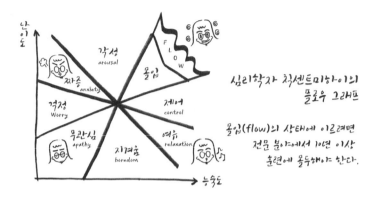

심리학자 칙센트미하이의
플로우 그래프

몰입(flow)의 상태에 이르려면
전문 분야에서 10년 이상
훈련에 몰두해야 한다.

옆에 있는 피아노로 완성된 곡을 펼쳐내는 일 따위는 없었다.

악마에 영혼을 팔 수도, 뮤즈가 갑자기 날아들어오지도 않는다. 그런데 예술가들은 그와 유사한 경험들에 대해 떠든다. 일반인들도 갑자기 멋진 아이디어들이 연쇄적으로 떠오르는 순간을 경험하는 일이 있다. 그것은 과연 무엇인가? 심리학자 미하이 칙센트미하이는 몰입이라고 한다. "몰입은 일단 강렬해지기 시작하면, 무아지경으로 인도한다는 데 초점이 있습니다. 매 순간 원하는 것이 무엇인지 정확하게 알고, 즉각적으로 피드백을 받습니다. 해야 할 일이 비록 어렵더라도 해낼 수 있다는 것을 알고 있으며, 시간 관념은 사라지며, 자기 자신을 잊어버립니다. 더 큰 무언가의 일부가 된 것처럼 느끼게 되죠."

우리는 삶에서 특별히 주의 집중하는 순간이 있다. 영화나 음악에 푹 빠지는 순간, 혹은 노래를 부르거나 춤을 출 때 이를 경험한다. 헤르만 헤세는 책 속에 몰입하는 상태를 두고 이렇게 말한다. "우리의 상상하고 연결하는 능력이 최고조에 오르는 시간이다. 우리는 더 이상 종이에 인쇄된 것을 읽지 않고, 충동과 영감의 물결 속에서 헤엄친다." 사랑에 빠진 순간도 이와 통할 것이다.

몰입에 빠진 사람을 지켜보는 이는 말한다. "너 뿅 맞았냐?"

유사한 측면이 있다. 인간은 극지대를 제외한 세계 모든 곳에서 의식의 변화를 일으키는 신경 흥분성 식물을 재배했다. 1960년대 히피들은 마리화나를 통해 집단적인 도취를 경험했고, 이는 당시의 사이키델릭 록 음악, 언더그라운드 만화 등에 지대한 영향을 미쳤다. 불법적 마약이 아니라도 이와 유사한 효과를 경험하게 하는 것들이 있다. 술과 담배는 확실히 향정신성 물질이다. 진한 에스프레소나 콜라를 마시며 일에 몰두하는 사람도 있다. 아이들은 어지러울 정도로 빙글빙글 돌며 도취를 경험한다. 명상, 금식, 운동(러너스 하이), 매운 음식 등을 통해서도 비슷한 효과가 나온다.

이런 도취의 상태엔 공통적인 특징이 있다. 시간을 잃고 계획하지 않는다. 우리는 완전한 현재 속에 있다. 주변의 사물들을 자기 중심적으로 보고 새롭게 인식한다. 그런데 자연 상태에서 도취는 우리를 위험에 빠뜨린다. 실수하기 일쑤이고 먹잇감이 되기 쉽다. 도덕과 의무를 저버리기에 공동체에서 지탄을 받는다. 허나 예술가들은 이를 적절히 이용해 창조와 연결시키기도 한다. 칙센트미하이가 1975년에 인터뷰한 한 뮤지션은 말한다. "당신은 무아지경에 이른다. 마치 자신이 존재하지 않는 듯한. 나는 이걸 반복해서 경험했다. 내 손은 나를 거부했고 나는 뭐가 일어나는지도 몰랐다. 나는 단지 앉아서 놀라운 순간을 보고만 있었다. 음악이 스스로 흘러나왔다." 허나 약물로 자신을 파괴하면서 일순간의 창조적 영감을 얻어서는 곤란하다. 뛰어난 예술가, 과학자, 사업가는 일상을 유지하면서도 이런 몰입의 경험을 얻는다. 아니 어쩌면 창조적 활동을 통해 어떤 약물도 주지 못하는 도취의 순간을 맛본다. 그것은 어떻게 가능한가?

중요한 힌트는 놀이다. 우리는 어린 시절 배고픈 줄도 모르고, 위험한 것도 모르고, 시간 가는 줄도 모르고 놀이에 빠지곤 했다. 어떤 일을 놀이처럼 하고 있을 때, 우리는 세상을 잊고 몰입하게 된다. 변신, 아하!, 모형, 이야기하기 등 창조의 생각법 대부분이 놀이와 직접적으로 연결된다. 어른이 된 이후에도 놀이처럼 모든 것을 잊고 일에 빠져들면 그것은 적극적인 창조의 순간으로 이어진다.

소니의 전신인 도쿄통신공업은 기계와 발명을 좋아하던 몇몇 친구들이 만든 벤처 기업이었다. 창업자 이부카 마사루는 "엔지니어들이 기술적 혁신의 즐거움을 느낄 수 있는 곳"을 만들기 위해 애썼다. 이들은 자석가루를 종이에 밥풀로 붙여 테이프 레코더를 만들었고, 트랜지스터를 개량해 라디오로 만들었다. 초창기 소니를 보고 당시 일본 언론들은 '모르모트'라고 불렀다. 소니가 개발하면 다른 회사들이 가져가 장사를 한다는 것이다. 이부카는 그걸 오히려 자랑스럽게 생각했다. 1960년 그가 정부로부터 상을 받게 되자, 사원들은 작은 모르모트 상을 만들어 선물했다.

그렇다면 어떻게 하면 놀이처럼 연구하고 실험하고 궁리할 수 있나? 어떻게 하면 신비의 체험처럼 창조 속에 뛰어들 수 있을까? 칙센트미하이는 말한다. "자동적, 자발적인 처리는 오로지 매우 잘 훈련되고 테크닉을 발전시켜 온 사람들에게만 일어난다. 특정 분야에서 전문적인 훈련에 몰두해서 10년 이상은 되어야 무언가를 창조할 수 있다." 재즈나 블루스 연주자들의 놀라운 즉흥 연주는 저절로 이루어지지 않는다. 무대 뒤에서 수많은 시간 동안 연주하고 연구해야만 그런 접신의 행위가 가능하다. 충분한 시간의 훈련과 경험을 쌓아야만, 우리는 창조의 물결 속으로 풍덩 뛰어들어 자유롭게 헤엄칠 수 있다.

별거 아닌데 별걸 다 만드는
비결이 있다고요?

우리의 생각이 무궁무진한 일을 벌여 나가듯이, 생각카드
역시 온갖 용도로 사용할 수 있습니다. 이제 8장의 생각카드를
중심으로 여러 카드를 조합해 하나의 창조적 프로젝트를 만들어
내는 과정을 살펴보도록 하겠습니다. 이는 생각카드를 확장해
다양한 용도로 사용하는 방법이기도 합니다.

노이즈 + 개미굴 + 운

먼저 쓸 데 없는 일들부터 좀 해 봅시다. 산책을 하거나, 서점에
가거나, TV 채널을 이리저리 돌리거나 하는 거죠. 손을 움직이면
더욱 좋습니다. 노트를 꺼내 즉흥적으로 떠오르는 생각을 붙잡아
이름표를 붙여 보세요. 그렇게 눈앞에 등장한 단어 몇 개에서
출발해 개미굴처럼 생각의 가지를 뻗어 나가도 좋겠습니다. 운에
기대어 약간의 힌트를 얻어도 좋아요. 가까운 곳에 있는 책의 아무
페이지나 펼친 뒤, 첫 단어에서 시작해 본다든지. 이런 것들이
우리를 출발시킬 시동키가 될 수 있어요.

조사 + 패턴 + 분류상자

아른아른 어떤 아이디어가 떠오르면, 그것에 연관된 의미 있는
블록들을 모아봅시다. 온라인 검색, 도서관 방문, 전문가 인터뷰
등의 방법들이 있겠죠?
우리가 만들어야 할 목표와 비슷한 패턴들도 찾아봐야 합니다.
본받을 만한 것을 따라하기 위함이지만, 반대로 따라하지 않도록
경계하기 위해서이기도 합니다. 표절이나 모방의 혐의를 받게 될
거라면 솎아내기 해야 하죠.
이렇게 모은 자료들은 분류상자에 적당히 나눕니다.
활용 가능성이 낮은 것은 잘라내기해 보류해 두거나 아예
쓰레기통에 버리고요. 활용도가 높은 것은 리스트로 만들어
언제든지 꺼내 쓸 수 있도록 합시다.

모형 + 유추 + If 시뮬레이션

이제 아이디어를 보다 구체화해 모형을 만들어 봅시다.
생각카드를 꺼내 연결과 구조의 생각법을 사용해 보세요.
기초적인 링크들을 만들어 가다 보면 서서히 구조가 보입니다.
나무 구조로 목차를 구성하거나 물고기처럼 큰 덩어리를 툭툭
연결해 볼 수도 있습니다.
패턴을 보다 적극적으로 벗어나려는 노력도 필요한 때입니다.
If 시뮬레이션을 활용해 다양한 시도를 하고 아하!의 충돌을
만들어 봅시다. 실패는 당연해요. 하지만 모형 속에서의
시행착오는 즐길 만한 것이죠.

지도 + 프로젝트 + 시간

대체적인 완성품의 그림이 그려지십니까? 머릿속에만 담아두지
말고 지도로 그려 보세요. 이 지도는 최종 완성품인 건축물의
구조도일 수도 있고, 건축물을 만들어 갈 과정을 계획하는
프로젝트의 지도일 수도 있죠.
이어 실행에 들어가야 하는데요. 그 전에 시간을 활용해 마감
일정을 정하고 단계별 프로젝트로 만드세요. 그리고 체크리스트,
표의 형태로 정리해 봅니다. 해야 할 일들이 하나씩 사라지는
쾌감을 느껴 보세요. 본격적인 작업에서는 목표와 결정의
생각법을 적극 활용합니다.

일 미루기 위원회

거칠지만 완성에 가까운 모양을 만드셨나요? 글을 쓴다면
'초고'를 완성한 상태 정도이겠죠? 이제 머리를 비워야 합니다.
루소라면 산책을 갈 것이고, 홈즈라면 연주회에 음악을 들으러 갈
수 있겠죠. 잠자고 꿈꾸는 것도 좋습니다.

악마의 변호인

시간의 뜸을 들인 뒤에, 마치 남의 결과물을 보듯이 냉정한 눈으로
뜯어봅시다. 문제의 물음표, 균형, 시점, 밸런스 등 6장, 7장의
카드들을 적극 동원할 때입니다. 추론의 테이블을 통해 논리적인
관계를 꼼꼼히 검토하는 일도 꼭 필요합니다. 다른 이들의 의견도
적극적으로 들어 보아야 할 때입니다.

몰입과 놀이 + 감정 + 이야기

언제 이런 상태가 찾아올지 모르지만, 몇 번쯤은 이런 시간을 얻어야 합니다. 완전히 몰입하여 놀이처럼 그 일에 빠져드는 순간. 처음 번쩍하고 아이디어를 얻을 때 찾아올지도 모릅니다. 조사를 하다가 마구 어떤 주제를 파들어가기도 하죠. 모형을 만들면서 며칠 밤 동안 골똘히 그 세계에 빠져 있을 수도 있고요. 창조의 초반에 이렇게 될 수도 있지만, 어느 정도 재료를 제한시키고 목표의 지도가 또렷해진 상태에서 이 과정을 이끌어내는 게 좋습니다. 때론 몰입-일 미루기-반성의 과정을 몇 번씩 거듭할 필요도 있습니다.

생각카드 하나하나는 별거 아닌 듯이 보이지만, 그 조합에 따라 별걸 다 만들어 낼 수 있죠. 남들과는 다른 자기 소개서를 쓰고 싶을 때, 동호회에서 신입 환영 파티를 준비할 때, 시댁에 제사를 간소화하자고 설득할 때, 덕질하는 아이돌의 신곡 순위를 올려야 할 때, 곧 오픈할 가게의 홍보 방법을 궁리할 때, 아는 동생이 사고를 쳐서 머리가 복잡할 때…… 생각카드를 꺼내 눈앞에 놓으세요. 툭툭 손가락으로 카드를 넘기며 마음에 드는 녀석을 골라 보세요. 언제든 달려나와 여러분을 도울 생각의 용사들이 여기에 모여 있습니다.

참고 문헌

1장   전체
『정리하는 뇌』 대니얼 J. 레비틴 저, 김성훈 역, 와이즈베리, 2015년
『신경과학으로 보는 마음의 지도』 호아킨 M. 푸스테르 저, 김미선 역,
휴먼사이언스, 2014년
『마음이 태어나는 곳』 개리 마커스 저, 김명남 역, 해나무, 2005년
『단순한 뇌 복잡한 나』 이케가야 유지 저, 이규원 역, 은행나무, 2012년
『생각의 탄생』 윌리엄 캘빈 저, 윤소영 역, 사이언스북스, 2006년
분류상자
『미루기의 기술』 존 페리 저, 강유리 역, 21세기북스, 2013년
『1995년 서울, 삼풍 − 사회적 기억을 위한 삼풍백화점 참사 기록』 메모리[人]
서울프로젝트 기억수집가, 동아시아, 2016년
쓰레기통
'삶에 대한 역사의 유용함과 불리함' 프리드리히 니체, 『욕망하는 식물』
264〜265쪽에서 재인용. 마이클 폴란 저, 이경식 역, 황소자리, 2007년
『에센셜리즘』 그렉 맥커운 저, 김원호 역, 알에이치코리아, 2014년
이름 붙이기
『보르헤스의 말 : 언어의 미로 속에서, 여든의 인터뷰』 호르헤 루이스 보르헤스,
윌리스 반스톤 공저, 서창렬 역, 마음산책, 2015년
리스트
『The Infinity of Lists』 Umberto Eco 저, Alastair McEwen 역, Rizoli, 2009년
'We Like Lists Because We Don't Want to Die - Interview with Umberto Eco',
『Spiegel Online』, 2009년 11월 11일.
순서 정하기
『정리하는 뇌』 대니얼 J. 레비틴
잘라내기
『직업으로서의 소설가』 무라카미 하루키 저, 양윤옥 역, 현대문학, 2016년
선택
'A brain in a supercomputer' Henry Markham, ted.com 2009년 7월
표
'Losing the plot' Tara Brady, Dailymail.co.uk, 2013년 5월 18일

2장   전체
『링크』 알버트 바라바시 저, 김기훈 외 역, 동아시아, 2002년
『통찰의 시대』 에릭 캔델 저, 이한음 역, 알에이치코리아, 2014년

링크
'Steve Jobs: The Next Insanely Great Thing' 「Wired」 1996년 2월.
「The Art of Scientific Investigation」 Beveridge, W. I., LightningSourceInc,
2008년
「Uncommon Genius: How Great Ideas are Born」 Shekerjian, Denise G.,
PenguinBooks, 1991년
연결망
'Tube map' https://en.wikipedia.org/wiki/Tube_map
방사형
'Never Say No to Networking' 「Harvard Business Review」 Kathryn Minshew,
2012년 10월 18일
화살표
「우리는 어떻게 여기까지 왔을까」 스티븐 존슨 저, 강주헌 역, 프런티어, 2015년
패턴
「과학자의 관찰노트」 에드워드 O. 윌슨 외 저, 김병순 역, 휴먼사이언스, 2013년
게슈탈트
「통찰의 시대」, 에릭 캔델
인과
'선풍기 살인'의 진실은?' 임춘택, 「오마이뉴스」 2008년 8월 11일
루틴
'Daily Rituals - How novelists, painters, philosophers, and filmmakers find time
each day to do their work.', Mason Currey, slate.com, 2013년 4월 17일

3장 개미굴
'How to turn small talk into smart conversation' Chris Colin + Rob Baedeker,
ideas.ted.com, 2014년
나무
「한자나무」 랴오원하오 저, 김락준 역, 아템포, 2015년
「On the Origin of Species」, Charles Darwin, PenguinBooks, 2009년
피라미드
'The upside of isolated civilizations' Jason Shipinski, ed.ted.com, 2013년 3월
28일
카테고리
'Organization Man' Kennedy Warne, 「Smithsonian Magazine」, 2007년 5월
결과 층
「놀라운 뇌의 세계」 R. 오른스타인 저, 서유헌 역, 사이언스북스, 1997년
'The most groundbreaking scientist you've never heard of' Addison Anderson,
ed.ted.com
원
「감시와 처벌」 미셸 푸코 저, 오생근 역, 나남출판, 2003년
분해와 조립
「어머니는 나에게 하고 싶은 일을 하라고 하셨다」 데즈카 오사무 저, 정윤아 역,

누림, 2006년

'手塚治虫' https://ja.wikipedia.org/wiki/手塚治虫

『정리하는 뇌』 271쪽

4장 전체

『진화 심리학』 데이비드 버스 저, 이충호 역, 웅진지식하우스, 2012년

서열과 사다리

『경영의 모델 100+』 폰스 트롬페나스, 피에트 하인 코에베르흐 저, 와이즈베리, 2016년

표적판

'Cognitive processes during self-paced motor performance: An electroencephalographic profile of skilled marksmen.' Hatfield, Brad D.; Landers, Daniel M.; Ray, William J. Journal of Sport Psychology, Vol 6(1), 1984년

'Visualizing Social Networks' Linton C. Freeman, University of California, Irvine, Journal of Social Structure

파이 차트

'William Playfair' http://en.wikipedia.org/wiki/William_Playfair

'Florence Nightingale' https://en.wikipedia.org/wiki/Florence_Nightingale

『Florence Nightingale(The Making of an Icon)』, Mark Bostridge, FarrarStraus&Giroux, 2008년

xy 그래프

『Palm Sunday: An Autobiographical Collage』 285~286쪽, Kurt Vonnegut, Random House Publishing Group, 2009년

프로젝트

『꿈과 광기의 왕국(夢と狂気の王国)』 마미 스나다 감독, 2013년

『인간 존재의 의미』 에드워드 윌슨 저, 이한음 역, 사이언스북스, 2016년

『아돌프에게 고한다』 283쪽, 데즈카 오사무 저, 장성주 역, 세미콜론, 2009년

욕구와 가치

『가치관의 탄생』 이언 모리스 저, 이재경 역, 반니, 2016년

5장 전체

『직관 펌프 생각을 열다』 대니얼 데닛 저, 장대익 역, 동아시아, 2015년

『본성과 양육』 매트 리들리 저, 김한영 역, 김영사, 2004년

『1.4킬로그램의 우주, 뇌』 정재승 외 저, 사이언스 북스, 2014년

따라하기

『직관 펌프』 339쪽

『이기적 유전자』 322~324쪽, 리처드 도킨스 저, 홍영남 외 역, 을유문화사, 2010년

『상식 파괴자』 그레고리 번스 저, 김정미 역, 비즈니스맵, 2010년

어림짐작과 시행착오

'Should you trust your first impression?' - Peter Mende-Siedlecki, ed.ted.com

'Get ready for hybrid thinking.' Ray Kurzweil, ted.com

『생각의 재구성』67~68쪽, 마리아 코니코바 저, 박인균 역, 청림출판, 2013년
  확률
'Obama's Way' Lewis . M.『Vanity Fair』, 2012년 9월 5일.
『정리하는 뇌』324~325쪽
'사사분면: 통계학의 한계' 나심 탈레브,『생각의 해부』237쪽
  If 시뮬레이션
'Rethinking thinking' Trevor Maber, ed.ted.com
  디시전 트리
『본성과 양육』295쪽

6장   전체
『생각의 재구성』
『논리와 추리의 기호학』움베르토 에코 외 저, 김주환 역, 인간사랑, 1994년
『셜록 홈즈처럼 생각하기』다니엘 스미스 저, 이미숙 역, 아라크네, 2013년
『하우스 박사와 철학하기』헨리 제이코비 외 저, 신현승 역, 인텔렉투스, 2014년
  문제
『인투이션』게리 클라인저, 이유진 외 역, 한국경제신문사, 2012년
  기억의 궁전
『놀라운 뇌의 세계』115~125쪽
『기억을 찾아서』에릭 캔델 저, 전대호 역, 랜덤하우스코리아, 2009년
  거짓말
『진화 심리학』431~436쪽
『인간 존재의 의미』
  솎아내기 핀셋
『논리는 나의 힘』최훈, 우리학교, 2015년
『논리학입문』어빙 코피 저, 박만준 역, 경문사, 2000년
『논리학 콘서트』사와다 노부시게 저, 고재운 역, 바다출판사, 2006년
  추론의 테이블
『논리와 추리의 기호학』
  악마의 변호인
『The Apology of Socrates & the Crito』PLATO, Ash, A. S., Bandanna Books,
1998년

7장   전체
『생각의 시대』김용규, 살림, 2014년
『인간 조종법』로베르 뱅샹 줄 저, 임희근 역, 궁리, 2008년
『너희 정말 아무 말이나 다 믿는구나』소피 마제 저, 배유선 역, 뿌리와 이파리,
2016년
  팀플레이
『링크』알버트 라즐로 바라바시, 350~359쪽
김석현 PD의 미투데이
  벤 다이어그램

https://en.wikipedia.org/wiki/John_Venn
대화
『Einstein: His Life and Universe』 122쪽, Walter Isaacson, Simon & Schuster, 2017년
주고받기
『욕망의 식물학』 142~145쪽, 마이클 폴란 저, 이창신 역, 서울문화사, 2002년
규칙
'함무라비 법전', 『세상을 바꾼 100가지 문서』 16~17쪽, 스콧 크리스텐슨 저, 김지혜 역, 라의눈, 2016년
시점
'Men Explain Lolita to me' Rebecca Solnit, lithub.com 2015년 12월 17일
프레임
『프레임 전쟁』 조지 레이코프 저, 나익주 역, 창비, 2007년
감정
『감정의 재발견』 조반니 프라체토 저, 이현주 역, 프런티어, 2016년
『감정의 격동』 마사 누스바움 저, 조형준 역, 새물결, 2015년
'Let's try emotional correctness' Sally Kohn, ted.com

8장   전체
『생각의 탄생』 미셸 루트번스타인, 로버트 루트번스타인 공저, 박종성 역, 에코의 서재, 2007년
『오리지널스』 아담 그랜트 저, 홍지수 역, 한국경제신문사, 2016년
노이즈
『프레드릭』 레오 리오니 저, 최순희 역, 시공주니어, 1999년
『단순한 뇌 복잡한 나』
『일하지 않는 개미』 하세가와 에이스케 저, 서울문화사, 2011년
『Conversations With Woody Allen』 Eric Lax, Random House Inc, 2007년
'The Power of the Doodle: Improve Your Focus and Memory' Sue Shellenbarger, 『the Wall Street Journal』, 2014년 7월 29일
유추
'The most groundbreaking scientist you've never heard of' Addison Anderson, ed.ted.com
『생각의 탄생』 6장 유추
아하!의 충돌
『The Act of Creation』 Arthur Koestler, Arkana, 1990년
『과학적 연구의 기법』 W.I.B.베버리지 저, 한문희 역, 동화기술교역, 1998년
모형
'The Building Blocks of Albert Einstein's Creative Mind' https://www.abebooks.com/Building-Blocks-Albert-Einstein/20003024960/bd
'시리어스 플레이' 『경영의 모델 100+』 142쪽
『인간 존재의 의미』 111쪽
'Disegno: Italian Fine Art Drawing' http://www.visual-arts-cork.com/drawing/

disegno.htm

일 미루기 위원회

'The surprising habits of original thinkers' Adam Grant, ted.com

'Inside the mind of a master procrastinator' Tim Urban, ted.com

'Why You Dream?'Amy Adkins, ed.ted.com

지도

'How do you decide where to go in a zombie apocalypse?' David Hunter, ed.ted.com

『지도는 지구보다 크다』졸저, 궁리, 2009년

변신

『과학혁명의 구조』토마스 쿤 저, 홍성욱 역, 까치글방, 2013년

『게임체인저』피터 피스크 저, 장진영 역, 인사이트앤뮤, 2015년

이야기

『스토리텔링 애니멀』조너선 갓셜 저, 노승영 역, 민음사, 2014

『이야기한다는 것』졸저, 너머학교, 2017년

'The clues to a great story' Andrew Stanton, ted.com

놀이와 몰입

『음악에 관한 몇 가지 생각 Music: A Very Short Introduction』90~93쪽,
니콜라스 쿡 저, 장호연 역, 곰출판, 2016년

'Flow, the secret to happiness' Mihaly Csikszentmihalyi, ted.com, 2008년 10월

『욕망의 식물학』228~229쪽

『논다는 것』졸저, 너머학교, 2012년

도판 출처

1장 36쪽

1. Pierre Larousse, Adolphe Millot 『Nouveau Larousse illustré』(1898년)

4. 『Type De Tiroir Classeur Avec Fiches Divisionnaires』

3. Edison, Thomas Alva -- Technical Notes and Drawings Research and development(1888−1890년) Courtesy of Thomas Edison National Historical Park.

4. Jleybov/Wikimedia, Creative Commons

2장 83쪽

'Cubism and Abstract Art' 도판 표지, The Museum of Modern Art, 1936년

84쪽

'Pioneer plaque' designed by Carl Sagan & Frank Drake; artwork by Linda Salzman Sagan - Vectorized in CorelDRAW from NASA image.

427

'The plaque attached to Pioneer 10' NASA, 1972년

3장   122쪽
'Ahnentafel von Herzog Ludwig' Jakob Lederlein, 1585년
'Uma das primeiras representações de uma árvore filogenética feita' Ernst
Haeckel, 1866년
128쪽
'Mediterranean Diet Pyramid' Wikimedia Commons.
156쪽
'Overview of the Divine Comedy' Michelangelo Caetani, 1855년, Wikimedia
Commons.

4장   182쪽
Grant's Drawing of a Target Sociogram of a First Grade Class (from Northway)
1952년
205쪽
'The Bulletin of the Atomic Scientists announced the advancement of the
Doomsday Clock' Bulletin of the Atomic Scientists, thebulletin.org

6장   277쪽
'Lyndhurst for George Merritt, Tarrytown, New York (first floor plan)' Alexander
Jackson Davis, 1865년

7장   360쪽
'Hokusai Sketchbooks: Selections from the Manga', Rutland, Vermont & Tokyo:
Charles E. Tuttle Company, Michener, James A., 1958년

8장   383쪽
'Smile School of Budapest' 「Het Leven」, 1937
http://www.geheugenvannederland.nl
393쪽
Le Suprême Bon Ton. Caricature Parisienne No. 18.(1800~1815년) Unknown
artist, published by Aaron Martinet
411쪽
폴란드 작가 아르투르 오프만(Artur Oppman)의 책 삽화(1896년)

본문 그림과 함께 사용한 서체는 '포천 막걸리체'입니다.

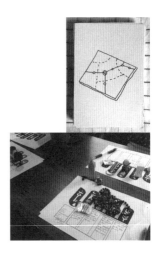

생각하는 카드

정리에서 창조까지 내 머리를 깨우는 68가지 생각 도구

이명석 지음

제1판 1쇄 2017년 11월 22일

●홍시

발행인 홍성택
기획편집 조용범, 양이석
디자인 박선주, 정두영, 김정현
마케팅 김영란
인쇄제작 정민문화사

(주)홍시커뮤니케이션
06154 서울시 강남구 봉은사로74길 17
T. 82-2-6916-4481 F. 82-2-539-3475
editor@hongdesign.com hongc.kr

ISBN 979-11-86198-34-6 03100

이 도서의 국립중앙도서관 출판예정도서목록(CIP)은
서지정보유통지원시스템 홈페이지(http://seoji.nl.go.kr)와
국가자료공동목록시스템(http://www.nl.go.kr/kolisnet)에서
이용하실 수 있습니다.(CIP제어번호: CIP2017028348)